VIVRE EN PLEINE NATURE

François Couplan

VIVRE EN PLEINE NATURE

Le guide de la "survie douce"

Bordas

Dans la même collection

Observer la nature en promenade
Comment reconnaître les champignons: clés simples d'identification

Édition *Bernadette Jacquet*
Fabrication *Francine Deligny*
Maquette et mise en pages *Michèle Billerey*
Préparation et correction *Michel Margotin*
Photographies *François Couplan (sauf mentions spéciales)*
Dessins *François Couplan, Françoise Marmy*

Responsable d'édition *Christian Dorénus*

ISBN 2-04-16333-6
Dépôt légal: mars 1987

SOMMAIRE

Introduction

Vivre en pleine nature! Voilà qui peut sembler éloigné des préoccupations de l'homme moderne, dont le souci principal serait plutôt d'apprendre à survivre au milieu du béton. Mais plus il vit en ville, plus un grand besoin de respirer l'envahit. La sécurité d'un quotidien où l'imprévu n'a plus aucune place lui donne envie de conquérir de nouveaux horizons, de vivre un peu l'aventure... Une vie moderne trop facile, où le goût de l'effort vrai s'est perdu, l'incite à retrouver l'exercice physique, à commencer par la marche, qui convient à tous. Trop de gadgets et d'objets censés rendre son existence meilleure le poussent à s'en détacher — ... du moins quelque temps, et peut-être pour mieux en jouir au retour — et à rechercher l'essentiel. Un désir de prendre du recul par rapport à sa vie, de retrouver ses racines se fait jour. C'est que notre séparation progressive d'avec la nature nous a tellement éloignés de nos sources qu'un nouvel équilibre s'avère nécessaire : civilisé - sauvage, les deux pôles ne sont plus ressentis comme contradictoires (le sauvage, le primitif étant alors considéré comme inférieur) mais comme complémentaires. Serions-nous en train d'assister à l'émergence d'un nouvel art de vivre ?

Dans l'immédiat, c'est un nouveau type de vacances qui se développe : partir léger loin des soucis quotidiens, laisser derrière soi — pour une ou deux semaines — ses habitudes, oublier le stress qui nous dévore, découvrir la générosité de la nature qui nous entoure, vivre dans le calme, la beauté, la simplicité, l'harmonie... Quel programme ! Mais ne rêvons pas, car la nature sait se montrer aussi violente qu'apaisante, aussi meurtrière que nourricière. En fait, c'est surtout notre ignorance qui est dangereuse : qui sait reconnaître une plante toxique ne s'empoisonnera pas, qui sait lire le temps s'abritera avant la pluie, qui connaît la montagne ne s'aventurera pas sur des roches pourries... Une connaissance est indispensable. Vous aider à l'acquérir est la raison d'être de ce livre : à travers lui, je voudrais vous faire partager l'expérience que j'ai réunie au cours des trente et quelques années où j'ai parcouru la nature.

La survie douce

Ce désir de partager, voici d'ailleurs plus de dix ans que je le mets en pratique sur le terrain en organisant des sorties d'une ou deux semaines où nous partons en groupe dans la nature, en n'emportant que le strict nécessaire : presque tout ce dont nous avons besoin est fourni par les plantes qui nous entourent. Les journées se passent à explorer notre territoire (nous marchons environ 10 km par jour dans les lieux sauvages et préservés que recèlent encore nos régions), à ramasser les végétaux intéressants, à vivre libre... Le soir, tout le monde participe à la préparation de la nourriture (chaussons ou galettes aux herbes, pâté de glands, soupe d'ortie, etc.) et se rassemble autour du feu. Puis, suivant le temps, nous dormons à la belle étoile ou sous un bivouac improvisé. C'est la survie douce.

Avant d'aller plus loin, je tiens à établir clairement la différence entre les expéditions que j'organise et les opérations survie de type « commando », qui consistent à placer l'individu dans des circonstances particulièrement difficiles, au milieu desquelles il devra user de techniques diverses pour sauver sa vie. Les valeurs mises en avant sont principalement le goût de l'effort et du risque ; les participants cherchent à atteindre leurs limites, puis, par la force, à les dépasser. L'environnement est généralement ressenti comme hostile et l'homme doit, selon ces conceptions, apprendre à se battre contre la nature. La cueillette n'est considérée que comme un pis-aller — par manque de connaissances et par influence des habitudes alimentaires actuelles : la chasse est pratiquée, ou du moins tentée... Il s'agit surtout d'une expérience individuelle, bien que dans les *survival games* (jeux de survie) — de véritables petites guerres — on assiste à l'affrontement de groupes armés. La survie « dure » a généralement une tendance nettement paramilitaire, avec souvent une direction politique assez claire, bien que rarement affichée. L'équipement, la technique et l'exploit physique y tiennent une grande place. La peur (peur de la « catastrophe », d'une agression possible, inquiétude mal définie devant l'avenir, symptôme individuel d'un malaise de société) joue souvent un rôle dans la motivation des participants — c'est en tout cas un point sur lequel certaines publicités pour ce type de survie ne se privent pas de mettre fortement l'accent. On y rencontre une majorité d'hommes, jeunes, plutôt de type sportif.

La survie douce est bien différente. Si les personnes qui y participent se trouvent confrontées à des difficultés, c'est parce qu'il n'est pas facile de se détacher de ses habitudes, de s'éloigner, ne fût-ce que pour quelques jours, de sa vie routinière, de quitter son confort intellectuel et matériel. Même si l'on ne cherche pas à dépasser ses limites — parce qu'on n'a pas à se prouver à soi-même —, il arrive qu'on les atteigne. Il ne s'agit pourtant pas de conquérir ni de dominer ce qui nous entoure, mais de découvrir la place que nous occupons au sein des processus naturels. Le vent, la neige, la pluie, le froid, la chaleur, les insectes... font souvent percevoir la nature comme hostile, mais on se rend vite compte qu'elle est avant tout notre mère nourricière et une source de joies chaque jour renouvelées. Tout se passe beaucoup mieux si, au lieu de se battre contre elle, on s'en fait une amie en apprenant à la connaître. La cueillette est l'un des premiers centres d'intérêt au cours de cette aventure, non seulement parce qu'il est nécessaire de se nourrir et que les plantes sont le plus sûr moyen d'y parvenir, mais aussi pour la découverte de centaines de saveurs nouvelles : pour beaucoup, la survie douce est aussi une expérience de « gastronomie sauvage ». Les participants s'initient également à quelques techniques simples et utiles afin de vivre au mieux dans leur environnement naturel et d'en découvrir la richesse.

Au cours d'une survie douce, l'homme ou la femme fait l'expérience de sa relation face à la nature, face aux autres (car le contact humain au sein du groupe tient une place très importante : c'est en se serrant les coudes que l'on parvient le mieux à surmonter les difficultés qui se présentent), et face à lui ou elle-même (des moments de solitude sont ménagés pour pouvoir faire le point). Tout le monde est le bienvenu : si la moyenne d'âge tourne autour de la trentaine, les participants, hommes et femmes, peuvent avoir de 10 à 65 ans ! Leurs professions sont également très variées ; leurs motivations premières : attirance pour la nature, goût de l'aventure, curiosité...

La survie douce peut sembler proche de la simple randonnée, mais l'expérience va nettement plus loin sur de nombreux plans, car il ne s'agit pas que de marcher, mais surtout d'observer, de découvrir, de partager : beaucoup la ressentent comme une véritable « initiation », dont ils gardent quelque chose dans leur vie quotidienne — une fraîcheur, un équilibre, une force nouvelle, une joie de vivre que seule permet une union intime avec la nature, en ayant vaincu ses peurs. Au-delà du matériel, de la pratique, c'est une ouverture qui aide l'individu à développer une vision globale des liens universels. Plutôt que de survivre, ne s'agit-il pas en fait de réapprendre à vivre ?

Un livre pour nos régions

L'homme a — entre autres — un gros problème : il veut toujours aller chercher ailleurs ce qu'il a ici même. Cette tendance l'a conduit à de passionnantes découvertes, c'est certain, mais elle l'a également amené à négliger ce qui l'entoure — à commencer par les plantes comestibles présentées pages 20 à 94, qui formaient l'essentiel de la nourriture de nos ancêtres... pas si lointains.

Il est donc logique que tous les livres publiés à ce jour sur la « survie » aient choisi de traiter de situations extrêmes se déroulant dans les régions arctiques, les déserts ou les jungles tropicales. Et pourtant, bien que civilisées de longue date, nos régions possèdent encore des lieux où laisser s'exprimer ce côté « sauvage » qui sommeille en chacun de nous. Il y existe de (plus ou moins) vastes territoires presqu'inhabités à explorer en se nourrissant des centaines de végétaux que la nature nous y offre.

Il semblait donc important de réaliser un ouvrage pratique permettant à chacun d'acquérir quelques techniques simples pour aller vivre l'aventure qui l'attend au coin du bois... même si, hélas, il n'y a plus de loup !

LA « SURVIE DOUCE »

Vivre en pleine nature, c'est se retrouver confronté à nos besoins fondamentaux. Dans la vie civilisée moderne, ils sont satisfaits — oh, pas toujours très bien en ce qui concerne la qualité, je vous le concède — par d'autres que nous-mêmes. Nous pouvons donc consacrer une partie de notre temps à la satisfaction de besoins secondaires, pas inintéressants d'ailleurs. Mais en pleine nature, il en va autrement. C'est à nous de nous débrouiller. Quels sont donc nos besoins de base ? Tout d'abord **respirer** ! C'est même plus facile à faire qu'en ville, pas de problème. Puis **boire** : c'est déjà plus délicat, soit que l'eau manque, soit qu'il soit risqué de l'utiliser. Ensuite **manger**, point ô combien délicat, car dans notre vie quotidienne ce n'est plus seulement de se nourrir qu'il s'agit (nous verrons cela plus loin, p. 145). Comment allons-nous donc nous alimenter dans ces circonstances différentes ? Nous trouverons toutes sortes de bonnes **plantes** — mais il y en a d'autres moins bonnes à éviter soigneusement. Et n'oublions pas les **champignons**, ni les **algues** si la mer est proche. Il faudra savoir **accommoder** ces étranges végétaux — attendons-nous à ce que les recettes sortent aussi de l'ordinaire ! Mangerons-nous des **animaux** ? Il faudrait déjà pouvoir les attraper... et en avoir le droit !
Pour cuisiner, nous devrons faire du **feu**. En même temps, il nous réchauffera, nous séchera s'il le faut, nous remontera le moral... Que serions-nous sans le feu ? Il faudra aussi songer à **s'abriter**, de la pluie en particulier, ce qui ne demande qu'un peu de technique et d'ingéniosité. Allons-nous rester sur place, ou bien nous **déplacerons-nous** ? Vous avez des fourmis dans les jambes, je le comprends. Quelles merveilles nous attendent de l'autre côté de la colline ? Alors allons-y, mais tâchons de ne pas nous perdre ! **S'orienter** n'est pas toujours facile.
Pour éviter les ennuis de **santé**, certaines précautions sont à prendre avant le départ. Si malgré tout quelque chose arrive, soyons préparés. La nature nous fournira de nombreux **remèdes naturels**, mais il sera prudent d'emporter un complément, dont nous pourrons d'ailleurs réaliser une partie nous-mêmes à la maison. Quel programme ! Ne vous effrayez pas, il n'est pas question de l'épuiser d'un seul coup : il faut du temps. Mais ce n'est qu'avec un minimum de connaissances et surtout de pratique, que vivre en pleine nature deviendra un plaisir.

Se nourrir

L'alimentation en pleine nature

Il faut manger pour vivre. Ce peut — et ce doit — être un plaisir, mais le rôle premier de l'alimentation est d'apporter à notre organisme tous les éléments dont il a besoin pour fonctionner. Ces nutriments sont : les protides, les glucides, les lipides, les vitamines, les sels minéraux et les oligo-éléments. Il faut donc que, lors de nos séjours dans la nature, nous puissions nous procurer ces diverses substances en quantité suffisante pour couvrir les besoins de notre corps. Où les trouver ?

Les protides

Ce sont des molécules de très grande taille contenant de l'azote, qui font partie des constituants fondamentaux des êtres vivants. Ils édifient et entretiennent les tissus, synthétisent enzymes, hormones, anticorps et lait, régularisent la pression osmotique et les équilibres hydriques et acido-basiques. Ils peuvent aussi fournir de l'énergie s'ils sont présents en quantité supérieure à celle qui est nécessaire aux synthèses, ou bien s'il y a insuffisance de glucides et de lipides dans l'organisme. Les plus connus des protides sont les **protéines** — les deux mots étant généralement confondus.

Les protides sont formés d'**acides aminés.** Or huit de ces derniers doivent impérativement être apportés à notre organisme de façon régulière : ce sont les acides aminés essentiels (notre corps peut reconstituer les autres acides aminés à partir des molécules de base). Qui plus est, ils doivent être présents dans des proportions équilibrées, car, si l'un d'eux est déficient, c'est l'utilisation de l'ensemble de la protéine qui est limitée — un tel acide aminé est dit « limitatif ».

Les protéines se trouvent dans presque tous les aliments, mais ils y varient beaucoup en quantité et en qualité. On a généralement tendance à penser que la viande est la meilleure source de protéines. Il est vrai qu'elle contient une proportion importante (environ 20 %) de protéines équilibrées, mais ces dernières sont accompagnées de beaucoup trop de graisses et de produits toxiques (purines, etc.) ; en outre, elles sont produites avec un rendement désastreux, d'où un gaspillage énorme. Les produits laitiers et les œufs sont en fait beaucoup plus intéressants en ce qui concerne l'apport en protéines, accompagnées en particulier de vitamines A et B.

Quant aux végétaux, on sait que les grains des céréales et les graines des légumineuses contiennent d'appréciables quantités de protéines (respectivement 8-15 % et

20-35 %), mais que ces protéines sont déficientes en un acide aminé (lysine ou tryptophane pour les céréales, méthionine pour les légumineuses). On estime donc souvent que les protéines végétales sont inférieures aux protéines animales. Mais il ne faut pas oublier que, traditionnellement, les céréales sont consommées avec une petite quantité de légumineuses au même repas: leurs acides aminés se complètent et l'organisme bénéficie d'une protéine complète et d'un apport essentiel en glucides et autres nutriments.
Et les feuilles ? On n'y avait guère pensé jusqu'à ces dernières années, mais de récents travaux ont mis en évidence le fait que les protéines des parties vertes, vivantes, des végétaux sont complètes, équilibrées en acides aminés*. Les protéines foliaires ont la même valeur que celles de l'œuf ! Une bombe diététique (qui n'a pas encore explosé), surtout lorsqu'on s'intéresse aux plantes sauvages : la quantité de protéines que contiennent ces végétaux, supérieure à celle des légumes cultivés, est loin d'être négligeable. En poids sec, l'Ortie est plus riche en protéines que le Soja, pourtant considéré comme une des meilleures sources ! De plus, les protéines foliaires sont produites avec un incroyable rendement (4 500 kg de protéines par ha et par an pour la Consoude – contre 150 kg pour la viande !) et elles sont accompagnées de tous les vitamines, sels minéraux et oligo-éléments dont nous avons besoin. Fini le mythe de la supériorité absolue des protéines animales – une opinion plus liée au statut social qu'à la réalité scientifique !
Il faut aussi savoir que, si le manque de protéines est grave, leur excès est également très dangereux. Les troubles qu'il entraîne sont caractéristiques des « maladies de civilisation » (problèmes cardiovasculaires, etc.). Dans nos pays, l'excès chronique est infiniment plus fréquent que le manque. D'après les dernières estimations, les besoins quotidiens minimaux en protéines sont en moyenne de 0,5 g par kilo de poids, soit 30 g par jour pour une personne de 60 kg.

Teneur moyenne en protéines de quelques végétaux (mg/100 g)

	poids frais	poids sec
Chou cultivé	1,3	21
Pissenlit	3,5	24
Amaranthe	3,7	29
Chénopode blanc	4,2	27
Ortie	8	40
Faînes	22	24

Les besoins énergétiques totaux de l'organisme varient entre 1 500 (sédentaire) et 5 000 (travailleur de force) kcal par jour ; en randonnée, comptez entre 2 000 et 3 000, davantage s'il fait froid ou si vous devez fournir de gros efforts. La répartition idéale est de 60 % d'apport calorique fourni par les glucides, 20 % par les protides et 20 % par les lipides (1 g de glucides ou de protides donne environ 4 kcal ; 1 g de lipides en donne 9).

* Voir en particulier Cl. Costes : *Protéines foliaires et alimentation* (Gauthier-Villars, Paris 1981).

Les glucides

Ces substances composées de carbone, d'hydrogène et d'oxygène sont les principaux aliments énergétiques*. Les glucides se divisent en sucres simples (les « oses »), dont le type est le glucose, et en sucres complexes (les « osides »), que l'organisme peut décomposer en sucres simples.

Les premiers possèdent une saveur sucrée et fournissent rapidement leur énergie, mais de façon peu durable. Ils sont utiles en cas d'effort intense et bref. Dans la nature, on les rencontre surtout dans les fruits, ainsi qu'en petites quantités dans les feuilles, où ils sont produits grâce à la chlorophylle.

Les seconds sont sucrés lorsqu'ils sont composés de peu de molécules de sucres simples, comme le saccharose, présent dans certaines racines (la Betterave...), les jeunes tiges sucrées (la Berce, le Fenouil, le Cerfeuil musqué, ou la Canne à sucre), etc. Les sucres formés de chaînes plus longues ne sont pas sucrés au goût (ils le deviennent dans la bouche lorsque la salive a commencé à les dédoubler). Leur énergie est utilisée plus lentement, mais elle est beaucoup plus durable. C'est ce qu'il faut dans un effort soutenu comme la marche. Le type de ces glucides est l'amidon, que l'on trouve principalement dans les racines et dans les graines. Citons aussi l'inuline, un sucre caractéristique de la famille des Composées (Artichaut, Topinambour, Salsifis, Bardane, Chardons, etc.) qui présente la particularité d'être facilement assimilable par les diabétiques, car il se dédouble en lévulose et non en glucose.

Les besoins en glucides dépendent de la personne et de son activité. Ils sont très variables. Un manque de glucides se manifeste par les symptômes désagréables de l'hypoglycémie (faiblesse, anxiété, etc.); un excès chronique fait grossir, car les sucres non utilisés sont stockés sous forme de graisse.

* Protéines et lipides sont aussi des sources d'énergie.

**Teneur en glucides
de quelques plantes sauvages (mg/100 g)**

Glands de chêne (farine après élimination des tanins)	60	(protides 5,5)
Châtaignes fraîches	42	(protides 3)
Cynorrhodon	22	(protides 3,6)
Bardane	17	(protides 3,1)
Myrtilles	16	(protides 1)
Mûres	14	(protides 1,5)
Ortie	9	(protides 8)

Les lipides

Ce sont des corps insolubles dans l'eau, constitués d'acides gras. Leur rôle est multiple : ils entrent dans la constitution des structures cellulaires, servent de réserves énergétiques (l'oxydation libère 9,3 calories, contre 4,1 pour les glucides, et 5,6 pour les protides), s'allient aux processus de régulation thermique de l'organisme, etc. Les acides gras insaturés (acides linoléique, linolénique et arachidonique) doivent être apportés régulièrement par la nourriture. On les connaît parfois sous le nom de « vitamine F ». Ils empêchent l'excès de cholestérol dans le sang, régularisent la perméabilité des membra-

nes cellulaires, favorisent une croissance normale, le bon état de la peau, etc.
Les lipides se rencontrent presque exclusivement dans les amandes des graines et la pulpe de quelques fruits, ou bien sûr dans les tissus animaux (qui ne contiennent que des acides gras saturés).
Les besoins en lipides de l'organisme sont très limités et, dans nos pays, ils sont presque toujours dépassés, provoquant de nombreux problèmes qui vont jusqu'à l'obésité et même aux troubles cardiovasculaires. Dans notre cas, les lipides, hautement énergétiques, sont utiles en cas d'effort intense, de froid ou de pluie.

Teneur en lipides
de quelques plantes sauvages (mg/100 g)
particulièrement riches

Noisettes	62
Faînes	50
Glands (farine)	22

Les vitamines

Ce terme recouvre de nombreuses substances, indispensables en très petites quantités à la croissance et au bon fonctionnement de l'organisme, et que celui-ci n'est pas capable de synthétiser. Les vitamines doivent donc être apportées régulièrement par l'alimentation. Leur carence entraîne des maladies caractéristiques.

Vitamine A

Vitamine de croissance, anti-infectieuse. Action sur l'équilibre acido-basique, nutrition des cartilages, des os, etc. ; effets régulateurs sur le sommeil et la tension artérielle.
Elle est fréquente dans les végétaux sous forme de carotène ou pro-vitamine A, en particulier dans les légumes-feuilles (où sa couleur rouge assombrit le vert de la chlorophylle). La vitamine A est présente dans le beurre, les œufs, le foie des animaux.

Teneur en vitamine A
de quelques plantes sauvages
(Unités internationales 100 g)

Pissenlit	14 000
Rumex crépu	13-20 000
Cynorrhodon	12 500
Chénopode blanc	11 600
Menthe verte	8 600
Violette	8 300
Moutarde noire	7-25 000
Ortie	7 000

(A titre de comparaison : Carotte = 7 500-22 000)
La dose quotidienne nécessaire est estimée à 5 000 U.I.

Groupe des vitamines B

Il s'agit des vitamines B1 (thiamine), B2 (riboflavine), B3 ou PP (amide nicotinique), B5 (acide pantothénique), B6 (pyridoxine), B8 ou H (biotine), B9 (acide folique) et B12 (cyanocobalamine).
A l'exception de la dernière, toutes ces vitamines sont abondantes dans le règne végétal et aucune carence n'est à craindre. En revanche, on a longtemps supposé que de ne pas consommer de produits animaux pouvait entraîner un manque de vitamine B12, puisqu'elle était censée être absente des légumes et des fruits. Or elle a été mise en évidence dans diverses plantes sauvages, en particulier dans la Consoude, mais aussi dans des légumes cultivés, dans les Algues, dans le Blé et le Riz complet...

Vitamine C
Anti-infectieuse, tonifiante, maintient la résistance des capillaires, etc. Cette vitamine est capitale pour l'organisme, car il ne peut la stocker, et l'alimentation doit l'apporter de façon régulière et relativement abondante. Sa carence aboutit au scorbut.
Tous les végétaux frais en contiennent, et certaines plantes sauvages en sont extrêmement riches. Mais elle est particulièrement sensible à la cuisson et à l'oxydation.

Teneur en vitamines C de quelques plantes sauvages (mg/100 g)

Cynorrhodon	500-4 000
Argousier	450
Fraisier (feuilles)	230
Violettes (feuilles)	210
Cresson	150
Ortie	80
Chénopode blanc	80

(A titre de comparaison : oranges et citrons = 50)

La dose quotidienne nécessaire est variable suivant l'âge, l'état de l'organisme, la fatigue, etc. Elle est chez l'adulte de 75 à 200 mg par jour.

Autres vitamines
On connaît les vitamines P ou C2 (synergique de la vitamine C), D (anti-rachitique — dans les végétaux, il s'agit de la provitamine D2 ou ergostérol), E (tocophérol), F (acides gras non saturés ; voir lipides) et K (anti-hémorragique).
Toutes ces vitamines sont présentes en quantité suffisante dans les végétaux.

Les sels minéraux et les oligo-éléments

On connaît depuis longtemps l'importance de certains **éléments minéraux** dans le maintien ou le rétablissement de la santé. Il s'agit principalement du calcium, du potassium, du magnésium, du phosphore, du soufre, du fer, du sodium et de l'iode. Certaines plantes sauvages en sont particulièrement riches (mg/100 g) :

Calcium		
	Chénopode blanc	310
	Amaranthe	310
	Mauve	250
Potassium		
	Brocoli sauvage	600
	Panais	440
	Amaranthe	410
	Pissenlit	400
Phosphore		
	Glands	310
Fer		
	Rumex crépu	5,6
	Bourse-à-pasteur	5
	Mauve	4-13

Des quantités importantes de sels minéraux sont éliminées avec la transpiration (1,5 g de sodium, 0,5 g de potassium par litre de sueur). De fortes pertes en minéraux entraînent des signes de fatigue et des contractures musculaires. Le manque de magnésium est particulièrement sensible. Les plantes sauvages en sont généralement mieux pourvues que les légumes cultivés.

Les **oligo-éléments** ont été découverts plus récemment. Contenus en quantités infinitésimales dans les aliments, ils sont indispensables au bon fonctionnement de l'organisme, où ils jouent le rôle de catalyseurs, agissant plus par leur simple présence que par leur masse. On en connaît une vingtaine, dont l'aluminium, l'argent, l'arsenic, le bore, le brome, le cobalt, le cuivre, l'étain, le fluor, le lithium, le manganèse, le nickel, l'or, le titane et le zinc (certains sont d'ailleurs violemment toxiques si la nourriture en renferme plus que de simples traces). Les végétaux en sont une excellente source.

Une base végétale

Contrairement à ce que l'on pense habituellement, il semble qu'une alimentation à base de plantes puisse apporter à notre corps les différents éléments qu'il lui faut. L'expérience prouve en tout cas que chacun peut se passer sans problème de produits animaux, au moins pendant le temps où nous vivrons en pleine nature. Elle nous procure une abondance de **feuilles** contenant, comme nous l'avons vu, des protéines complètes, équilibrées en acides aminés, en quantité suffisante pour éviter toute carence (à moins d'en consommer trop peu). **Algues** et **Champignons** renferment également d'intéressantes quantités de protéines, de même que les racines.

Les feuilles sont riches en vitamines, en sels minéraux et en oligo-éléments, ainsi que les autres parties des végétaux sauvages, tels certains fruits pour la vitamine C (voir p. 94).

Les glucides seront fournis suivant les saisons par les **racines**, les **jeunes tiges**, les **fruits** et les **graines**. Mais il n'est pas toujours recommandé de déterrer une plante : un repas de racines pour 15 personnes pourrait impliquer une razzia en règle ! Jeunes pousses et fruits ne sont pas toujours abondants, et il est souvent bien long de ramasser, puis de préparer des graines. Aussi serons-nous parfois heureux de trouver un complément glucidique dans la farine complète que nous aurons prise avec nous, et qui apportera par ailleurs une quantité non négligeable de protéines, de vitamines et de sels minéraux.

Pour prévenir une éventuelle crise d'hypoglycémie, il sera bon d'avoir avec soi quelques fruits secs, véritables concentrés de sucres simples.

Quant aux lipides, on en trouvera suffisamment dans les noisettes, dans les graines de coquelicot... ou dans l'huile d'olive que nous emporterons.

Pas d'animaux donc ? Soyons réalistes : il est beaucoup plus facile de se procurer des plantes que des animaux. Attraper ces derniers nécessite des connaissances qu'il serait illusoire d'espérer acquérir en quelques jours... D'autre part, la chasse est une activité réglementée, et l'on pourra difficilement plaider le cas de force majeure pour poser ses collets ! Ce devrait être aussi une question de conscience : la faune sauvage est déjà beaucoup trop malmenée par la destruction et l'empoisonnement de son habitat, et trop souvent par une chasse abusive (sans parler de la cruauté du piège, par exemple), pour que l'on puisse se permettre de contribuer — même tant soit peu — à son appauvrissement. Le braconnage n'a plus son petit côté sympathique d'antan !

Vu la médiocre rentabilité de sa production, la viande représente un gaspillage qui ne laisse pas tout le monde indifférent, et il semble démontré que sa consommation excessive est loin d'être un bienfait pour la santé. Comme on peut fort bien s'en passer (l'expérience le prouve), il semble raisonnable d'économiser son énergie et de se cantonner aux plaisirs de la cuisine à base de plantes sauvages.

On pense habituellement que les peuples qui vivaient continuellement dans la nature étaient avant tout des chasseurs se nourrissant presque exclusivement de viande. Tout de suite vient à l'esprit l'image de nos ancêtres « vêtus de peaux de bêtes » dévorant des quartiers d'ours des cavernes à moitié crus... N'oublions pas que tous ces peuples étaient en fait des chasseurs-cueilleurs, et l'on devrait plutôt dire des *cueilleurs-chasseurs*, car, d'après les études que l'on a pu faire, l'alimentation végétale de cueillette représentait dans de nombreux cas environ 80 % du total. Et encore les 20 % restants n'étaient-ils pas toujours le gibier le plus noble : vers, insectes et charognes étaient aussi au menu... La base de l'alimentation des Indiens de Californie était le gland — que nos ancêtres néolithiques ne donnaient pas aux cochons : ils les mangeaient eux-mêmes. Pour les anciens Mexicains des déserts, la nourriture fondamentale était l'agave, et même les Esquimaux mangent de la verdure en été. Vivre en pleine nature ne veut certes pas dire être carnivore.
Si vous avez encore peur de carences possibles au cours de votre « survie », sachez que de nombreuses personnes jeûnent pendant plusieurs jours sans problème, au contraire. D'ailleurs, cette expérience ne sera pas un jeûne, car, vu la richesse de notre flore, nous pourrons nous assurer plusieurs repas quotidiens, plus les petites pousses, les tendres tiges, les fruits variés que nous pourrons grapiller au long de la marche et grignoter toute la journée. Ce dernier point est d'ailleurs une des habitudes typiques des peuples vivant près de la nature... au mépris des lois de notre diététique moderne qui y voit généralement une fatigue pour l'estomac (elle a d'ailleurs raison lorsqu'il s'agit de pâtisseries et de bonbons...).
Il est vrai que l'alimentation que vous allez découvrir est bien différente de celle dont vous avez l'habitude. Il faudra faire en sorte que la transition soit la plus douce possible, car tout le monde ne supporte pas les changements brutaux. Des troubles digestifs risqueraient de s'ensuivre, ce qui gâcherait de bons moments. Une alimentation de base de plantes sauvages a de toute façon des effets dépuratifs — voire purificateurs —, que nos ancêtres savaient mettre à profit.

Aurez-vous assez à manger ?
Probablement, surtout si vous vous appliquez à bien mastiquer votre nourriture : il est certain qu'elle est ainsi mieux assimilée, et donc qu'une plus faible quantité vous nourrira mieux (avec moins de déchets et de fatigue pour l'intestin). D'ailleurs, les plantes sauvages sont particulièrement nutritives et, malgré la marche et la vie en plein air, vous vous sentirez probablement rassasié puis, une fois la transition faite, étonnamment plein d'énergie.
Allez-vous maigrir ? Tout dépend du lieu et de la saison (de l'abondance de la nourri-

ture), et de votre état actuel : qui n'a pas un peu d'embonpoint à perdre ? Alors, soyez heureux, vous y laisserez sûrement un ou deux kilos.
Si ce régime, que nous ne pourrons de toute façon adopter que pendant la durée limitée de notre séjour en pleine nature, vous paraît trop draconien, n'hésitez pas à emporter davantage de nourriture « civilisée » : vous trouverez des conseils pages 145 à 148. Mais sachez que, plus vous vous nourrirez des plantes qui vous entourent, plus l'expérience sera profonde. D'ailleurs, « végétal » vient du latin *vegetus*, qui signifie « fort, en bonne santé ». Et à notre époque, la santé se conquiert.
Bon courage !

Une remarque
Il ne s'agit pas de présenter ce type d'alimentation comme un régime miracle, un idéal à conserver tel quel dans sa vie de tous les jours. Ce ne serait pas réaliste, pour diverses raisons : le temps passé à la cueillette et à sa préparation, l'affaiblissement au départ de certains organismes pour qui une telle nourriture serait trop forte, etc. Mais, après la transition nécessaire, il permet à l'organisme tout entier de respirer un peu, soulagé de la surcharge alimentaire que lui imposent nos habitudes et nos problèmes émotionnels. Il n'y a pas que notre état physique qui s'en trouve amélioré. Alors pourquoi ne pas en garder quelque chose au retour ?

Plantes sauvages comestibles

Se nourrir dans la nature, c'est avant tout utiliser les centaines de plantes qu'elle nous offre, suivant les lieux et les saisons. Certaines de ces plantes vous sont sans doute connues (ce sont des « fleurs » des bois ou des champs, des « mauvaises herbes », etc.), d'autres non (vous les découvrirez au fil des pages qui suivent); toutes faisaient partie de la vie quotidienne de nos ancêtres — il n'y a pas si longtemps. La cueillette est d'ailleurs restée vivace dans certains cas : pissenlits, asperges et « épinards » sauvages, « baies » (myrtilles, fraises, mûres et framboises), et champignons bien sûr. Ce que je vous propose ici n'est donc que l'extension d'une activité qu'un grand nombre de personnes aime à pratiquer. C'est en même temps l'occasion de retrouver les connaissances oubliées de nos ancêtres — pour qui les plantes ne constituaient pas seulement un décor — et de renouer un peu avec eux en prenant la vie là où ils la prenaient.

Restons pragmatiques ! Ces plantes sont nutritives, nous l'avons vu plus haut : elles apporteront à notre organisme tout ce dont il aura besoin pendant notre séjour en pleine nature. Mais que vont dire nos papilles de ces « plantes de disette » dont on se méfie un peu ? Il importe avant tout de les aborder l'esprit libre : si l'on retrouve — en plus fin — le goût de l'épinard chez le Chénopode blanc, c'est dans la plupart des cas à des saveurs nouvelles, souvent surprenantes, que nous aurons affaire. C'est vrai, la Laitue sauvage est amère (et encore pas toutes les espèces), mais on apprécie bien la chicorée et les endives. Les glands aussi sont amers, immangeables, mais une préparation adéquate (p. 152) permet d'en faire un délicieux pâté. La Stellaire a un petit goût de noisette qui séduit les plus difficiles. Et la Corme, véritable fruit tropical, crémeux et parfumé ! Que puis-je vous dire de plus ? Essayez.

Dans les pages qui suivent vous sont présentées 96 plantes parmi les plus fréquentes dans nos régions. Afin de faciliter leur découverte, elles ont été classées suivant le type d'environnement où elles poussent :

- bords des chemins, champs, décombres ;
- prairies ;
- bois et haies ;
- bords des eaux ;
- Midi et région méditerranéenne ;
- montagnes ;
- littoral.

A l'intérieur de chaque catégorie, les végétaux sont rangés par ordre d'importance, en commençant par les plantes de base (nutritives, abondantes, particulièrement savoureuses, etc.) pour terminer par les condiments et les plantes de moindre intérêt.

Chaque plante est décrite de façon précise et illustrée par un dessin au trait ou par une photographie en couleurs. Son habitat est précisé et les utilisations de ses différentes parties sont indiquées en détail. Pour passer à la pratique culinaire, on se reportera au chapitre « cuisiner en pleine nature » où figurent les recettes pour accommoder toutes ces « bonnes herbes » — ainsi que celles de la liste complémentaire placée à la suite de l'herbier des plantes comestibles.

Pour en faciliter l'emploi, les plantes sont ensuite classées suivant les parties que l'on utilise : racines, feuilles (salades, légumes cuits), jeunes pousses et tiges, parties condimentaires (feuilles, graines, etc.), fleurs, fruits et graines.

Quelques conseils

- Ne récoltez que les plantes que vous avez identifiées avec certitude et triez soigneusement votre récolte avant de les déguster. Il existe relativement peu de plantes toxiques dans nos régions (et quelques-unes seulement sont mortelles), mais il faut bien les connaître : voyez la section qui leur est consacrée.
- Méfiez-vous des pollutions : engrais, pesticides, désherbants, métaux lourds, etc. Ne ramassez jamais à proximité d'une route, d'une usine, dans un champ ou un verger traité, etc. Éliminez les plantes malades, flétries ou simplement trop vieilles. Et lavez toujours très soigneusement votre cueillette.
- Attention aux parasites. Les plantes aquatiques peuvent porter la douve du foie, tansmise par les ruminants. Les plantes basses, surtout en forêt, peuvent provoquer l'échinococcose, grave maladie parasitaire transmise en particulier par l'urine des renards. Certains spécialistes estiment qu'un trempage prolongé des plantes suspectes dans de l'eau vinaigrée peut suffire à éliminer les organismes responsables, mais, en cas de doute, faites cuire votre cueillette, ce qui évite tout danger de façon certaine.
- Ne ramassez jamais une plante rare, ou simplement peu abondante à l'endroit où vous êtes.
- Identifiez avec précision la plante que vous voulez ramasser pour être certain qu'il ne s'agit pas d'une espèce protégée*. Evitez de cueillir en haute montagne, dans les tourbières, dans les zones à végétation spéciale.
- N'arrachez pas une plante pour n'en utiliser que les feuilles ou les jeunes pousses. Et ne récoltez que ce qui vous est nécessaire. La nature nous nourrit, elle mérite notre respect. Bonne cueillette.**

---

* La liste des plantes protégées en France, en Belgique et en Suisse figure dans *le Régal Végétal* du même auteur aux éditions Debard.

** L'herbier des pages qui suivent ne saurait se substituer à un ouvrage de détermination spécialisé, telle une flore qui seule permettra d'identifier avec certitude les végétaux rencontrés.

BORDS DES CHEMINS, CHAMPS, DÉCOMBRES

Stellaire

Stellaria media Caryophyllacées

Parties comestibles
Toute la plante.

Cueillette
Toute l'année.

Description
Petite plante à tiges étalées ou dressées de 10 à 50 cm, caractérisées par une ligne de poils blanchâtres courant le long de la tige entre chaque groupe de feuilles. Celles-ci sont opposées, longues d'environ 1 cm, ovales et pointues. Les petites fleurs blanches ont cinq pétales profondément divisés en deux. La plante couvre généralement le sol d'un épais tapis vert.

Habitat
Jardins, bois, pieds des murs, etc. — lieux frais.

Utilisations
La Stellaire est certainement notre meilleure plante à salade. Elle est extrêmement tendre et possède un délicieux goût de noisette, elle pousse en abondance et se rencontre presque partout. Lorsqu'avec l'âge les tiges deviennent filandreuses, il ne faudra cueillir que le sommet des plantes, avec les doigts ou un couteau. Il serait dommage de ne pas manger la Stellaire crue, mais si l'on en a découvert tout un champ, pourquoi ne pas la faire cuire en légume ou en fourrer des chaussons ? Ah ! la succulente Stellaire.

Stellaire

Chénopode blanc (phot. p. 33)

Chenopodium album Chénopodiacées

Parties comestibles
Feuilles, inflorescences, graines.

Cueillette
Avril-octobre ; graines : juillet-novembre.

Description
Une des « mauvaises herbes » les plus (injustement) haïes, à tiges de 20 cm à 1,20 m, qui portent des feuilles ovales à contour fortement sinueux, rappelant un peu une patte d'oie, vert foncé en dessus et blanchâtres en dessous : la face inférieure des feuilles est recouverte d'une couche farineuse qui permet de reconnaître facilement la plante au toucher. Les longues grappes terminales sont formées de minus-

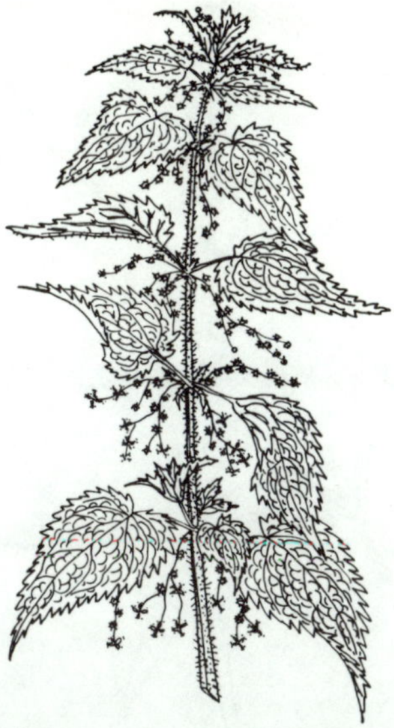

Ortie dioïque

cules fleurs verdâtres qui donnent de petites graines noires, luisantes.

Habitat
Jardins, champs, décombres, lieux incultes, etc.

Utilisations
Ce légume antique (consommé depuis au moins 10 000 ans) est souvent notre providence, car il est délicieux, nutritif et abondant. Les feuilles sont savoureuses en salade ou cuites comme légume, en soupe, en chaussons, etc. Elles sont très riches en protéines, en vitamines A et C, en calcium. Lorsque les inflorescences sont encore assez tendres pour être cueillies entre le pouce et l'index, on les consomme comme les asperges. Les graines peuvent être cuites en céréales, ou moulues en farine. Mais attention aux herbicides !

Ortie

Urtica dioica Urticacées

Parties comestibles
Jeunes pousses, feuilles.

Cueillette
Avril-octobre, voire davantage.

Description
Est-il utile de décrire l'Ortie, peut-être la seule plante de notre flore que l'on peut reconnaître sans hésiter par la nuit la plus noire ? Avant tout, elle pique, et cela suffit à la distinguer de toute plante qui lui ressemble.

Habitat
Décombres, pieds des murs, jardins, lieux fumés.

Utilisations
Contrairement à ce que pourraient croire les non-initiés, l'Ortie a tout pour elle : facile à identifier, disponible en quantité, savoureuse et extrêmement riche en protéines (8 % en poids frais, soit 40 % en poids sec : autant que le soja ! et elles sont complètes) ainsi qu'en vitamines A et C. Il est toujours préférable de ramasser les pousses de l'Ortie, avec quelques feuilles terminales. Leur goût est plus fin que celui des feuilles développées. On les ajoute aux salades (mêlées aux autres plantes, elles ne piquent plus), on en fait d'inimitables soupes, bouillies, légumes, chapatis, chaussons... S'il ne fallait garder qu'une plante, ce serait l'Ortie ! Contre les piqûres : le Plantain. La petite Ortie *(Urtica urens)* est tout aussi comestible que la grande Ortie décrite ci-dessus.

Amaranthe

Amaranthus retroflexus Amaranthacées

Parties comestibles
Feuilles, inflorescences, graines.

Cueillette
Avril-octobre ; graines : juillet-novembre.

Description
Une de nos bonnes « mauvaises herbes », à tige de 20 à 90 cm, souvent rougeâtre, portant des feuilles pétiolées à contour ovale ou en forme de losange. Les minuscules fleurs verdâtres sont groupées en courts épis à l'aisselle des feuilles, et en une longue grappe terminant la tige. Elles donnent de petites graines aplaties, noires et luisantes.

Habitat
Jardins, champs, décombres, lieux incultes (originaire d'Amérique du Nord).

Description
La fréquence et les qualités de l'Amaranthe en font l'un de nos meilleurs légumes sauvages. Le goût des feuilles est peu prononcé, agréable, et celles-ci sont tendres : elles servent à préparer de bonnes salades ; mais l'Amaranthe est aussi un excellent légume cuit. Les feuilles sont très riches en protéines (plus que le soja), en vitamines A et C et en sels minéraux. Le sommet tendre des tiges avec les inflorescences se déguste comme l'asperge. Les graines sont bouillies comme céréale, ou moulues en farine (les Aztèques en raffolaient !). Une fois moulues, vous pouvez les ajouter à de la farine pour faire des chapatis.

Amaranthe

Mauve (phot. p. 33)

Malva sylvestris Malvacées

Parties comestibles
Feuilles, fleurs, jeunes fruits.

Cueillette
Avril-octobre.

Description
Grande plante dépassant parfois 1 m, à feuilles longuement pétiolées, incisées en cinq lobes arrondis, vert foncé, fréquemment tachées de pourpre à la base. Les grandes fleurs, groupées à l'aisselle des feuilles au sommet des rameaux, possèdent cinq pétales mauves à stries plus foncées. Elles donnent de curieux fruits circulaires que l'on nomme parfois « fromages » – à cause de leur forme, non de leur goût...

Laiteron maraîcher

Habitat
Bords des chemins, décombres, friches, prairies.

Utilisations
Les feuilles de Mauve sont tendres et agréables, de saveur très douce. Même âgées, elles font d'excellentes bases de salades. On peut aussi les faire cuire, en particulier dans les soupes qu'elles épaississent grâce à leur mucilage. C'est lui qui confère à la Mauve ses propriétés adoucissantes et laxatives, utiles en cas de constipation. Les fleurs décorent magnifiquement — et savoureusement — les salades. Les tout jeunes fruits peuvent se manger crus ou cuits lorsqu'ils sont encore assez tendres. Les autres espèces de Mauves (six dans nos régions) se consomment de la même façon que la Mauve sylvestre.

Laiteron
Sonchus oleraceus Composées

Parties comestibles
Feuilles.

Cueillette
Mars-octobre.

Description
Plante annuelle de 30 à 60 cm, à feuilles divisées en nombreux segments bordés de petites dents aiguës. Le segment terminal est triangulaire. Les feuilles, de consistance caoutchouteuse, embrassent la tige par deux lobes. Les petites fleurs jaunes, toutes en languette, sont groupées en capitules terminaux qui ressemblent en petit à ceux du Pissenlit. Les fruits surmontés d'une aigrette forment comme chez ce dernier une boule duveteuse caractéristique. Toute la plante renferme un suc laiteux.

Habitat
Lieux incultes, jardins.

Utilisations
Les feuilles de Laiteron sont d'excellents légumes sauvages. On les consomme crues en salades lorsqu'elles sont jeunes et tendres. Par la suite, il vaudra mieux les faire cuire. Elles sont rarement amères, mais, si c'était le cas, il suffirait de les faire bouillir à l'eau. Les petites capitules, en boutons ou en fleurs, s'ajoutent aux salades. En plus du Laiteron maraîcher décrit ci-dessus, on utilise de la même façon le Laiteron des champs *(Sonchus arvensis)* et le Laiteron âpre *(Sonchus asper)*, très semblables. Mais avec l'âge, le Laiteron âpre devient presque aussi piquant qu'un Chardon.

Rumex crépu

Rumex crispus Polygonacées

Parties comestibles
Feuilles.

Cueillette
Mars-juin.

Description
Grande plante pouvant dépasser le mètre, à feuilles épaisses, vert foncé, allongées et fortement ondulées. Les feuilles basales sont munies d'un fort pétiole. Les petites fleurs verdâtres sont rassemblées en longues grappes lâches, au sommet des tiges. Les fruits sont tétraédriques, à angles vifs. La plante possède une forte racine pivotante, jaune à l'intérieur.

Habitat
Bords des chemins, talus, prairies.

Utilisations
Contrairement à celles des autres espèces de Rumex, les feuilles du Rumex crépu sont généralement peu amères et peuvent être directement cuites comme légume sans qu'il soit nécessaire de les faire bouillir à plusieurs eaux pour en éliminer le tanin. On peut même ajouter quelques jeunes feuilles crues aux salades. Celles d'une autre espèce, le *Rumex pulcher*, sont souvent assez douces pour pouvoir l'être. Et ce sont bien sûr d'excellents légumes cuits. La teneur en vitamines A (plus que la carotte) et C (2 fois 1/2 plus que le citron) du Rumex crépu est remarquable. Il existe de nombreuses autres espèces de Rumex, mais – à part les Oseilles – la plupart sont beaucoup trop amères pour qu'on puisse les manger sans préparation (ébullition à plusieurs eaux).

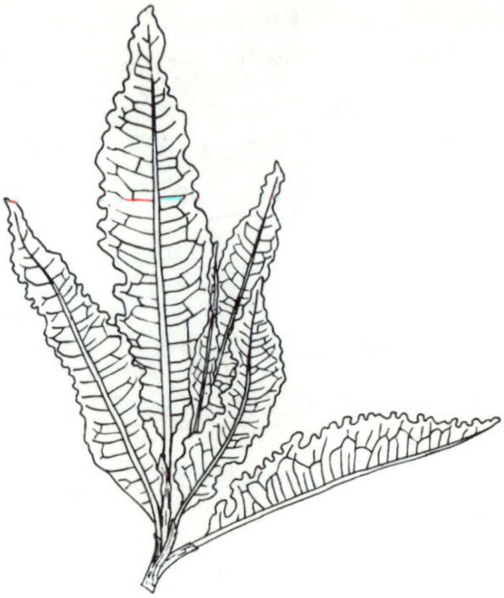

Rumex crépu

Plantain lancéolé (phot. p. 33)

Plantago lanceolata Plantaginacées

Parties comestibles
Feuilles.

Cueillette
Toute l'année.

Description
Plante de 10 à 60 cm, aux feuilles toutes réunies à la base en une rosette dressée et non pas étalée. Les feuilles sont allongées, étroites, graduellement rétrécies à la base et pointues au sommet. Elles sont parcourues par trois ou cinq nervures parallèles. Les minuscules fleurs sont groupées en petits épis serrés terminant les tiges grêles.

Habitat
Bords des chemins, prés, champs, jardins, décombres.

Utilisations
Les jeunes feuilles sont assez tendres et, coupées finement, s'ajoutent aux salades. Crues, les feuilles de Plantain ont une étrange saveur de champignons, avec une légère amertume. Toute l'année, elles servent à préparer soupes, légumes, chapatis et chaussons. Deux autres espèces proches du Plantain lancéolé, également très communes, s'utilisent de même : le grand Plantain *(Plantago major)* et le Plantain moyen *(Plantago media)*. Tous trois font partie de la pharmacie d'urgence de la nature : leurs feuilles sont remarquables en cas de piqûres ou de blessures.

Lamier

Lamium sp. Labiées

Lamier blanc

Parties comestibles
Pousses, feuilles, fleurs.

Cueillette
Avril-octobre.

Description
Il existe plusieurs espèces de Lamiers, toutes comestibles. Le Lamier blanc *(Lamium album)* est très commun et typique. C'est une plante à tige carrée de 20 à 60 cm, portant des feuilles opposées, ovales, en cœur à la base et pointues au sommet, fortement dentées, qui ressemblent à celles de l'Ortie. De grandes fleurs blanches à deux lèvres sont groupées à l'aisselle des feuilles. Le Lamier blanc vit en colonies.

Habitat
Bords des chemins, haies, lisières.

Utilisations
Les feuilles des Lamiers sont de bons légumes. Les jeunes pousses tendres sont ajoutées aux salades. On fera cuire les feuilles plus âgées en soupe, en bouillies, dans les chapatis ou les chaussons. Les fleurs décorent joliment les salades. En plus du Lamier blanc, on utilise de même le Lamier tacheté *(Lamium maculatum)*, le Lamier pourpre (*L. purpureum* ; prairies), le Lamier jaune (*L. galeobdolon* ; bois) et le Lamier amplexicaule (*L. amplexicaule* ; lieux cultivés et incultes). Le Lamier blanc est souvent nommé « Ortie blanche » ou « Ortie morte » — mais la ressemblance n'est que superficielle : l'Ortie appartient à une tout autre famille.

Carotte sauvage

Daucus carota Ombellifères

Parties comestibles
Racines, feuilles, fleurs, fruits.

Cueillette
Racines : automne-printemps ; plante : juin-octobre.

Description
Plante de 10 à 80 cm, velue, à rameaux rudes au toucher. Les feuilles de la base sont deux fois complètement divisées en lobes plus ou moins dentés et découpés. Les petites fleurs blanches s'épanouissent de mai à octobre. Elles sont réunies en ombelles qui portent à leur base des bractées divisées et souvent, en leur centre, une grande fleur stérile rouge foncé. Les fruits sont couverts d'aiguillons. La racine pivotante est généralement blanche et dégage l'odeur bien connue de carotte. Les poils hirsutes de la plante et son odeur caractéristique permettent d'éviter toute confusion avec la Ciguë.

Habitat
Champs, lieux incultes, bords des chemins.

Utilisations
La racine de la Carotte sauvage peut être plus grosse que le pouce, charnue, tendre et sucrée, mais il faut la ramasser de l'automne de la première année de la vie de la plante au printemps de la seconde, avant que la hampe florale ne se développe. On la consomme crue ou cuite. Les feuilles sont ajoutées aux salades — que décorent les fleurs. Les fruits dégagent au froissement une délicieuse odeur (de poire) et forment un excellent condiment.

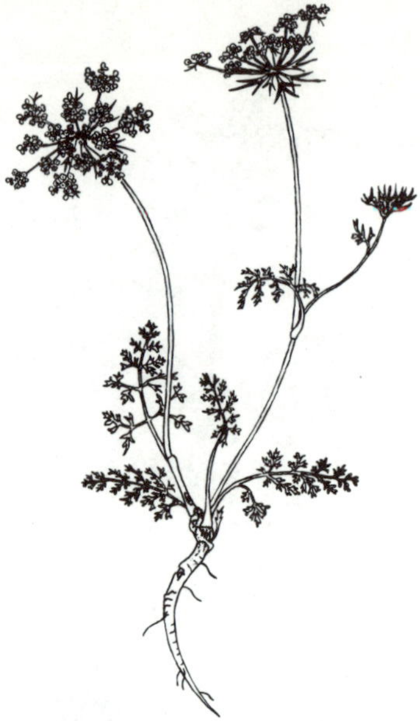

Carotte sauvage

Bardane (phot. p. 33)

Arctium lappa Composées

Parties comestibles
Racines, pétioles, jeunes tiges.

Cueillette
Racines : automne-printemps ; pétioles et tiges : avril-juin.

Description
Plante bisannuelle à grandes feuilles ovales, longuement pétiolées, blanchâtres en dessous, en cœur à la base. La tige ne se développe que la seconde année de la vie de la plante et peut atteindre 1,50 m ; elle est fortement striée. Les petites fleurs violacées sont réunies en capitules munis de crochets qui s'accrochent aux vêtements et aux cheveux.

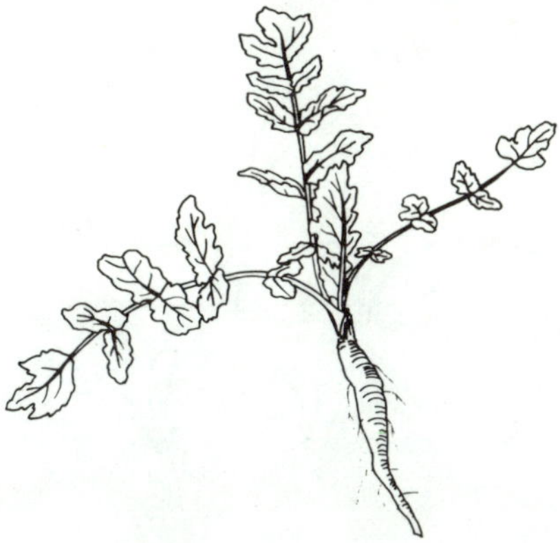

Panais

Habitat
Lieux incultes, décombres, bords des chemins.

Utilisations
La racine de la Bardane est excellente, tant au goût (légèrement sucré) que pour la santé (effet dépuratif), et très nutritive grâce à ses glucides. Mais pour éviter qu'elle ne soit ligneuse, il faut la ramasser avant que ne se développe la hampe florale, c'est-à-dire de l'automne de la première année au printemps suivant. On peut la manger crue, cuite à l'eau ou sautée dans un peu d'huile. S'ils ne sont pas trop amers, les pétioles, coupés et pelés, se préparent de même. Enfin, la tige encore tendre, coupée et pelée, se déguste crue ou cuite comme un fond d'artichaut, dont elle possède — en plus fin — la saveur.

Panais

Pastinaca sativa Ombellifères

Parties comestibles
Racines, feuilles, fruits.

Cueillette
Racines : automne-printemps ; feuilles : avril-septembre ; fruits : août-septembre.

Description
Ombellifère bisannuelle atteignant 1 m, à feuilles divisées en 5-11 segments ovales ou lobés. Feuilles et tiges sont velues. Les fleurs jaunâtres sont groupées en ombelles ayant de quatre à dix rayons assez inégaux. Fruits ailés. Racine pivotante développée. Toute la plante dégage au froissement une odeur marquée.

Habitat
Bords des chemins, friches, prairies.

Utilisations
Les racines sont tendres de l'automne de la première année de la vie de la plante au printemps de la seconde, avant que la hampe florale n'apparaisse. Ensuite, elles deviennent ligneuses. Elles sont riches en glucides, donc très nutritives, et possèdent une saveur aromatique un peu sucrée des plus agréables. On les coupe crues dans les salades, ou on les fait cuire en ragoût avec d'autres plantes. Elles sont particulièrement délicieuses sautées dans un peu d'huile. Les jeunes feuilles peuvent être ajoutées aux salades, les autres sont cuites en soupe, en légume, en chapatis, en chaussons. Les fruits, aromatiques et piquants, sont un bon condiment — à employer avec modération !

Tussilage

Tussilago farfara Composées

Parties comestibles
Feuilles, fleurs.

Cueillette
Feuilles : avril-novembre ; fleurs : février-mai.

Description
Le Tussilage présente la particularité de montrer ses fleurs avant ses feuilles, dès la fin de l'hiver. Les petites fleurs jaune d'or sont groupées en capitules solitaires portés par des tiges rougeâtres, de 8 à 20 cm, couvertes d'écailles. Les feuilles, de taille variable, sortent directement du sol. Aussi larges que longues, bordées de larges dents peu saillantes, elles sont vert clair en dessus, cotonneuses en dessous.

Habitat
Terres remuées, bords des chemins, décombres.

Utilisations
Les fleurs avec leur tige se mangent crues, dans les salades qu'elles décorent joliment. Elles sont juteuses et aromatiques. On peut aussi les faire cuire ou en fourrer des chaussons. Les toutes jeunes feuilles sont bonnes en salades, mais elles deviennent vite caoutchouteuses, ce qui peut être évité en retirant, en le roulant, le duvet de la face intérieure — travail fastidieux. Elles font un très bon légume cuit. Pour les chaussons, il faut les précuire. La meilleure façon de les accommoder est sans doute d'en faire des beignets... Un vrai plat de fête !

Tussilage

Laitue sauvage (phot. p. 34)

Lactuca serriola Composées

Parties comestibles
Jeunes pousses, feuilles.

Cueillette
Mars-octobre.

Description
Plante de 50 cm à 1,20 m, à tiges dressées, rameuses, minces, portant quelques feuilles, profondément divisées au bas de la plante, entières vers le haut et de plus en plus réduites. Toutes sont embrassantes et bordées de dents piquantes. La nervure centrale porte en dessous une ligne d'épines raides. Les petites fleurs jaunes, toutes en languettes, sont réunies en capitu-

Pourpier

les miniatures à l'extrémité des rameaux. Toute la plante contient un latex blanc très amer.

Habitat

Lieux incultes, bords des chemins, talus.

Utilisations

Les jeunes pousses sont tendres et peuvent être ajoutées aux salades, mais la Laitue sauvage est amère ! Pour la consommer en quantité, il faut la faire cuire à l'eau pour en éliminer l'amertume. On pourra utiliser ainsi les feuilles développées... si elles ne sont pas trop coriaces. Une espèce voisine, la Laitue vivace *(Lactuca perennis)*, à fleurs bleues, n'est pas amère : c'est l'une des meilleures salades sauvages !

Pourpier

Portulaca oleracea Portulacacées

Parties comestibles

Toute la plante.

Cueillette

Juin-octobre.

Description

Petite plante annuelle à tiges et feuilles charnues, dépourvues de poils. Ses tiges rougeâtres rampent sur le sol, atteignant 20-40 cm de longueur. Les petites feuilles sont opposées au bas des tiges, alors que vers le haut elles sont alternes ou groupées au sommet des rameaux. Elles sont ovales, progressivement amincies vers la base et comme tronquées au sommet. Les fleurs jaunes s'épanouissent de mai à octobre. Elles donnent de petits fruits sphériques qui s'ouvrent par un couvercle, libérant ainsi de nombreuses graines noires et luisantes.

Habitat

Champs, jardins, lieux incultes.

Utilisations

Le Pourpier est avant tout une excellente salade (c'est à ce titre qu'on l'a apprécié pendant des siècles). Feuilles, tiges, fleurs, tout y est tendre, charnu, juteux, légèrement acidulé, succulent. On peut aussi le faire cuire comme légume, en fourrer des chaussons, ou préparer avec lui de délicieuses quenelles (voir p. 152). Grâce à son mucilage, le Pourpier permet aussi d'épaissir les soupes. Il est adoucissant, et peut s'avérer laxatif en grande quantité. Quelques variétés de Pourpier sont cultivées comme légume pour salade.

Chicorée

Cichorium intybus Composées

Parties comestibles
Racine, jeunes feuilles.

Cueillette
Racine : automne-printemps ; feuilles : mars-avril.

Description
Plante à feuilles disposées en rosette, profondément divisées en lobes aigus – elles ressemblent aux feuilles de Pissenlit. La tige, qui peut atteindre 1 m, porte des feuilles entières, de taille réduite. Ses nombreux rameaux sont garnis de jolis capitules de fleurs bleues, toutes en languettes.

Habitat
Bords des chemins, prés, friches.

Utilisations
Les racines de Chicorée sont célèbres pour leur emploi comme succédané du café, mais, pour qu'elles ne soient pas ligneuses, il faut les récolter entre l'automne de la première année de la vie de la plante et le printemps suivant, avant que la hampe florale n'apparaisse. On les coupe en rondelles que l'on fait griller à sec dans une poêle en remuant, pour en préparer ensuite une décoction. Les toutes jeunes feuilles sont bonnes en salade, mais elles deviennent vite amères et, pour les consommer par la suite, il faut les faire bouillir dans plusieurs eaux. On les mélangera avec d'autres plantes pour préparer des légumes en sauce, des chaussons fourrés, etc.

Chicorée intybe

Lampsane (phot. p. 34)

Lapsana communis Composées

Parties comestibles
Feuilles.

Cueillette
Rosettes : février-mai ; feuilles développées : jusqu'en automne.

Description
Plante de 20 à 80 cm, dont les feuilles de la base forment une rosette. Ces feuilles sont profondément divisées en lobes de taille variable, avec un lobe terminal très grand, denté sur les bords, comme coupé, ou en cœur à la base. Presque toutes les feuilles sont munies d'un pétiole. Les feuilles moyennes sont simples et dentées. Les petites fleurs jaunes, toutes en languettes,

Brocoli sauvage

sont groupées par 8-12 à l'extrémité de rameaux grêles, et forment une grappe composée au sommet de la plante. Elles s'épanouissent de mai à août.

Habitat
Jardins, lieux incultes.

Utilisations
Les jeunes rosettes de la Lampsane peuvent se consommer en salade. Mais les feuilles deviennent rapidement trop amères, et il vaudra mieux les faire cuire, en légume, en soupe, dans des chapatis aux herbes ou des chaussons fourrés. Dès que la hampe florale se développe, l'amertume devient intense, et il est généralement nécessaire de faire bouillir les feuilles dans une ou deux eaux avant de les consommer.

Brocoli sauvage

Cardaria draba Crucifères

Parties comestibles
Jeunes pousses, feuilles, fleurs, graines.

Cueillette
Pousses : mars-mai ; feuilles, fleurs et graines : jusqu'en été.

Description
Plante de 30 à 70 cm, à tige dressée portant de nombreuses feuilles ovales, larges (parfois plus de 2 cm), irrégulièrement dentées, qui embrassent la tige par deux lobes aigus et sont couvertes de petits poils. Les petites fleurs blanches s'épanouissent d'avril à juillet. Elles sont groupées en masses aplaties au sommet de la plante. Les fruits qui leur succèdent sont petits, plus larges que longs, et ne contiennent que deux graines.

Habitat
Bords des chemins, champs, lieux incultes.

Utilisations
Avant que les fleurs ne se développent (de mars à juin suivant les régions), les boutons floraux densément groupés au sommet de la tige ont l'aspect de petits brocolis. On cueille alors tout le sommet tendre de la plante, avec les feuilles supérieures. Ces « Brocolis sauvages » se mangent crus — ils sont assez piquants — ou légèrement cuits dans très peu d'eau et servis simplement avec un filet d'huile d'olive. Plus tard, on peut consommer les feuilles, les fleurs (dans les salades) et les graines (comme condiment).

Moutarde noire

Brassica nigra Crucifères

Parties comestibles
Feuilles, inflorescences, graines.

Cueillette
Mars-octobre.

Description
Plante de 50 cm à 1,20 m, dressée, à rameaux étalés portant des feuilles munies d'un pétiole. Les feuilles inférieures sont profondément divisées en plusieurs segments un peu dentés, le terminal étant beaucoup plus grand que les autres. Les feuilles supérieures sont étroites et allongées, plus ou moins entières. Les fleurs ouvrent de juin à septembre leurs quatre pétales jaunes d'assez grande taille. Elles sont rassemblées en grappes à l'extrémité des rameaux. Sous les fleurs se développent les fruits, courts et étroits, appliqués le long de la tige. Ils renferment plusieurs petites graines rondes, noires.

Habitat
Décombres, champs, bords des chemins.

Utilisations
Les feuilles de la Moutarde noire atteignent souvent de grandes dimensions et une seule plante peut suffire à nourrir plusieurs personnes. On peut les ajouter crues aux salades, qu'elles relèvent de leur note piquante, ou les faire cuire comme légume, en soupe, etc. Leur saveur est excellente. Les jeunes inflorescences, quand toutes les fleurs sont encore en boutons, ressemblent à des Brocolis et s'utilisent comme tels. Les fleurs décorent les salades. Les graines écrasées servent de condiment.

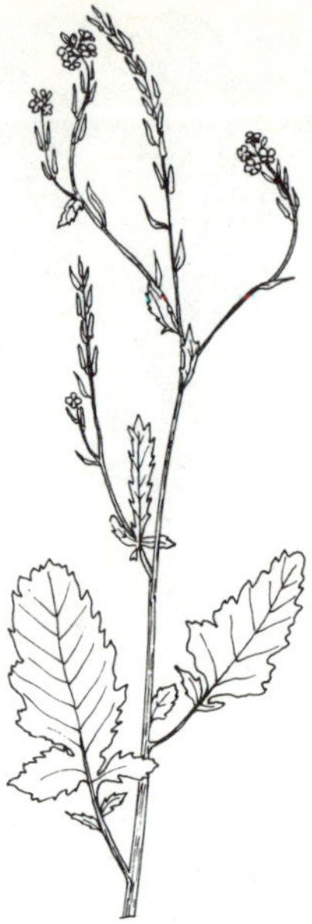
Moutarde noire

Navet sauvage (phot. p. 34)

Brassica campestris Crucifères

Parties comestibles
Racine, feuilles, inflorescences, graines.

Cueillette
Racine : automne-printemps ; plante : jusqu'en été.

Description
Plante de 30 à 80 cm dont les feuilles à la base sont réunies en rosette avant que la hampe florale ne se développe. Ces feuilles sont profondément découpées en lobes allongés — le terminal beaucoup plus grand et arrondi —, plus ou moins dentés, et hérissés de poils raides. Les feuilles supérieures, glabres et glauques, sont largement embrassantes. Les fleurs épanouissent leurs quatre pétales jaunes d'or

Chénopode blanc (p. 20)

Mauve (p. 22)

Plantain lancéolé (p. 24)

Bardane (p. 26)

Laitue sauvage (p. 28)

Lampsane (p. 30)

Navet sauvage (p. 32)

Renoncule bulbeuse (p. 36)

Bourse-à-pasteur

d'avril à juin. Elles sont groupées à l'extrémité des rameaux au-dessus des fruits, étroits et allongés, dirigés vers le haut.

Habitat
Lieux incultes, jardins.

Utilisations
Avant l'apparition de la hampe florale, les racines sont renflées et charnues. On les consomme crues, râpées ou coupées en morceaux, ou bien cuites. Leur saveur est piquante. Les feuilles forment d'excellents légumes cuits, soupes, etc. Lorsqu'elles sont jeunes, on peut aussi les manger en salade. Les inflorescences ressemblent à des brocolis, plantes très proches, et peuvent se consommer comme tels, mais les fleurs sont parfois amères. Les graines écrasées s'emploient comme épice à la façon de la moutarde.

Bourse-à-pasteur

Capsella bursa-pastoris Crucifères

Parties comestibles
Racine, feuilles, inflorescences, graines.

Cueillette
Racine : hiver ; feuilles, inflorescences, graines : mars-décembre.

Description
« Mauvaise herbe » à tiges dressées, filiformes, de 20 à 50 cm. Les feuilles inférieures forment une rosette à la base de la plante ; elles sont allongées et divisées en nombreux segments. Les feuilles de la tige sont simplement dentées et de plus en plus petites vers le haut de la plante. Les petites fleurs blanches sont disposées en grappes allongées et donnent des fruits triangulaires caractéristiques, remplis de petites graines jaunes.

Habitat
Bords des chemins, champs, décombres, jardins.

Utilisations
Les racines se ramassent avec la rosette de feuilles, avant que les tiges ne se développent. Elles ont une saveur de radis, et on les consomme crues ou cuites. Les meilleures feuilles, et les plus abondantes, sont celles de la rosette. Elles sont excellentes en salade, où l'on sent bien leur goût de chou, ou comme légume cuit, en soupe, en chapatis, en chaussons. Le sommet tendre des inflorescences (boutons, fleurs et jeunes fruits) s'ajoute aux salades. Les graines, très piquantes, s'emploient en condiment, écrasées, comme celles de la Moutarde.

Sureau noir

Sambucus nigra Caprifoliacées

Parties comestibles
Fleurs, fruits.

Cueillette
Fleurs : mai-juillet ; fruits : septembre-octobre.

Description
Arbrisseau de quelques mètres de hauteur, devenant parfois un petit arbre jusqu'à 10 m. L'écorce est couverte de lenticelles liégeuses caractéristiques, et les rameaux sont remplis de moëlle. Les feuilles, opposées, sont composées de cinq à sept folioles ovales, aiguës et dentées, dégageant au froissement une odeur désagréable. Les fleurs blanc crème, odorantes, sont réunies en inflorescences aplaties et donnent de petites baies noires, sphériques, remplies d'un jus violacé.

Habitat
Décombres, haies.

Utilisations
Les fleurs dégagent un agréable parfum. On peut les ajouter aux salades, aux compotes de fruits, préparer avec elles de délicieux beignets et en fourrer des chaussons. Elles peuvent aussi parfumer l'eau des gourdes ou faire une bonne infusion. Il est possible de consommer quelques fruits crus, mais ils ne sont guère agréables et peuvent même devenir vomitifs. Faites-les plutôt cuire en compote ou en bouillie avec d'autres fruits. Crevés à la chaleur, puis pressés à travers un linge, ils donnent un excellent jus de fruit qui peut être cuit en « rob » (voir p. 156). Attention à la confusion avec le Sureau hièble.

Sureau noir

Renoncule bulbeuse (phot. p. 34)

Ranunculus bulbosus Renonculacées

Partie comestible
Renflement basal de la tige.

Cueillette
Mars-juin.

Description
« Bouton-d'or » commun de 5 à 60 cm, à tige principale dressée, velue, renflée en bulbe à la base. Les feuilles de la base sont divisées en trois lobes profondément incisés ; le lobe du sommet est très aminci à la base, comme porté par un pétiole secondaire. Les fleurs jaunes, isolées au sommet des rameaux, s'ouvrent d'avril à septembre, parfois jusqu'en octobre. Les nombreux carpelles forment une masse arrondie au centre de la fleur.

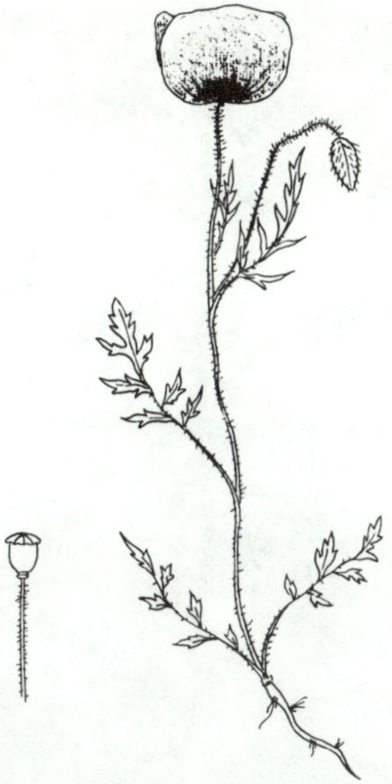

Coquelicot

Habitat
Champs, prés, lieux incultes, bords des chemins.

Utilisations
Toutes les Renoncules (les Boutons-d'or sont des Renoncules à fleurs jaunes) sont âcres et irritantes à l'état frais. Elles sont donc immangeables ainsi, et même toxiques, mais une cuisson à l'eau permet d'éliminer les substances nocives. Cela est particulièrement intéressant en ce qui concerne la Renoncule bulbeuse, dont la tige renflée contient des réserves de substances nutritives. Longuement trempé dans l'eau, puis bouilli, ce faux « bulbe » peut se consommer salé ou sucré. Sa saveur rappelle celle de la châtaigne, en plus fade. Ainsi préparé, il n'est pas âcre du tout.

Coquelicot
Papaver rhœas Papavéracées

Parties comestibles
Jeunes feuilles, fleurs, graines.

Cueillette
Mars-août.

Description
Le Coquelicot est bien connu de tous, du moins lorsqu'il est en fleur. Mais les jeunes pousses se ramassent avant que la plante ne fleurisse, et il faut donc savoir reconnaître les feuilles. Elles sont généralement découpées en segments allongés, aigus, incisés ou dentés. Chaque dent est terminée par un poil raide – toute la plante est d'ailleurs fortement velue. Les fleurs ouvrent leurs pétales d'un rouge vif de mai à juillet. Le fruit renflé en urne contient de nombreuses petites graines rondes brunâtres.

Habitat
Champs, bords des chemins.

Utilisations
Les jeunes pousses font de bons légumes, simplement cuits à l'eau ou préparés en soupe, en chapatis ou en chaussons fourrés. Les pétales décorent magnifiquement les salades de leur rouge éclatant. On peut croquer les jeunes fruits encore verts et tendres. Les graines sont riches en huile et ont une agréable saveur de noisette. On peut en saupoudrer les plats – elles sont encore meilleures grillées – ou les écraser et les mélanger à de la farine pour faire des chapatis.

Pariétaire

Parietaria officinalis Urticacées

Pariétaire

Parties comestibles

Toute la plante.

Cueillette

Avril-septembre.

Description

Petite plante de 20 à 60 cm, aux tiges velues, rougeâtres, fragiles, portant des feuilles opposées, pétiolées, lancéolées, d'un vert sombre mat. Elles peuvent se coller aux vêtements par leurs poils. Les petites fleurs verdâtres, présentes de juin à octobre, sont réunies à l'aisselle des feuilles.

Habitat

Murs, décombres – lieux riches en nitre.

Utilisations

Quel que soit son âge, la Pariétaire est tendre et peut s'ajouter aux salades. Sa saveur est peu prononcée. Elle fournit aussi de très bons légumes cuits, peut-être un peu fades – mais ce n'est pas toujours un défaut, car nombre de plantes sauvages ont un goût très accentué que la Pariétaire adoucit. La plante entière se consomme : feuilles et tiges – ces dernières se cassent comme du verre. On en fait aussi d'excellents chaussons et chapatis. La Pariétaire est adoucissante grâce à son mucilage, et diurétique du fait de sa teneur exceptionnelle en nitrate de potassium. La Pariétaire appartient à la même famille que l'Ortie, mais contrairement à sa cousine, elle ne pique pas.

Silène enflé (phot. p. 51)

Silene inflata Caryophyllacées

Parties comestibles

Jeunes pousses.

Cueillette

Mars-mai.

Description

Plante glabre et glauque de 10 à 90 cm, à feuilles opposées, démunies de pétiole, ovales et allongées, aiguës au sommet, entières, un peu épaisses et charnues. Les fleurs montrent de mai à septembre leurs cinq pétales blancs ou rosés, profondément échancrés. Le calice gonflé en forme d'outre est terminé par cinq dents plus larges que longues et orné de nervures en réseau. Les enfants s'amusent à le faire claquer sur le revers de leur main. Le fruit sec renferme de petites graines noires.

Sédum

Sédum

Sedum reflexum Crassulacées

Parties comestibles
Feuilles.

Cueillette
Presque toute l'année.

Description
Petite plante de 15 à 40 cm, glabre dans toutes ses parties, à feuilles cylindriques caractéristiques, charnues et renflées, remplies d'un jus acidulé. Elles sont, suivant les plantes, d'un vert jaunâtre ou bleuté. Les jolies fleurs épanouissent leurs 6-8 pétales jaunes, aigus, de juin à août. Elles sont groupées en inflorescences globuleuses à l'extrémité des tiges.

Habitat
Rochers, murs, bois clairs et secs.

Utilisations
Les feuilles charnues et juteuses de la plupart des Sédums sont rafraîchissantes et bonnes à ajouter aux salades, ou à grignoter telles quelles. On peut aussi les cuire comme légume. Le sommet des tiges et les jeunes pousses sont tendres, mais les tiges elles-mêmes sont trop dures, et il faut prendre soin d'en débarrasser les feuilles. D'autres espèces de Sédum sont excellentes, mais, si elles sont peu fréquentes, il ne faudra les ramasser qu'avec parcimonie. Attention au « poivre des murailles » *(Sedum acre)*, dont la saveur est extrêmement piquante, voire irritante. C'est un Sédum à fleurs jaune vif et à petites feuilles rapprochées les unes des autres le long de la tige.

Habitat
Bords des chemins, lieux incultes, prés, rochers.

Utilisations
Les jeunes pousses se ramassent au printemps. Elles ont une saveur sucrée très agréable, rappelant le petit pois et l'asperge. Elles sont excellentes simplement cuites à l'eau puis égouttées et servies avec un filet d'huile d'olive et un grain de sel. On peut en ajouter quelques-unes crues dans les salades, mais il est préférable de les cuire (à l'eau) pour éliminer la saponine qu'elles contiennent. La saponine est toxique si on l'ingère ; en revanche, elle permet de nettoyer comme le savon, et les racines du Silène enflé ont été employées de la même manière que la Saponaire.

Origan

Origanum vulgare Labiées

Parties comestibles
Sommités fleuries.

Cueillette
Juillet-septembre.

Description
Plante vivant en petites colonies, à tiges rougeâtres dressées, jusqu'à 80 cm, portant des feuilles opposées, ovales, brièvement pétiolées. Tiges et feuilles sont velues. Les petites fleurs rosées à deux lèvres sont groupées au sommet de la plante en inflorescences denses, parsemées de bractées ovales d'un beau rouge violacé. La plante dégage au froissement une odeur agréable.

Habitat
Bords des chemins, talus — lieux secs.

Utilisations
Les sommités fleuries de l'Origan, et éventuellement les feuilles, forment un condiment intéressant, à la saveur aromatique très agréable, mais peu marquée. Il sent en fait davantage qu'il n'a de goût, sauf parfois dans le Midi. Il est donc toujours préférable de l'ajouter cru aux plats qu'il doit parfumer : salades, soupes, légumes, etc. Il ne faut pas craindre de l'employer en quantité. On peut par exemple en fourrer exclusivement des chaussons. Les infusions d'Origan sont très bonnes, mais le thé solaire (voir p. 155) qu'on prépare avec la plante est encore meilleur, car il en conserve tout l'arôme. On nomme parfois la plante « Marjolaine sauvage ».

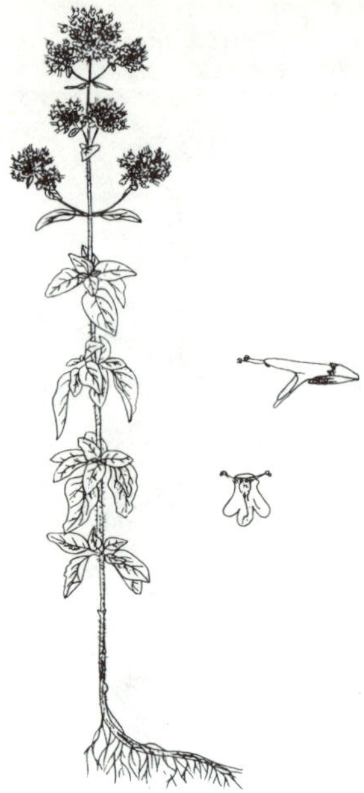

Origan

Serpolet (phot. p. 51)

Thymus serpyllum Labiées

Parties comestibles
Feuilles, sommités fleuries.

Cueillette
Mai-septembre.

Description
Petite plante rampante à tiges ligneuses formant des coussinets lâches plus ou moins étendus. Les feuilles sont très petites, opposées, velues et démunies de pétioles. Les fleurs roses à étamines saillantes sont groupées en têtes globuleuses à l'extrémité des rameaux. Elles s'ouvrent de juin à septembre. Toute la plante dégage au froissement une odeur aromatique bien marquée.

Gratteron

Habitat
Talus, bords des chemins, bois clairs — lieux secs.

Utilisations
Le Serpolet est un de nos meilleurs condiments en raison de la finesse de son parfum. Mais celui-ci disparaît rapidement dès que la plante est chauffée, car l'huile essentielle qu'elle contient est très volatile. Aussi est-il préférable d'ajouter le serpolet cru, à la fin de la cuisson, ou, bien sûr, dans les salades. L'infusion et surtout le thé solaire de Serpolet sont délicieux ; ils possèdent en outre la propriété d'agir favorablement sur le système nerveux et de faciliter la digestion. Le parfum de la plante varie selon les lieux. Il est souvent à la fois plus fin et plus accentué en montagne.

Gratteron
Galium aparine Rubiacées

Parties comestibles
Jeunes pousses, fruits.

Cueillette
Pousses : avril-juin ; fruits : août-octobre.

Description
Plante grimpant sur la végétation environnante grâce à ses longues tiges molles (jusqu'à 1,50 m), munies sur leurs angles d'aiguillons renversés. Les feuilles sont attachées par 6-8 sur la tige. Allongées et étroites, rétrécies à la base, elles sont également bordées d'aiguillons. Les petites fleurs blanches à quatre pétales pointus sont réunies en petites grappes et donnent des fruits presque sphériques couverts de poils crochus qui leur permettent de voyager sur les animaux... ou les vêtements.

Habitat
Jardins, champs, taillis, haies.

Utilisations
Quand elles sont encore bien tendres, les jeunes pousses peuvent être ajoutées, hachées, aux salades ou cuites en légume. Leurs fruits fournissent un succédané du café qui en a tout à fait l'odeur : ils sont cueillis encore un peu verts, grillés à sec dans une gamelle, écrasés entre deux pierres et mis à bouillir dans de l'eau (voir p. 156). Les amateurs de café se laisseront-ils convaincre ? Remarquons d'ailleurs que le Café et le Gratteron appartiennent tous deux à la même famille, ce qui pourrait expliquer la saveur de ce dernier.

PRAIRIES

Pissenlit

Taraxacum officinale Composées

Parties comestibles
Racines, feuilles, capitules.

Cueillette
Racines et feuilles : presque toute l'année ; capitules : avril-septembre.

Description
Petite plante à racine charnue et profonde. Les feuilles, toutes rassemblées en une rosette dense, sont souvent profondément divisées en lobes aigus, ou parfois presqu'entières. Les tiges florales creuses portent les célèbres capitules aux fleurs jaune d'or toutes en languette, puis les boules de duvet caractéristiques. Toutes les parties renferment un latex blanc. Feuilles et tiges sont glabres, ce qui permet d'éviter des confusions avec des plantes voisines.

Habitat
Prairies, friches, bois clairs.

Utilisations
Manger les Pissenlits par la racine ? Délicieux et... très bon pour la santé. Coupez-les en rondelles et faites-les sauter dans un peu d'huile. Les jeunes feuilles : en salade, bien sûr ; plus développées, ce sont d'excellents légumes cuits, bourrés de protéines et de vitamines A et C. Et puis, décorez vos salades avec les splendides capitules. Aucune plante ressemblant au Pissenlit n'est toxique, mais certaines sont fort amères !

Pissenlit

Berce (phot. p. 51)

Heracleum sphondylium Ombellifères

Parties comestibles
Feuilles, jeunes tiges, jeunes inflorescences, fruits.

Cueillette
Feuilles : mars-septembre ; tiges et inflorescences : avril-juin ; fruits : juillet-octobre.

Description
Grande Ombellifère dépassant souvent 1 m, à feuilles très grandes, pétiolées, découpées en segments larges et anguleux. Tiges cannelées, couvertes de poils raides, comme les pétioles largement engainants à la base. Les fleurs blanches forment de grandes ombelles aplaties, aux pétales du pourtour plus longs. Fruits ailés.

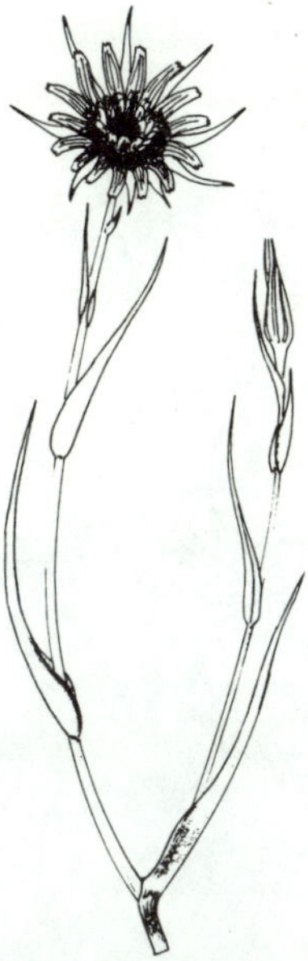

Salsifis

Habitat
Prairies, bords des chemins.

Utilisations
Les jeunes feuilles font de très bonnes salades. Développées, elles sont cuites en soupe ou en légume ou préparées en chapatis et en chaussons. Les jeunes tiges encore tendres sont juteuses, sucrées et aromatiques (avec un surprenant parfum de mandarine). Elles se situent entre le légume et le bonbon végétal, et l'on se doit de les manger crues, coupées en morceaux et pelées. Les inflorescences encore cachées dans la gaine du pétiole sont coupées dans les salades ou cuites à l'eau. Leur saveur est très fine. Les fruits forment un condiment puissant. Il vaut mieux les écraser pour bien les répartir. La Berce est tonique et digestive.

Salsifis

Tragopogon pratensis Composées

Parties comestibles
Racines, feuilles, boutons floraux.

Cueillette
Racines : automne-printemps ; feuilles : avril-juin ; fleurs : mai-août.

Description
Plante bisannuelle de 30 à 80 cm, à feuilles très étroites, allongées et pointues, embrassant la tige par leur base. Tiges et feuilles sont glabres et exsudent un latex blanc à la coupure. Les fleurs d'un jaune vif sont groupées en gros capitules terminaux ressemblant à des Pissenlits peu fournis. Comme ces derniers, les Salsifis en fruits présentent une grosse boule duveteuse. La racine pivotante est développée.

Habitat
Prairies, bords des chemins.

Utilisations
La racine se ramasse de l'automne de la première année de la vie de la plante au printemps de la seconde, avant que ne se développe la tige et qu'elle ne devienne ligneuse. On n'a donc que les feuilles pour identifier le Salsifis. La racine est tendre et légèrement sucrée. On peut la couper dans les salades ou la faire cuire, à l'eau ou dans un peu d'huile. C'est un légume savoureux et très nutritif grâce à ses glucides. Les jeunes feuilles sont tendres et très bonnes en salade. Il en est de même des boutons floraux, que l'on peut simplement grignoter au passage. Bien que riche en latex, la plante n'est pas amère.

Marguerite

Leucanthemum vulgare Composées

Parties comestibles
Feuilles et capitules.

Cueillette
Mars-août.

Description
Cette jolie plante de 10 cm à 1 m possède des feuilles dentées ou divisées, élargies vers le sommet et amincies vers la base, légèrement charnues. Les tiges sont dépourvues de feuilles sur une plus ou moins grande longueur au-dessous du capitule. Celui-ci est une « marguerite » typique, composée de fleurs blanches en languette entourant de petites fleurs jaunes en tube. Il s'épanouit de mai à septembre.

Habitat
Prés, champs, talus.

Utilisations
Auriez-vous songé à consommer les Marguerites ? Ce sont surtout leurs jeunes pousses que l'on prendra plaisir à déguster, crues dans les salades ou cuites comme légume, brièvement dans un peu d'eau (la cuisson à la vapeur serait l'idéal, mais elle est difficile à mettre en œuvre en pleine nature). Les feuilles développées sont également bonnes, mais elles sont longues à ramasser. Quant aux capitules, ils décorent joliment les salades et sont agréables à croquer. Feuilles et fleurs de la Marguerite ont une saveur aromatique rappelant celle des Chrysanthèmes, ses cousins, légumes fort appréciés en Extrême-Orient.

Marguerite

Trèfle (phot. p. 51)

Trifolium sp. Légumineuses

Parties comestibles
Feuilles, inflorescences.

Cueillette
Avril-octobre.

Description
Tout le monde sait reconnaître les Trèfles à leurs feuilles composées de trois folioles (parfois quatre, voire cinq...), ovales ou allongées, et à leurs inflorescences denses, généralement globuleuses (parfois allongées), composées de nombreuses petites fleurs roses, blanches ou jaunes. Il existe près de soixante espèces de Trèfle dans nos régions, toutes comestibles, mais les plus intéressantes, et les plus répan-

Pâquerette

dues, sont le Trèfle des prés ou Trèfle rouge *(Trifolium pratense)* et le Trèfle rampant ou Trèfle blanc *(T. repens)*.

Habitat
Prairies, bords des champs.

Utilisations
Les feuilles sont bonnes en salade, ou cuites comme légume. Leur goût est agréable et elles sont riches en protéines. Pour en faciliter la préparation, il faut prendre soin de ne ramasser que les folioles, sans le pétiole. Les fleurs contiennent un nectar sucré que les enfants aiment sucer. On ajoute les inflorescences entières aux salades — comme décoration, mais aussi par plaisir et pour se nourrir. Les petites graines pourraient être récoltées et mises à germer ultérieurement.

Pâquerette
Bellis perennis Composées

Parties comestibles
Feuilles, capitules.

Cueillette
Feuilles : presque toute l'année ; fleurs : printemps-automne.

Description
Petite plante à feuilles en forme de spatule, toutes disposées en rosette à la base de la tige florale, qui ne dépasse guère 10 cm. Les capitules terminaux, solitaires, sont formés d'une couronne de fleurs ligulées blanches, souvent rosées, entourant un « cœur » de minuscules fleurs jaunes en tube. Qui ne connait pas la Pâquerette ?

Habitat
Prairies grasses et pelouses.

Utilisations
Les feuilles sont tendres, croquantes et légèrement aromatiques. On peut les consommer crues en salade, à condition d'y mêler d'autres plantes, car, seules, elles ont généralement un arrière-goût un peu âcre et tendent à irriter la gorge. Ce désagrément disparaît après mélange ou à la cuisson, et les Pâquerettes fournissent un bon légume. Pour les chaussons, il vaudra mieux les précuire. Leur avantage est d'être présentes en toute saison. Les jolis capitules servent à décorer les salades — et peuvent se consommer. Vous pouvez aussi en préparer un thé solaire léger ou les laisser macérer dans l'eau de votre gourde qui sera — très légèrement — parfumée.

Pimprenelle
Sanguisorba minor Rosacées

Parties comestibles
Feuilles.

Cueillette
Presque toute l'année.

Description
Plante à tige dressée de 15 à 40 cm, à feuilles composées de petites folioles ovales, arrondies au sommet et bordées de dents bien marquées. De nombreuses feuilles forment une rosette dense à la base de la plante ; quelques-unes se développent le long de la tige : le nombre des folioles diminue alors que leur forme s'allonge. Les petites fleurs, d'un vert pourpré, sont groupées en épis denses au sommet des tiges.

Habitat
Prés, pelouses, bois clairs, bords des chemins.

Utilisations
Les jeunes feuilles sont très tendres et peuvent s'ajouter en quantité aux salades. Plus tard, le pétiole devient coriace, et il faudra en retirer les folioles en faisant glisser la feuille entre ses doigts. La Pimprenelle est un délicieux condiment pour les salades, les soupes, les légumes, etc., à utiliser crue si l'on veut percevoir au mieux sa délicate saveur qui rappelle étonnamment le Concombre. La plante est légèrement astringente, et passe pour faciliter la digestion. Une espèce voisine, la Grande Pimprenelle *(Sanguisorba officinalis)* peut s'employer de même.

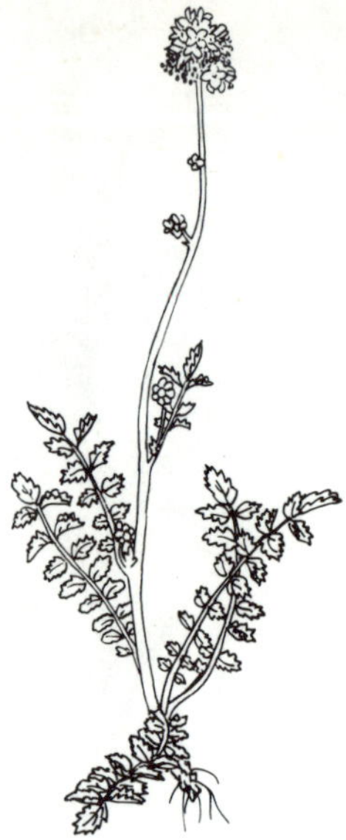

Pimprenelle

Alchémille (phot. p. 52)
Alchemilla vulgaris Rosacées

Parties comestibles
Feuilles.

Cueillette
Avril-octobre, voire toute l'année en certaines régions.

Description
Plante de 10 à 40 cm, à feuilles au contour presque circulaire, divisées en 7-11 lobes réguliers, peu profonds, généralement dentées en scie sur tout le pourtour, échancrées à la base. Sur le bord des feuilles, de minuscules ouvertures exsudent des goutelettes d'une eau végétale qui se rassemblent dans la dépression centrale. Cette eau était, paraît-il, employée pour leurs travaux par les alchimistes, d'où le nom de la plante. Les petites fleurs d'un

Vesce à feuilles étroites

vert jaunâtre, présentes de mai à septembre, sont groupées en inflorescences assez lâches au sommet de la plante.

Habitat
Prés, lieux humides.

Utilisations
Les feuilles peuvent être ajoutées aux salades. Il est préférable de les ramasser lorsqu'elles sont jeunes, car elles sont plus tendres. Pour les consommer en légume, il faut les cuire à l'eau afin d'en éliminer les tanins qui les rendent astringentes. Cette propriété fait de l'Alchémille une plante utile en cas de diarrhée, mais les personnes constipées devront éviter de la consommer. En montagne, deux cousines *(Alchemilla alpina, A. hoppeana)*, aux feuilles profondément découpées et soyeuses en dessous, peuvent être ajoutées — avec parcimonie — aux salades.

Vesce

Vicia sativa Papilionacées

Parties comestibles
Jeunes pousses, fleurs, graines.

Cueillette
Avril-juillet.

Description
Plante grimpante de 30 à 80 cm, à feuilles composées de 3-7 paires de folioles allongées, assez larges, atténuées à la base, échancrées au sommet avec une petite pointe très fine dans l'échancrure, entières. Les feuilles sont terminées par plusieurs vrilles qui s'accrochent sur la végétation environnante. Les fleurs violettes sont grandes (2-3 cm), groupées par deux — mais parfois solitaires — à l'aisselle des feuilles. Elles fleurissent de mai à juillet, puis produisent des gousses allongées de 4 à 6 cm de long, remplies de graines assez grosses.

Habitat
Prés, champs, lieux incultes.

Utilisations
Les jeunes pousses peuvent être ajoutées crues aux salades ou cuites comme légume. Leur saveur est agréable. Les fleurs décorent les plats et se consomment. Les graines encore vertes et tendres sont cuites à l'eau pour en éliminer d'éventuelles substances indésirables, puis consommées comme les petits pois. Lorsqu'elles sont mûres et dures, il faut les faire longuement tremper avant de les mettre à cuire (plusieurs heures) jusqu'à ce qu'elles soient assez tendres. Elles sont bonnes et nutritives.

Chardons
Composées

Parties comestibles
Jeunes tiges, feuilles, réceptacles.

Cueillette
Avril-août.

Description
Les Chardons sont des plantes épineuses appartenant à plusieurs genres de la famille des Composées (*Carduus, Cirsium, Silybum, Galactites,* etc.). Leur taille et leur aspect sont variables, mais tous possèdent des feuilles bordées d'épines piquantes (sauf chez certains Cirses; voir p. 56) et des capitules composés de petites fleurs généralement purpurines, toutes en tube.

Habitat
Champs, lieux incultes, bords des chemins, etc.

Utilisations
Bien qu'épineux, la plupart des Chardons sont comestibles – et parfois excellents. Lorsqu'elles sont encore jeunes et tendres, leurs tiges peuvent être coupées au couteau, délicatement débarrassées des feuilles épineuses, pelées et dégustées telles quelles: elles sont juteuses et plus ou moins sucrées ou salées, souvent très savoureuses – et nutritives. Chez certaines espèces, les épines bordant les feuilles peuvent être enlevées avec un couteau (ou des ciseaux); les feuilles sont alors mangées en salade ou comme légume. Avant que les capitules ne s'ouvrent, leur « fond » (réceptacle) peut être consommé à la façon des artichauts.

Chardon

Millefeuille (phot. p. 52)
Achillea millefolium Composées

Parties comestibles
Jeunes feuilles, inflorescences.

Cueillette
Presque toute l'année.

Description
Plante à tiges dressées de 10 à 80 cm, à feuilles allongées, divisées en nombreux segments très étroits disposés dans des plans différents, ce qui leur donne un aspect un peu touffu. Plusieurs feuilles forment une rosette à la base de la plante. Les inflorescences ne sont pas des ombelles, mais des corymbes de petits capitules composés de quelques fleurs blanc crème en tube à l'intérieur et en languette sur le

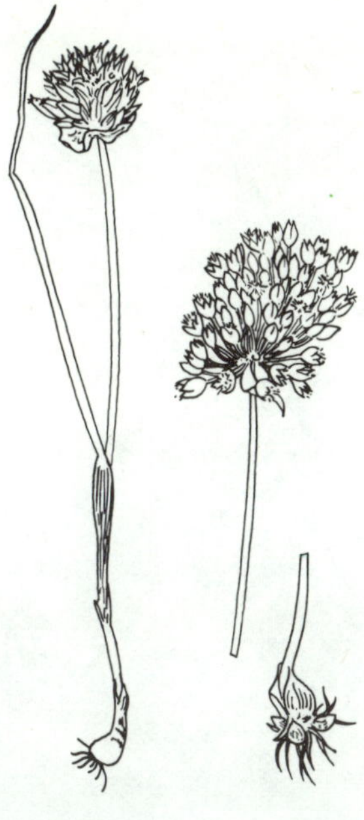

Ail sauvage

pourtour. Toute la plante dégage au froissement un agréable arôme.

Habitat
Prés, bois clairs, talus, bords des chemins.

Utilisations
Les jeunes feuilles tendres peuvent être coupées dans les salades, qu'elles parfument agréablement. Plus tard, elles deviennent un peu dures, mais, une fois hachées, forment un bon condiment, aromatique et plus ou moins amer. On pourrait éventuellement les consommer en légume après les avoir fait bouillir pour les rendre moins fortes. L'infusion des capitules a une saveur trop prononcée. Ils sont en revanche délicieux en thé solaire ou dans l'eau de la gourde.

Ail sauvage
Allium scorodoprasum
Liliacées/Amaryllidacées

Parties comestibles
Bulbes, feuilles, fleurs, bulbilles.

Cueillette
Bulbes: toute l'année; plantes: avril-octobre.

Description
Plante à tiges de 40 à 80 cm, naissant d'un bulbe profondément enfoncé. Les feuilles, très allongées, sont aplaties, engainantes à la base, entourant la tige jusque vers la moitié de sa hauteur, étroites et allongées, pointues au sommet et bordées de très petites dents. Les petites fleurs roses ou pourpres sont groupées en une ombelle terminale, et mêlées de nombreux bulbilles rougeâtres. Toute la plante répand une forte odeur d'ail.

Habitat
Champs, terrains sableux.

Utilisations
Les feuilles sont un excellent condiment. On les hache fraîches dans les salades, les soupes, les légumes. Elles sont mélangées à la pâte des chapatis aux herbes, ou aux légumes servant à fourrer des chaussons. Bulbes et bulbilles s'emploient comme l'ail, mais les bulbes sont généralement difficiles à déterrer. Les fleurs décorent et parfument les plats. De nombreuses espèces d'Ail sauvage peuvent être employées. Toutes se reconnaissent facilement à leur odeur. Attention à ne pas les confondre avec des Narcisses (voir p. 105).

BOIS ET HAIES

Hêtre
Fagus silvatica Fagacées

Parties comestibles
Feuilles, amandes des graines.

Cueillette
Feuilles : avril-mai ; graines : septembre-octobre.

Description
Grand arbre au tronc généralement élancé, à écorce gris clair, lisse même quand l'arbre est âgé. Feuilles ovales, ondulées et bordées de cils blancs. Issues de bourgeons en fuseau étroit, brun, elles sont d'abord très tendres, puis comme plastifiées. Les minuscules fleurs femelles donnent des fruits triangulaires, les « faînes », enfermées dans une coque hérissée de pointes.

Habitat
Bois et forêts en climat frais.

Utilisations
Lorsqu'elles sont encore translucides, les jeunes feuilles sont assez tendres pour être mangées en salade, dont elles peuvent former la base car leur saveur est très douce. Mais elles deviennent vite coriaces. Les faînes, riches en protides, en glucides et en lipides (on en extrayait de l'huile), sont très nutritives. On peut les grignoter comme les noisettes, ou les faire griller et les ajouter à la nourriture : elles sont excellentes ainsi. Il est conseillé de ne pas trop en manger crues, car elles pourraient provoquer des maux de tête.

Hêtre

Consoude (phot. p. 52)
Symphytum officinale Boraginacées

Parties comestibles
Partie souterraine, feuilles.

Cueillette
Avril-septembre.

Description
Plante vivant en colonies, couverte de poils raides, à grandes feuilles (jusqu'à 40 × 15 cm), allongées et pointues, se prolongeant très longuement sur la tige. Les hampes florales, pouvant dépasser 1 m, portent à leur sommet des groupes de fleurs en forme de tube renflé en cloche vers son extrémité, blanchâtres, jaunâtres, rosées ou pourpres. La tige souterraine est épaisse et charnue.

Silène enflé (p. 38)

Serpolet (p. 40)

Berce (p. 42)

Trèfle (p. 44)

Alchémille (p. 46)

Millefeuille (p. 48)

Consoude (p. 50)

Tilleul (p. 56)

Aubépine (p. 58)

Houblon (p. 60)

Violette (p. 62)

Fraisier (p. 64)

Génottes (p. 66)

Fragon (p. 68)

Fougère aigle (p. 70)

Valériane (p. 74)

Chêne

Habitat
Fossés, prairies humides.

Utilisations
Les feuilles sont particulièrement intéressantes par leur taille, leur abondance et leurs qualités nutritionnelles – elles sont riches en protéines et en vitamine B 12. Comme elles contiennent beaucoup de mucilage, elles permettent d'épaissir les soupes ou les légumes. Chapatis ou chaussons à la Consoude sont très bons, mais les beignets qu'on prépare avec la plante (collez deux feuilles avant de les tremper dans la pâte) sont encore meilleurs : ils ressemblent un peu à des filets de sole... Les parties souterraines sont extrêmement mucilagineuses mais peuvent se consommer cuites sous la cendre par exemple.

Chêne

Quercus sp. Fagacées

Parties comestibles
Amande des glands.

Cueillette
Septembre-octobre.

Description
Les glands des différents Chênes sont comestibles. Ces arbres se divisent en deux grands groupes dans nos régions : les Chênes à feuilles caduques, dont les feuilles lobées sont caractéristiques ; les Chênes à feuilles persistantes de la région méditerranéenne, comme le Chêne vert ou le Chêne-liège. Les glands sont de toute façon reconnaissables par eux-mêmes.

Habitat
Bois, forêts.

Utilisations
Les glands sont riches en glucides, ainsi qu'en protides ; ils peuvent donc jouer le rôle de base alimentaire – comme ils le faisaient souvent chez nos ancêtres du Néolithique. Mais ils contiennent de grandes quantités de tanin qui les rend amers et astringents et pourraient provoquer des troubles digestifs. Heureusement, le tanin s'élimine facilement à l'eau bouillante (voire à l'eau froide par trempage prolongé) et les glands cuits peuvent alors être consommés entiers ou en bouillie, salée ou sucrée (voir recette p. 152). Bien préparés, ils forment un mets nutritif et savoureux. Les glands de certains Chênes verts sont doux, dépourvus de tanin, et se consomment crus ou cuits à la façon des châtaignes.

Cirse potager

Cirsium oleraceum Composées

Parties comestibles
Racines, feuilles, jeunes tiges, réceptacles.

Cueillette
Racines : jusqu'en mars ; feuilles : avril-septembre ; tiges : juin-juillet.

Description
Grand chardon non épineux, à feuilles basales pétiolées, largement lancéolées et plus ou moins incisées en segments aigus, formant une rosette développée. Les feuilles supérieures n'ont pas de pétiole. Toutes sont d'un vert clair, molles et bordées de cils non épineux. Les tiges, atteignant jusqu'à 1,20 m, portent des capitules de fleurs jaune pâle, toutes en tube, entourées de feuilles en forme de coupe.

Habitat
Bois humides, bords des eaux.

Utilisations
Les racines se mangent crues ou cuites lorsqu'elles sont encore tendres. Les feuilles sont bonnes dans les salades, ou cuites en légume, en chapatis ou en chaussons. Leur saveur est agréable, assez peu prononcée. Le pétiole et la nervure centrale peuvent être utilisés comme les bettes à carde. Les jeunes tiges tendres sont excellentes telles quelles, après avoir été coupées et pelées : elles sont juteuses et croquantes. Les réceptacles sont de minuscules fonds d'artichaut – mais il faut s'armer de patience pour les déguster.

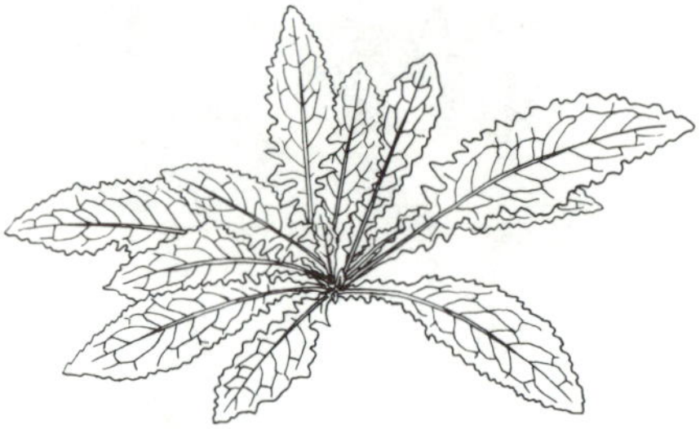

Cirse potager

Tilleul (phot. p. 52)

Tilia cordata Tiliacées

Parties comestibles
Jeunes feuilles, fleurs.

Cueillette
Feuilles : avril-mai ; fleurs : juin-juillet.

Description
Arbre pouvant atteindre une grande taille, à feuilles pétiolées, larges, de contour presque arrondi, mais en cœur à la base et aiguës au sommet, dentées en scie. Les fleurs verdâtres, au parfum suave, sont groupées par 3-7, et leur pédoncule commun est soudé à une bractée caractéristique. Les petits fruits qui leur succèdent sont globuleux et couverts d'un fin duvet.

Épicéa

Habitat
Bois, forêts, parcs.

Utilisations
Lorsqu'elles sont encore translucides, les feuilles de Tilleul sont très tendres et forment d'excellentes bases de salades. Leur saveur est peu prononcée (ce qui est un avantage, car les légumes sauvages sont souvent forts). Elles sont très mucilagineuses : tout le monde n'aime pas cette consistance, mais c'est pour cela que les feuilles sont adoucissantes et qu'elles épaississent les soupes. Les fleurs font bien sûr des infusions parfumées et calmantes (à moins qu'on en mette trop : elles deviennent excitantes) ; mais, fraîches, on peut aussi les ajouter aux salades.

Conifères
Pinacées

Parties comestibles
Jeunes pousses.

Cueillette
Mars-juin.

Description
A l'exception de l'If, qui est toxique (voir p. 108), les jeunes pousses des différents Conifères de nos régions sont comestibles, qu'ils soient natifs ou introduits. Parmi les premiers, il s'agit du Sapin *(Abies alba)*, de l'Épicéa *(Picea abies)*, du Mélèze *(Larix decidua)* et des Pins (*Pinus* spp.) ; parmi les seconds, des Cèdres (*Cedrus* spp.), du Douglas *(Pseudotsuga menziesii)* et de divers Pins, Sapins et Épicéas.

Habitat
Bois, forêts, parcs.

Utilisations
Les jeunes pousses des Conifères se détachent sur le vert foncé du feuillage adulte. Elles sont tendres et délicieuses, coupées dans les salades — où elles remplacent le vinaigre grâce à leur saveur acidulée rappelant incroyablement le citron. De même que ce fruit exotique, elles sont très riches en vitamine C. Leur goût varie bien sûr suivant les espèces et même parfois suivant les arbres, et il arrive qu'elles soient un peu amères — mais toujours acidulées en même temps. Les pousses donnent aussi d'excellentes infusions. Sous le nom de « bourgeons de sapin » on en préparait autrefois un sirop expectorant... et délicieux.

Églantier

Rosa sp. Rosacées

Parties comestibles
Fleurs, « fruits ».

Cueillette
Fleurs : mai-juin ; « fruits » : septembre-mars.

Description
Il existe de nombreuses espèces d'Églantiers ou Rosiers sauvages, que l'on reconnaît aisément : ce sont des arbrisseaux à tiges souples armées d'aiguillons crochus ou droits, à feuilles alternes divisées en cinq à neuf folioles dentées. Les fleurs sont de jolies petites roses simples à cinq pétales blancs, roses ou rouges, qui tombent rapidement. Les faux-fruits, ou cynorrhodons, sont formés par le bout de la tige qui devient rouge et charnu.

Habitat
Haies, lisières, coteaux, talus.

Utilisations
Les pétales décorent agréablement les salades ; leur astringence les fait recommander en cas de diarrhée. Les cynorrhodons sont une mine de vitamine C (de 10 à 50 fois plus riches que le citron). Lorsque les gelées les ont ramollis, on peut en consommer la pulpe telle quelle en la pressant délicatement entre les doigts — attention au « poil à gratter ! » Au printemps dans le Midi, la pulpe sèche est délicieuse. Si les cynorrhodons sont encore durs, il faut les couper en deux, en retirer les « graines », et les faire cuire dans un peu d'eau : c'est une remarquable sauce tomate.

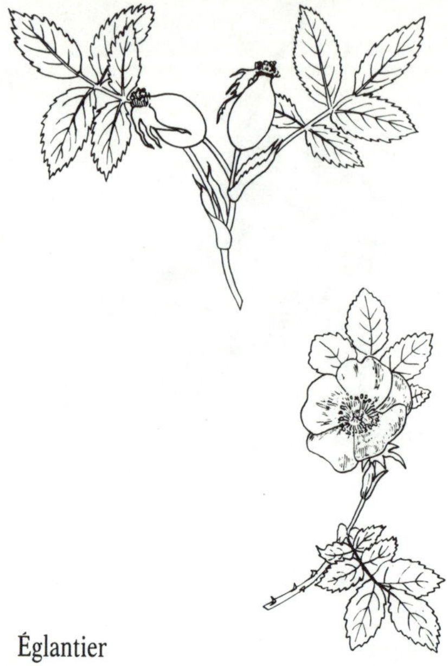

Églantier

Aubépine (phot. p. 53)

Cratægus lævigata Rosacées

Parties comestibles
Jeunes feuilles, fruits.

Cueillette
Feuilles : mars-mai ; fruits : septembre-novembre.

Description
Arbrisseau épineux de taille variable, parfois petit arbre de 4 m ou plus, à écorce gris clair, longtemps lisse. Les feuilles sont munies d'un pétiole, largement ovales, divisées en 3-5 lobes principaux, aigus au sommet et profondément dentés. Elles sont d'un joli vert luisant. Les fleurs blanches ou rosées sont groupées en grand nombre à l'extrémité des rameaux. Leur splendide floraison a lieu d'avril à juin

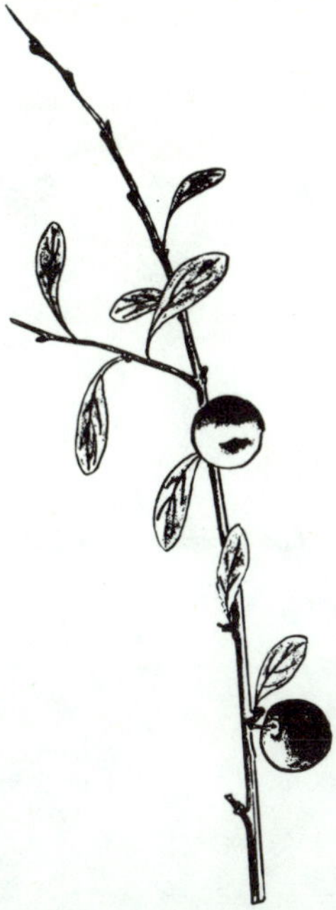

Prunellier

suivant les régions. Les fruits sont rouge vif ou sombre, ovoïdes ou globuleux.

Habitat
Haies, bois.

Utilisations
Les fruits sont fades et farineux, douceâtres et légèrement astringents. Ils ne sont pas excellents à consommer tels quels, mais ils présentent le gros avantage d'être à la fois abondants, faciles à ramasser et très nutritifs. Ils peuvent servir à préparer une purée, que l'on relèvera avec d'autres fruits, comme les cynorrhodons (voir p. 58) ou les prunelles (voir p. 59), et un peu de miel ou de sucre. Les fruits, frais ou séchés et débarrassés de leurs noyaux, peuvent être mélangés à de la farine pour faire des chapatis. Les jeunes feuilles tendres sont bonnes en salade.

Prunellier

Prunus spinosa Rosacées

Parties comestibles
Fruits.

Cueillette
Septembre-décembre.

Description
Arbrisseau de 50 cm à 2-3 m, à rameaux très épineux, à écorce brun-noir ou gris foncé, luisante. Les feuilles sont munies d'un court pétiole, ovales, allongées, plus larges vers le sommet, finement dentées en scie sur les bords. Les petites fleurs blanches décorent en grand nombre les rameaux en avril-mai ; elles sont isolées ou groupées par deux. Des fruits globuleux de petite taille (7-20 mm de diamètre) leur succèdent ; ils sont d'un bleu noirâtre, recouverts d'une pruine blanchâtre.

Habitat
Haies, lisières, coteaux, friches.

Utilisations
Avant que les gelées ne les adoucissent, les prunelles sont généralement âpres — acides et astringentes. Elles sont très désagréables à consommer telles quelles, sauf sur certains arbres. On peut les écraser et en extraire le jus à travers un linge : c'est un excellent vinaigre pour les salades. Si l'on veut les cuire, il faut avoir du miel ou du sucre, sinon le résultat est extrêmement acide. L'amande contenue dans les noyaux peut être consommée en petite quantité. Elle est nutritive, mais amère et riche en acide cyanhydrique — inoffensif à faible dose, toxique et mortel à dose élevée.

Tamier

Tamus communis Dioscoréacées

Parties comestibles
Jeunes pousses.

Cueillette
Avril-mai.

Description
Plante grimpante à tiges grêles pouvant atteindre 3 m de long, portant des feuilles munies d'un long pétiole, en forme de cœur renversé, larges, rétrécies en pointe aiguë au sommet et dessinant à la base deux larges oreillettes arrondies écartées l'une de l'autre. Les feuilles sont luisantes en dessus. Les petites fleurs verdâtres sont réunies en grappes lâches à l'aisselle des feuilles. Elles sont toutes mâles ou toutes femelles, et portées sur des pieds différents. Les pieds femelles portent des fruits globuleux et charnus, rouge vif.

Habitat
Haies, bois.

Utilisations
Les jeunes pousses se développent au printemps. On peut les ramasser sur la végétation environnante alors que les tiges ont déjà 1 m ou plus. Elles se cassent facilement entre le pouce et l'index. On les fait cuire légèrement à l'eau pour les servir avec un simple filet d'huile d'olive. Elles sont souvent un peu amères. La plante développée passe pour être plus ou moins toxique et ses baies rouges sont dangereuses à cause des saponines qu'elles contiennent. Les racines coupées et frottées sur un « bleu » le font disparaître.

Tamier

Houblon (phot. p. 53)

Humulus lupulus Cannabacées

Parties comestibles
Jeunes pousses.

Cueillette
Avril-mai.

Description
Plante de plusieurs mètres de long, aux tiges molles grimpant sur la végétation avoisinante au moyen de petits crochets. Les feuilles, opposées, pétiolées, en cœur à la base, sont profondément divisées en trois ou cinq lobes ovales et pointus et ressemblent à des feuilles de vigne. Elles sont très rugueuses au toucher. Les fleurs mâles et femelles sont portées par des pieds différents. Les fleurs femelles sont

Égopode

réunies en « cônes » caractéristiques formés d'écailles jaune-verdâtre.

Habitat
Haies, lisières des bois, bords des rivières, lieux frais.

Utilisations
L'extrémité des tiges reste longtemps assez tendre pour être cueillie entre le pouce et l'index. Les jeunes pousses sont alors bonnes crues (croquantes, juteuses, aromatiques et légèrement amères) ou cuites, par exemple à l'eau avec une sauce blanche. Les cônes renferment une poudre jaune amère et parfumée, le lupulin. On peut s'en servir pour préparer une tisane calmante, mais il ne faut pas trop en mettre. Glisser les cônes sous son « oreiller » aide à lutter contre les insomnies.

Égopode

Ægopodium podagraria Ombellifères

Parties comestibles
Feuilles.

Cueillette
Avril-octobre.

Description
Belle plante de 30 à 90 cm, à feuilles inférieures munies d'un long pétiole de section triangulaire, creusé en gouttière sur sa partie supérieure. Les feuilles sont composées de plusieurs folioles, elles-mêmes divisées en trois parties allongées, aux bords dentés en scie. Les feuilles moyennes sont simplement divisées en trois. Les petites fleurs blanches, groupées en ombelles composées hémisphériques, s'ouvrent de mai à août. Les fruits, allongés, sont glabres. La plante se propage par sa tige souterraine ramifiée et forme souvent d'importantes colonies.

Habitat
Bois frais, haies, jardins.

Utilisations
Les jeunes feuilles qui se développent au printemps sont très tendres et possèdent une fine saveur aromatique. On peut en faire de grandes salades, d'autant plus facilement que la plante, poussant en groupes, est localement abondante. Jusqu'en automne, les feuilles développées peuvent être cuites en soupe ou en légume, et servir à confectionner des chapatis aux herbes ou des chaussons. On en retirera le pétiole s'il est devenu trop dur. L'Égopode, surtout dans sa jeunesse, est l'un des meilleurs légumes sauvages.

Cormier
Sorbus domestica Rosacées

Cormier

Parties comestibles
Fruits.

Cueillette
Septembre-octobre.

Description
Arbre pouvant atteindre de 15 à 20 m, à écorce grise, fissurée, portant des feuilles composées de 13-17 folioles disposées symétriquement, allongées et dentées dans les deux tiers supérieurs. Les jeunes folioles sont couvertes en dessous de poils cotonneux qui tombent avec l'âge. Les fleurs blanches, groupées en corymbes composés à l'extrémité des rameaux, s'ouvrent en mai-juin. Elles donnent des fruits globuleux ou en forme de poire, les cormes, de 3-4 cm de diamètre.

Habitat
Bois, haies, arbres isolés autrefois cultivés.

Utilisations
A la fin de l'été, les cormes sont vertes, souvent rouges sur une face, dures, amères, astringentes et acides — on ne mord dedans qu'une fois ! Mais elles deviennent très rapidement jaune brunâtre, molles et crémeuses, sucrées et délicieusement parfumées : c'est alors l'un de nos meilleurs fruits — grâce au miracle du blettissement. Très riches en glucides facilement digestibles, les cormes sont extrêmement nutritives. Elles favorisent l'augmentation de la vitamine B 12, ce qui est particulièrement appréciable lorsqu'on ne consomme pas de produits animaux.

Violette (phot. p. 53)
Viola sp. Violacées

Parties comestibles
Feuilles et fleurs.

Cueillette
Feuilles : presque toute l'année ; fleurs : février-juin.

Description
Un grand nombre d'espèces de Violettes poussent dans nos régions ; toutes sont comestibles. Ce sont de petites plantes portant des touffes de feuilles vert foncé en forme de cœur, plus ou moins larges et pointues au sommet, munies de longs pétioles, velues. Les fleurs, violettes, mauves ou jaunes, rarement blanches, ont une

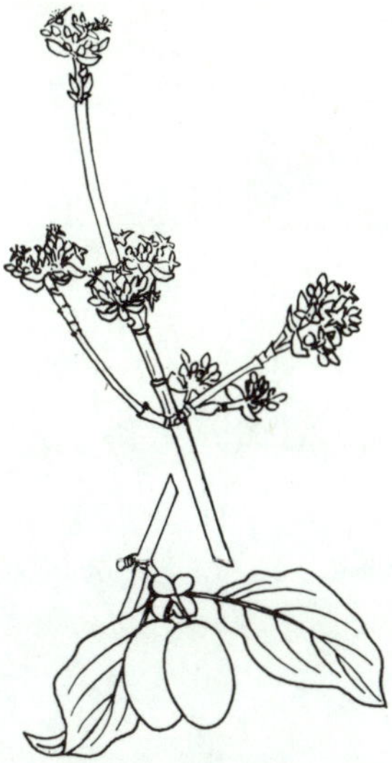

Cornouiller mâle

forme typique. Elles ne sont odorantes que chez très peu d'espèces.

Habitat
Bois, lisières, haies.

Utilisations
Les feuilles peuvent s'utiliser pendant la plus grande partie de l'année. Si elles sont assez tendres, on les ajoute aux salades, sinon on les fait cuire en soupe – qu'elles épaississent par leur mucilage –, en légume, en chapatis ou en chaussons. Leur saveur est un peu prononcée. Elles sont quatre fois plus riches en vitamine C que les citrons et contiennent plus de vitamine A que les épinards. Odorantes ou non, les fleurs s'ajoutent aux salades qu'elles décorent joliment. Feuilles et fleurs sont adoucissantes.

Cornouiller mâle

Cornus mas Cornacées

Parties comestibles
Fruits.

Cueillette
Septembre-octobre.

Description
Arbuste de 3 à 7 m, à feuilles opposées vert clair, ovales et pointues, entières, parcourues de nervures secondaires convergeant vers le sommet de la feuille. Les petites fleurs jaunes, odorantes, groupées en ombelles, s'épanouissent dès l'hiver, avant les feuilles. Les fruits sont des drupes de la forme et de la taille d'une olive, rouge vif puis rouge foncé à maturité, renfermant un noyau allongé.

Habitat
Coteaux calcaires, haies et lisières, bois clairs.

Utilisations
Les cornouilles sont d'excellents fruits, très nutritifs en raison de leur teneur en glucides. Lorsqu'elles sont bien mûres, leur pulpe est molle, acidulée, sucrée et aromatique – entre la cerise et la groseille. On les mange crues de préférence. Avant maturité totale, les cornouilles sont acides. Si elles le sont trop, il faudra les faire cuire... à condition de pouvoir les édulcorer avec du sucre ou du miel. On peut aussi les conserver dans une saumure (eau + sel), mais il faut attendre plusieurs semaines avant de les consommer. Le degré de maturité des Cornouilles se juge à leur couleur qui passe de l'orange au rouge vif, puis sombre – le stade le meilleur.

Pulmonaire

Pulmonaria officinalis Boraginacées

Parties comestibles
Feuilles, fleurs.

Cueillette
Feuilles : mars-octobre ; fleurs : avril-juin.

Description
Jolie plante de 15 à 50 cm, à tiges couvertes vers le sommet de poils rudes et hérissés, de même que les feuilles. Celles de la base sont munies d'un long pétiole ; les autres en sont dépourvues. Toutes sont ordinairement ponctuées de taches blanches caractéristiques (mais pas toujours !). A mesure qu'elles s'épanouissent, les fleurs passent du rouge au violet puis au bleu. Elles sont disposées en grappes courtes à l'extrémité des rameaux.

Habitat
Bois frais, lieux ombragés et humides.

Utilisations
La Pulmonaire est une proche parente de la Consoude déjà étudiée et s'utilise de la même manière. Les jeunes feuilles font de bonnes salades, de préférence en mélange avec d'autres plantes à cause de leurs poils. Leur saveur rappelle un peu celle des huîtres ! Les feuilles développées sont de très bons légumes. Mucilagineuses, elles permettent d'épaissir les soupes et se montrent adoucissantes — voire même laxatives, propriété utile en cas de constipation. Les fleurs décorent joliment les salades et peuvent très légèrement parfumer l'eau des gourdes.

Pulmonaire

Fraisier (phot. p. 53)

Fragaria sp. Rosacées

Parties comestibles
Feuilles et « fruits ».

Cueillette
Feuilles : avril-juin ; « fruits » : juillet-août.

Description
Le Fraisier est trop bien connu pour qu'il soit utile de le décrire, d'autant qu'il ne peut être confondu avec aucune espèce toxique. Mais il existe en fait trois espèces de Fraisiers des bois (*Fragaria collina, F. elatior* et *F. vesca*), toutes aussi délicieuses les unes que les autres. On les confond parfois avec la Potentille faux-fraisier *(Potentilla fragariastrum)*, mais qui ne produit pas de fraises.

Épine-vinette

Habitat
Bois, haies, talus.

Utilisations
Il serait dommage de consommer les fraises autrement que crues, mais il faudra cependant les faire cuire si le risque d'échinococcose est important dans la région (voir p. 213). Ces « fruits » (il s'agit en fait de l'extrémité renflée et charnue de la tige !) sont parmi les meilleurs que nous propose la nature. Moins connue pour être comestible et, il faut le dire, moins bonne, la feuille de Fraisier peut s'ajouter aux salades composées, aux soupes, aux légumes, etc. Elle est particulièrement riche en vitamine C et son astringence la fait recommander en cas de diarrhée – et déconseiller en cas de constipation.

Épine-vinette
Berberis vulgaris Berbéridacées

Parties comestibles
Jeunes feuilles, fruits.

Cueillette
Feuilles : mai-juin ; fruits : septembre-octobre.

Description
Arbrisseau touffu, atteignant parfois 2 m, à rameaux nombreux, munis de fortes épines souvent disposées par trois. Les feuilles, spatulées et bordées de cils effilés, sont réunies en touffes. Les fleurs à six pétales jaunes, en grappes pendantes, s'ouvrent en mai-juin, puis donnent des fruits allongés d'un rouge vif.

Habitat
Coteaux calcaires, haies, bois clairs.

Utilisations
Lorsque les feuilles sont encore tendres et translucides, souvent un peu rougeâtres, on les ajoute avec profit aux salades qu'elles relèvent de leur saveur acidulée. On peut aussi les grignoter telles quelles au cours de la marche, car elles apaisent la soif. Mais elles sont riches en acide oxalique et il ne faudrait pas en consommer des saladiers entiers. Les fruits ajoutés aux salades y remplacent le vinaigre. C'est dire s'ils sont acides ! On peut les faire cuire en compote ou en bouillie, mais il faut les édulcorer au miel ou au sucre. On élimine les pépins en passant la pulpe cuite à travers un linge. Dans le passé les gelées d'Épine-vinette étaient réputées.

Genévrier

Juniperus communis Cupressacées

Parties comestibles
Jeunes pousses, « baies ».

Cueillette
Pousses : avril-mai ; « baies » : presque toute l'année.

Description
Arbrisseau ou arbuste jusqu'à 6 m, à feuilles étroites, allongées, coriaces, piquantes au sommet, portant sur leur face supérieure une bande d'un vert bleuâtre. Les feuilles sont réunies par trois sur les rameaux. Les fleurs minuscules sont toutes mâles ou toutes femelles, sur des pieds séparés. Les plantes femelles portent des cônes globuleux, charnus, bleuâtres, communément appelés « baies ». Les cônes mettent deux ans à mûrir.

Habitat
Bois clairs, coteaux calcaires.

Utilisations
Les « baies de genièvre » sont d'excellents condiments, en particulier pour aromatiser le pâté de glands (voir p. 152). Il est préférable de les écraser avant de les ajouter. Les chapatis parfumés au genièvre sont délicieux. Les cônes peuvent aussi être mâchés tels quels, ou préparés en une décoction digestive. Les jeunes pousses font une bonne infusion et peuvent être ajoutées aux salades lorsqu'elles sont assez tendres. Dans le Midi, on utilisera les cônes du Cade *(Juniperus oxycedrus)*. Attention : le feuillage des autres Genévriers est toxique.

Genévrier

Génottes (phot. p. 54)

Conopodium denudatum Ombellifères

Parties comestibles
Racines, feuilles, fleurs.

Cueillette
Printemps.

Description
Petite plante de 10 à 60 cm, à racine renflée en tubercule arrondi, brunâtre. Les feuilles inférieures sont deux-trois fois complètement divisées, de contour général triangulaire, munies d'un pétiole très allongé. Les feuilles moyennes sont divisées en lanières linéaires. La tige grêle ne porte des feuilles qu'à sa base et dans sa moitié supérieure. Elle se termine par une ombelle (parfois plusieurs) de petites fleurs blanches qui s'épanouissent en

juin-juillet. Les fruits sont allongés, luisants, noirs lorsqu'ils sont mûrs.

Habitat
Bois et prés sur terrains siliceux dans l'ouest, le centre et le midi de la France.

Utilisations
Les tubercules ont une saveur agréable, rappelant un peu la châtaigne. On peut les consommer crus, mais ils sont meilleurs cuits, sous la cendre, à l'eau ou dans un peu d'huile. Riches en amidon, ils sont très nutritifs. Il ne faut les ramasser que là où les Génottes sont abondantes. Feuilles et fleurs peuvent aussi se consommer. La plante est parfois nommée « Noix de terre », par confusion avec une plante voisine *(Bunium bulbocastanum)*, qui s'utilise de même.

Néflier

Néflier

Mespilus germanica Rosacées

Parties comestibles
Fruits.

Cueillette
A partir de septembre, pour consommer en hiver.

Description
Arbuste ou petit arbre jusqu'à 6 m, au tronc et aux rameaux généralement tortueux, à l'écorce brun rougeâtre, écailleuse. Les feuilles, pétiolées, sont elliptiques et aiguës au sommet, vert mat en dessus et couvertes de poils cotonneux en dessous. Les fleurs, isolées au sommet des rameaux, épanouissent en mai-juin leurs cinq pétales blancs. Elles donnent des fruits globuleux et tronqués, de 3-4 cm de diamètre, munis au sommet de cinq longs sépales persistants.

Habitat
Bois et haies.

Utilisations
Avant d'être blettes, les nèfles, d'un brun verdâtre, sont dures, amères et astringentes — immangeables. En quelques semaines, le blettissement les transforme en fruits succulents : crémeux, sucrés, acidulés et parfumés, avec une saveur un peu vineuse ! Elles sont alors d'un brun rougeâtre et très molles au toucher. Les nèfles contiennent quelques gros noyaux durs. Grâce à leur haute teneur en glucides très digestibles, elles sont extrêmement nutritives. En outre, elles régularisent les fonctions intestinales.

Robinier (Acacia)

Robinia pseudacacia Légumineuses

Parties comestibles
Fleurs et boutons floraux.

Cueillette
Mai-juin.

Description
Arbrisseau de quelques mètres, ou arbre pouvant atteindre 20 m, suivant l'endroit où il pousse, à rameaux garnis d'aiguillons acérés disposés par deux à la base des feuilles. Celles-ci sont composées de onze à quinze folioles elliptiques, d'un vert un peu bleuâtre. Les fleurs blanches de forme typique (papilionacée) sont réunies en longues grappes pendantes à la base des feuilles. Elles répandent une odeur suave. Les fruits sont des gousses aplaties d'un brun foncé.

Habitat
Haies, taillis, parcs.

Utilisations
Les fleurs d'« Acacia », si parfumées, peuvent s'ajouter aux salades, aux compotes de fruits ; on peut en fourrer des chaussons. Et pourquoi ne pas sacrifier à l'usage populaire qui veut qu'on en fasse des beignets parfumés ? Mais il faut éviter de les consommer crues en excès, car elles peuvent donner la nausée. Surtout ne les confondez pas avec les fleurs jaunes du Cytise, qui sont toxiques même cuites. Les boutons floraux du Robinier (c'est le véritable nom de l'Acacia) se mangent en légume, cuits à l'eau par exemple. Mais attention, les graines crues et l'écorce passent pour être toxiques.

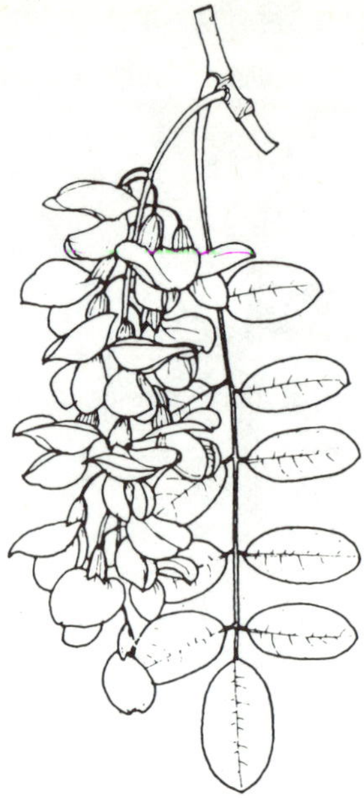

Robinier (Acacia)

Fragon (phot. p. 54)

Ruscus aculeatus Liliacées

Parties comestibles
Jeunes pousses.

Cueillette
Avril-mai.

Description
Plante de 30 à 90 cm, à tiges dressées très rigides, nues en bas et très ramifiées vers le haut, en touffes denses. Les feuilles sont réduites à de petites écailles. Des rameaux aplatis (cladodes), coriaces et persistants, les remplacent. Ils sont ovales-allongés, terminés en épine, entiers, d'un vert sombre. Ils portent au centre de leur face supérieure de petites fleurs verdâtres, solitaires ou par deux. Ces dernières s'épanouis-

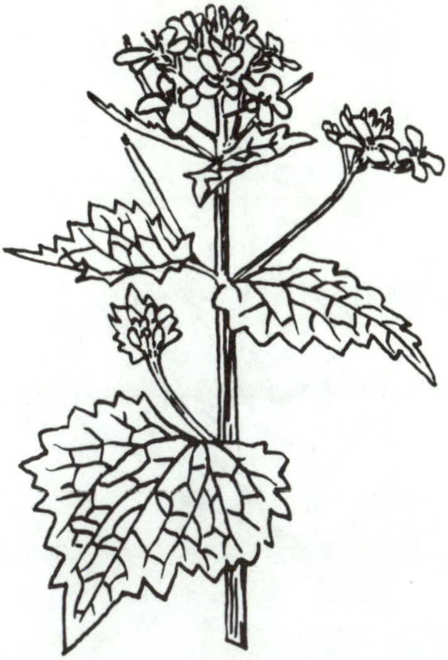

Alliaire

sent de septembre à avril. Toutes mâles ou toutes femelles, elles sont portées sur des pieds différents. Les pieds femelles portent des fruits globuleux, charnus, rouge vif, gros comme une cerise.

Habitat
Bois, haies.

Utilisations
Les jeunes pousses se développent au milieu des touffes que forment les tiges. Elles sont d'un violet foncé, luisant, et se cueillent lorsqu'elles se cassent facilement : entre les doigts. On peut les manger crues, mais elles sont amères. Leur saveur est par ailleurs agréable. Elles sont généralement cuites et servies avec un filet d'huile d'olive. Les baies rouges sont toxiques du fait de leurs saponines.

Alliaire

Alliaria petiolata Crucifères

Parties comestibles
Jeunes pousses, feuilles, inflorescences, graines.

Cueillette
Avril-septembre.

Description
Grande plante pouvant atteindre 1 m, portant de larges feuilles pétiolées, largement dentées, rappelant quelque peu l'Ortie. Les petites fleurs blanches à quatre pétales en croix s'ouvrent d'avril à juillet. Des fruits allongés leur succèdent. Le plus sûr moyen de reconnaître l'Alliaire est de froisser ses feuilles entre les doigts : elle dégage une odeur d'ail absolument caractéristique.

Habitat
Haies, taillis, lisières de bois – lieux frais.

Utilisations
L'Alliaire se consomme de préférence crue. Ses feuilles ajoutées aux salades leur communiquent un appétissant parfum d'ail. On peut aussi en faire des chapatis aux herbes et en fourrer des chaussons, mais, si l'on veut ajouter l'Alliaire à des légumes, il vaut mieux le faire en fin de cuisson, car, en cuisant, elle perd son odeur d'ail pour ne conserver qu'une amertume peu agréable – déjà nettement perceptible lorsque la plante est crue. Les fleurs décorent agréablement les salades, et les graines forment une épice piquante, à saveur de moutarde. On écrasera si possible les graines avant de les utiliser.

Oxalis

Oxalis acetosella Oxalidacées

Parties comestibles
Feuilles et fleurs.

Cueillette
Presque toute l'année.

Description
Petite plante de 2 à 8 cm, à feuilles munies d'un long pétiole, partant toutes des rameaux souterrains. Lorsqu'ils tombent, les pétioles se rompent au-dessus de leur base, laissant de petites aspérités sur les tiges souterraines. Les feuilles comportent trois folioles en forme de cœur qui les font ressembler à celles du Trèfle (sans qu'il y ait de rapport botanique entre ces plantes). Les fleurs blanches veinées de rose se montrent en avril-mai. Elles sont isolées à l'extrémité de rameaux partant du sommet des tiges souterraines. Après les fleurs printanières à corolle développée, qui ne forment que rarement des fruits, se produisent des fleurs sans pétale ou presque, qui fructifient toujours.

Habitat
Bois humides, lieux ombragés.

Utilisations
Toutes les parties de l'Oxalis sont acidulées du fait de l'acide oxalique qu'elles contiennent. Il est rafraîchissant de mâchonner les feuilles et leurs pétioles en marchant. On les ajoute aux salades, qu'elles relèvent agréablement : elles y remplacent quelque peu le vinaigre. Les fleurs font de jolies décorations acidulées. L'Oxalis peut aussi être cuit en soupe comme l'Oseille.

Oxalis

Fougère aigle (phot. p. 54)

Pteridium aquilinum Polypodiacées

Parties comestibles
Jeunes pousses.

Cueillette
Avril-mai.

Description
Grande fougère pouvant atteindre 1,50 m ou plus, à frondes munies d'un long pétiole, robuste, brun noirâtre dans le bas, montrant une sorte d'aigle impériale si on le sectionne obliquement. Les frondes développées sont très grandes, de contour triangulaire allongé, deux à trois fois complètement divisées en segments triangulaires, eux-mêmes découpés en lobes obtus. Les parties reproductrices (sporanges) se développent de juin à octobre sur

Menthe aquatique (p. 76)

Chondrille (p. 78)

Pin pignon (p. 80)

Impératoire (p. 82)

Rumex alpin (p. 84)

Épilobe (p. 86)

Raiponce en épi (p. 88)

Salicorne (p. 90)

le bord des lobes. Les frondes naissent sur une tige souterraine robuste.

Habitat
Bois, landes.

Utilisations
Lorsque les jeunes frondes sortent de terre, elles sont enroulées dans le haut, un peu comme des crosses de violon. On les ramasse avant qu'elles n'aient commencé à se dérouler, lorsqu'elles se cassent facilement entre les doigts. On peut en manger un peu crues, mais elles contiennent une substance qui détruit la vitamine B1. Il vaut donc mieux les cuire, à l'eau, et les servir avec un filet d'huile d'olive et une pincée de sel. Elles sont généralement très bonnes. Mais il arrive qu'elles soient amères et dégagent à la cuisson une odeur d'amandes amères ; dans ce cas, il ne faudra pas les consommer.

Benoîte

Benoîte

Geum urbanum Rosacées

Parties comestibles
Jeunes feuilles, racines.

Cueillette
Racines : toute l'année ; feuilles : au printemps.

Description
Plante de 30 à 80 cm, à courte tige souterraine portant des racines assez épaisses qui dégagent au froissement une nette odeur de clou de girofle. Les feuilles de la base sont divisées en cinq à sept segments profonds, bordées de dents aiguës, les deux inférieurs beaucoup plus petits et séparés des autres. Les feuilles moyennes, très développées, sont divisées en trois segments et portent à leur jonction sur la tige deux petites feuilles (stipules) à contour arrondi. Les fleurs montrent à l'extrémité des rameaux leurs cinq pétales jaunes de mai à septembre. Les fruits globuleux présentent de nombreuses arêtes, fortement courbées en S vers le sommet.

Habitat
Bois, haies.

Utilisations
Les jeunes feuilles tendres peuvent être ajoutées aux salades qu'elles parfument légèrement. Les racines ont un fort parfum de girofle et sont un très bon condiment, en particulier pour les sauces blanches ou les chapatis. On en fait aussi d'agréables infusions. Elles sont astringentes, ce qui, suivant le cas, peut être un bien ou un mal (voir p. 204).

BORDS DES EAUX

Cresson
Nasturtium officinale Crucifères

Parties comestibles
Toute la plante.

Cueillette
Avril-septembre.

Description
Plante aquatique à tiges molles rampant à la surface de l'eau ou dans la vase, munies de petites racines adventives blanches. Les feuilles, d'un vert foncé luisant, sont divisées en cinq ou sept folioles arrondies, dont la terminale est plus grande. Les petites fleurs à quatre pétales blancs en croix apparaissent en été et donnent de courtes siliques (fruits typiques des Crucifères).

Habitat
Eaux claires et courantes.

Utilisations
La saveur typiquement piquante du Cresson est toujours appréciée: on ajoute la plante crue aux salades ou aux légumes — ce qui permet de bénéficier au mieux de son apport en vitamine C. Mais le Cresson risque d'être parasité par la douve du foie (voir p. 213): si des vaches ou des moutons paissent à proximité, il est impératif de le faire cuire. On en fait bien sûr d'excellentes soupes, mais il est aussi très bon en bouillie, en légume, en chapatis ou en chaussons. Même cuit, le Cresson rehausse la saveur des autres plantes.

Cresson

Valériane (phot. p. 54)
Valeriana officinalis Valérianacées

Parties comestibles
Feuilles, fleurs.

Cueillette
Feuilles: avril-juillet; fleurs: juin-août.

Description
Grande plante dépassant généralement le mètre, à feuilles opposées vert sombre, profondément divisées en nombreux segments allongés, bordés de quelques dents peu profondes. Les petites fleurs d'un blanc rosé sont groupées en inflorescences arrondies au sommet des tiges. Elles dégagent un léger parfum. Les parties souterraines, brun pâle, charnues, déga-

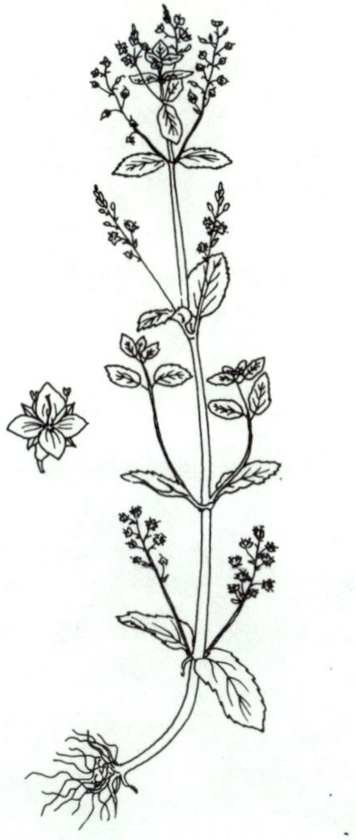

Véronique beccabunga

gent une forte odeur caractéristique.

Habitat
Fossés, bords des eaux – lieux humides.

Utilisations
Les feuilles s'ajoutent aux salades composées, où leur légère amertume n'est pas désagréable. Il faudra néanmoins ne pas trop en mettre, et se conformer aux goûts de chacun. Les petites fleurs décorent joliment les salades, ou d'autres plats. Elles aussi sont assez amères. Les parties souterraines ont une odeur prononcée qui est censée attirer les félins. C'est un excellent rééquilibrant du système nerveux, efficace contre les angoisses et les insomnies. On peut les préparer en infusion ou simplement les mâcher. Sait-on jamais ?

Véronique
Veronica beccabunga Scrophulariacées

Parties comestibles
Feuilles et tiges.

Cueillette
Avril-septembre.

Description
Plante vivace de 20 à 60 cm de hauteur, à tiges cylindriques charnues portant des feuilles composées, brièvement pétiolées, ovales et arrondies au sommet, bordées de petites dents obtuses. Les feuilles sont assez épaisses, charnues. Les jolies fleurs bleu pâle à quatre pétales et deux étamines sont réunies en longues grappes dressées, prenant naissance à l'aisselle des feuilles supérieures. Toute la plante est glabre.

Habitat
Fossés, bords des cours d'eau, ou même dans l'eau.

Utilisations
Feuilles et tiges de la Véronique aquatique sont tendres et succulentes. On les ajoute crues aux salades, qu'elles relèvent de leur saveur légèrement piquante qui rappelle le Cresson. C'est pour cela qu'on la nomme parfois « cresson de cheval », le dernier terme se référant à son amertume, rarement trop marquée pour être gênante. On peut aussi faire cuire la plante de préférence avec d'autres légumes sauvages. Une de ses cousines très proches, le Mouron d'eau *(Veronica anagallis-aquatica)*, se consomme de même. Toutes deux sont riches en vitamine C.

Angélique
Angelica sylvestris Ombellifères

Parties comestibles
Jeunes pousses, jeunes tiges, feuilles, jeunes inflorescences, fruits.

Cueillette
Pousses et tiges : avril-juin ; inflorescences : mai-juillet ; fruits : juillet-septembre.

Description
Grande Ombellifère dépassant souvent 1 m, à tige lisse, verte ou fréquemment rougeâtre mais jamais tachetée. Les feuilles sont composées de larges folioles vert sombre, bordées de dents aiguës, à pétioles élargis à la base, formant une gaine renflée. Les petites fleurs blanches ou rosées sont réunies en larges ombelles hémisphériques. Fruits ailés. Toute la plante dégage au froissement une odeur aromatique.

Habitat
Lieux humides, fossés, bois frais.

Utilisations
On ajoute aux salades les jeunes pousses finement hachées, les tiges encore tendres, coupées en morceaux et pelées, et les jeunes inflorescences encore cachées dans leur gaine. Elles sont trop aromatiques pour être utilisées crues en grande quantité. Les inflorescences peuvent être cuites à l'eau et consommées avec un peu de sel et d'huile d'olive. Les feuilles développées sont assez coriaces et fortes : ce ne sont pas d'excellents légumes, mais elles sont bonnes dans les chapatis ou les chaussons. Les fruits servent de condiment. La plante est tonique et digestive.

Angélique

Menthe aquatique (phot. p. 71)
Mentha aquatica Labiées

Parties comestibles
Feuilles et sommités fleuries.

Cueillette
Presque toute l'année.

Description
Plante de 30 à 85 cm, souvent teintée de rougeâtre, plus ou moins velue, à tiges dressées de section carrée portant des feuilles opposées munies d'un pétiole, largement ovales et dentées en scie sur les bords. Les petites fleurs roses, rarement blanches, sont réunies en masses denses, globuleuses ou ovoïdes, terminant les tiges et les rameaux. Toutes les parties de la plante dégagent au froissement une forte odeur de menthe.

Canneberge

Canneberge
Vaccinium oxycoccus Éricacées

Parties comestibles
Fruits.

Cueillette
Automne-hiver.

Description
Petit sous-arbrisseau rampant, à tiges couchées et enracinées dans leur partie inférieure, portant des rameaux grêles s'élevant de 8 à 30 cm au-dessus du sol. Les feuilles sont très petites (5-7 mm de long), persistantes, ovales, entières, à bords enroulés, vertes et luisantes en dessus, blanches en dessous. Les fleurs, d'un rose vif, sont présentes en juin-juillet. Elles sont solitaires ou groupées par 2-3, chacune portée par un pédoncule presqu'aussi fin qu'un cheveu. La corolle est formée de quatre pétales renversés, presque séparés jusqu'à la base. Les fruits globuleux, de 8 à 10 mm de diamètre, paraissent de juillet à septembre et persistent souvent tout l'hiver. D'un rouge vif au début, ils deviennent foncés à maturité.

Habitat
Tourbières.

Utilisations
Les Canneberges sont agréablement acidulées lorsqu'elles sont bien mûres ; avant, elles sont franchement acides et ne sont guère agréables à manger telles quelles. Même après les gelées, lorsque la plupart des fruits ont disparu, on pourra encore en trouver. Elles sont excellentes cuites en compote avec du miel ou du sucre.

Habitat
Lieux humides.

Utilisations
La Menthe aquatique est un excellent condiment pour les salades, les légumes, les soupes, les chapatis, etc. On en fait bien sûr de délicieuses infusions et elle parfume agréablement l'eau des gourdes. Les autres espèces de Menthe que l'on rencontrera peuvent servir aux mêmes fins, mais toutes ne sont pas aussi plaisantes. Deux des espèces les plus courantes, la Menthe à feuilles rondes *(Mentha rotundifolia)* et la Menthe sylvestre *(Mentha longifolia)*, n'ont pas une odeur très fine, et elles la perdent totalement dès qu'on les chauffe. Les deux meilleures espèces sont la Menthe des champs *(Mentha arvensis)* et la Menthe pouliot *(Mentha pulegium)*.

MIDI ET RÉGION MÉDITERRANÉENNE

Fenouil

Fœniculum vulgare Ombellifères

Parties comestibles
Jeunes pousses, feuilles, fleurs et fruits.

Cueillette
Pousses: avril-juin; feuilles: mai-septembre; fleurs: juillet-septembre; fruits: août-octobre.

Description
Plante atteignant plus d'1 m, à feuilles trois ou quatre fois divisées en fines lanières très étroites et allongées, donnant au feuillage un aspect vaporeux. Les petites fleurs jaunes sont groupées en ombelles et donnent des petits fruits grisâtres, allongés: les « grains de fenouil ». Toute la plante dégage au froissement une forte odeur d'anis.

Habitat
Bords des chemins, lieux secs.

Utilisations
Les jeunes pousses, tendres et délicieusement aromatiques, sont l'une des meilleures additions à faire aux salades ou à toute autre préparation. Les feuilles développées, débarrassées de leur nervure centrale trop dure, s'emploient de même. Pousses et feuilles font aussi de succulentes soupes, légumes, chaussons, etc. Pour les tisanes et le « thé de gourde », on préférera les fleurs au parfum suave et chaleureux. Quant aux « grains », quel excellent condiment ! Le Fenouil est stimulant et digestif.

Fenouil

Chondrille (phot. p. 71)

Chondrilla juncea Composées

Parties comestibles
Feuilles, extrémités des tiges, capitules.

Cueillette
Feuilles et tiges: printemps-été; capitules: juillet-septembre.

Description
Plante de 30 cm à 1 m, à tiges dégingandées, glabres en haut, hérissées de poils durs rosâtres à la base. La rosette dense de feuilles profondément découpées (ressemblant à celles des Pissenlits) disparaît à la floraison. Les petits capitules de fleurs jaunes en languette sont groupés par 2-4 à l'extrémité des tiges. Toutes les

Arbousier

parties de la plante renferment un latex blanc caoutchouteux.

Habitat
Lieux incultes, décombres, bords des chemins.

Utilisations
Ramassées au printemps, les rosettes de feuilles de la Chondrille fournissent l'une des meilleures salades sauvages. Elles sont tendres et croquantes sans être amères. Plus tard, elles se dessèchent, mais on peut ramasser les extrémités des tiges lorsqu'elles sont encore tendres et les ajouter aux salades. Le latex qui s'en écoule n'est pas amer. Les jolis capitules décorent les salades.

Arbousier
Arbutus unedo Éricacées

Parties comestibles
Fruits.

Cueillette
Octobre-janvier.

Description
Arbrisseau ou petit arbre de 1 à 4 m, à écorce rouge brun se détachant en écailles minces et à jeunes rameaux velus et rougeâtres. Les grandes feuilles coriaces, persistantes, sont munies d'un court pétiole. Elles sont ovales-allongées, aiguës, et régulièrement dentées en scie sur les bords, d'un vert foncé luisant. Les fleurs en grelot, blanchâtres et vertes au sommet, sont rassemblées en grappes terminales. Les fruits globuleux rouges ont 1 ou 2 cm de diamètre. Ils sont hérissés de petits tubercules en forme de pyramide. Fruits et fleurs sont présents en même temps, d'octobre à janvier.

Habitat
Bois, rochers, surtout dans le Midi.

Utilisations
Les arbouses mûres sont molles et sucrées, mais ont moins de goût que si on les cueille un peu avant maturité, d'un rouge encore orangé. Ce ne sont pas les meilleurs fruits qui soient, mais elles sont agréables à consommer telles quelles, à condition de ne pas en abuser car elles deviendraient écœurantes. On peut les faire cuire en compote ou éventuellement en fourrer des chaussons.

Amélanchier

Amelanchier ovalis Rosacées

Parties comestibles
Fruits.

Cueillette
Août-octobre.

Description
Arbrisseau ou arbuste de 2 à 3 m, à rameaux grisâtres portant des feuilles largement elliptiques, arrondies et dentées, d'un vert mat, plus clair en dessous. D'avril à juin, il se couvre de fleurs à cinq pétales longs et étroits, qui le transformeront en une splendide boule blanche. A la fin de l'été apparaissent de petits fruits globuleux, charnus, d'un bleu foncé qui ressemblent un peu à des Myrtilles. Ils portent à leur sommet cinq petits sépales aigus, persistants.

Habitat
Coteaux calcaires, secs et ensoleillés.

Utilisations
Malgré leurs nombreux pépins, les amélanches sont délicieuses : tendres et juteuses lorsqu'elles sont fraîches, avec une agréable saveur sucrée, elles prennent en séchant le goût des raisins secs. Il est fréquent qu'elles sèchent sur l'arbre : une aubaine à ne pas négliger. Elles sont extrêmement riches en glucides, savoureuses, et se conservent longtemps. On peut éventuellement s'en servir pour édulcorer des fruits acides que l'on veut faire cuire, comme des prunelles ou des pommes sauvages. Malheureusement, toutes les belles fleurs qui couvrent l'arbre au printemps ne se transforment pas en fruits...

Amélanchier

Pin pignon (phot. p. 71)

Pinus pinea Pinacées

Parties comestibles
Graines.

Cueillette
Toute l'année.

Description
Bel arbre pouvant atteindre de 20 à 30 m, à large cime aplatie, très étalée, à écorce brun-rougeâtre, crevassée, écailleuse. Les feuilles, réunies par deux, sont vertes, coriaces, très étroites et allongées, atteignant de 8 à 15 cm de longueur. Gros (de 10 à 15 cm de long), presque globuleux, d'un brun rougeâtre luisant, les cônes sont isolés ou groupés par 2 ou 3 sur des rameaux. Les graines qu'ils contiennent sont aussi très grosses (de 1,5 à 2 cm de long).

Asperge sauvage

Habitat
Le long du littoral méditerranéen, par petits massifs, et souvent planté.

Utilisations
Les amandes des graines, ou « pignes », sont délicieuses et extrêmement nutritives (très riches en lipides, en protéines et en glucides). C'est une véritable aubaine que de pouvoir s'en procurer. On les mangera telles quelles ou grillées, avec une salade ou des légumes. Il est rare de les trouver en suffisance sur le sol. Il faut aller chercher les cônes encore fermés sur l'arbre, les empiler, les entourer de bois (assez, mais pas trop !) que l'on fait flamber : les écailles s'entrouvrent, et il est alors facile d'extraire les graines qu'il ne reste plus qu'à casser délicatement entre deux pierres.

Asperge sauvage

Asparagus acutifolius Liliacées

Parties comestibles
Jeunes pousses.

Cueillette
Mars-mai.

Description
Plante de 30 cm à 1 m, à tiges dressées, ligneuses, très rameuses, portant des feuilles réduites à de petites écailles, celles des rameaux inférieurs étant munies d'un court éperon épineux. A l'aisselle de ces écailles sont groupés par cinq à douze de très courts rameaux verts, raides et piquants. Les petites fleurs jaunâtres, odorantes, s'ouvrent de juillet à septembre. Elles sont toutes mâles ou toutes femelles, et portées sur des pieds différents, ou parfois hermaphrodites. Des fruits globuleux noirs, de la taille d'un pois, leur succèdent.

Habitat
Haies, buissons — dans le Midi.

Utilisations
Les jeunes pousses de cette Asperge apparaissent au centre des touffes de tiges déjà développées. Elles ressemblent à celles de l'Asperge cultivée, mais sont plus minces et d'un vert brunâtre foncé. Elles sont très savoureuses et peuvent se grignoter crues, s'ajouter aux salades ou se faire cuire. L'Asperge cultivée *(Asparagus officinalis)* se rencontre également à l'état sauvage. Ses courts rameaux sont souples, non piquants, et ses fruits, rouges. Qu'ils soient rouges ou noirs, les fruits des Asperges sont toxiques du fait de leurs saponines.

MONTAGNES

Chénopode Bon-Henri

Chenopodium bonus-henricus
Chénopodiacées

Parties comestibles
Feuilles, inflorescences, graines.

Cueillette
Juin-octobre.

Description
Plante de 30 à 60 cm, vivant en colonies, à larges feuilles triangulaires longuement pétiolées, profondément échancrées à la base. Leur face inférieure, surtout au sommet de la plante, est recouverte d'une très fine poudre farineuse donnant une sensation d'humidité caractéristique. Les minuscules fleurs verdâtres sont groupées en épis terminaux assez denses et produisent de petites graines noires luisantes.

Habitat
Terrains fumés, surtout en montagne — en particulier autour des chalets d'alpage.

Utilisations
Les feuilles fournissent l'un des plus abondants et l'un des meilleurs légumes sauvages par leur saveur et leurs qualités nutritionnelles. Elles sont particulièrement riches en protéines et en vitamines. Les jeunes feuilles sont mangées crues en salade, les autres sont cuites en légume, soupe, chapatis ou chaussons. Leur goût est très agréable. Les jeunes inflorescences encore tendres sont cuites à l'eau ou sautées dans un peu d'huile. Les graines peuvent se consommer sous forme de céréale, ou écrasées en farine.

Chénopode Bon-Henri

Impératoire (phot. p. 71)

Peucedanum ostruthium Ombellifères

Parties comestibles
Feuilles.

Cueillette
Mai-septembre.

Description
Belle plante de 40 à 70 cm, à tige creuse, striée. Les feuilles inférieures sont trois fois complètement divisées en folioles ovales plus ou moins allongées, souvent découpées en lobes profonds, fortement dentées en scie sur les bords, d'un vert vif. Le pétiole des feuilles supérieures est renflé en forme de gaine. Les petites fleurs rosées, réunies en grandes ombelles, s'ouvrent de juin à août. Il n'y a pas de feuilles à la base des rayons principaux. Les fruits

Bistorte

sont munis de deux ailes aplaties. Toutes les parties de la plante – surtout les fruits et les racines – dégagent au froissement une odeur aromatique.

Habitat
Prairies, bords des ruisseaux en montagne.

Utilisations
Les jeunes pousses sont très tendres et peuvent être hachées dans les salades qu'elles parfument. On peut aussi les consommer en légume, de même que les feuilles, mais il est préférable de les faire cuire à l'eau, car elles peuvent être trop aromatiques. On peut ensuite, par exemple, en fourrer des chaussons. Les fruits et les racines peuvent éventuellement servir de condiment ; ils sont toniques, stimulants et digestifs.

Bistorte

Polygonum bistorta Polygonacées

Parties comestibles
Rhizome, feuilles.

Cueillette
Rhizome : toute l'année ; feuilles : mai-octobre.

Description
Plante vivant en colonies, à feuilles basales pétiolées, larges et allongées, d'un vert mat foncé en dessus, plus pâle en dessous. Les feuilles supérieures n'ont pas de pétiole. Les fleurs roses sont groupées en épis denses, terminant des tiges dressées qui atteignent 80 cm, et s'épanouissent de juin à août. La tige souterraine est épaisse et contournée, rose pâle à l'intérieur.

Habitat
Prairies humides en montagne.

Utilisations
Le rhizome est très riche en amidon, donc très nutritif. Il contient malheureusement aussi beaucoup de tanin, ce qui le rend trop astringent pour pouvoir être consommé tel quel. Il faut soit le laisser tremper plusieurs jours dans de l'eau (courante si possible), puis le cuire sous la braise, soit le faire bouillir de longues heures en changeant l'eau fréquemment. Malgré son grand intérêt alimentaire, il n'est guère consommable. Les feuilles sont plus faciles à utiliser : on les cuit en soupe, en bouillie, en légume, et on en fait chapatis ou chaussons. Elles ne sont ni coriaces, ni amères lorsqu'elles sont jeunes. Les graines de la Bistorte pourraient sans doute être consommées.

Oseille des montagnes

Rumex arifolius Polygonacées

Parties comestibles
Feuilles.

Cueillette
Mai-octobre.

Description
Plante de 30 cm à 1,20 m, à feuilles assez grandes, allongées, ondulées sur les bords et présentant deux oreillettes obtuses écartées l'une de l'autre. Les feuilles de la base sont munies d'un long pétiole, tandis que celles qui poussent le long de la tige n'en ont pas. Les petites fleurs verdâtres ou rougeâtres sont disposées en grappes terminales. Elles sont soit mâles (sans pistil), soit femelles (sans étamines), et portées par des pieds différents.

Habitat
Bois et prairies de montagne.

Utilisations
Les feuilles possèdent la saveur acide caractéristique des Oseilles, légèrement moins prononcée que chez l'Oseille commune. Crues, on les ajoute aux salades, où elles remplacent le vinaigre, ou on les grignote telles quelles car elles sont rafraîchissantes. Cuites, elles font d'excellentes soupes, des légumes en sauce, des chaussons, etc. Il est préférable de les mélanger à d'autres plantes. En montagne, on utilise de même l'Oseille en écusson *(Rumex scutatus)* et, en plaine, l'Oseille commune *(Rumex acetosa)* et la petite Oseille *(Rumex acetosella)*.

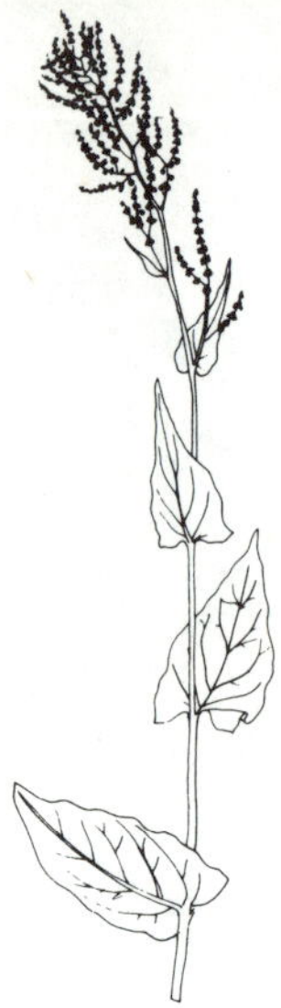

Oseille des montagnes

Rumex alpin (phot. p. 72)

Rumex alpinus Polygonacées

Parties comestibles
Feuilles (limbe et pétiole).

Cueillette
Mai-septembre.

Description
Grande plante de 25 à 90 cm, à feuilles munies d'un long pétiole charnu, rougeâtre, creusé en gouttière sur sa face supérieure. Le limbe des feuilles est très largement ovale, échancré en cœur à la base, obtus au sommet, ondulé sur les bords. Il est mince, d'un beau vert. Les petites fleurs verdâtres paraissent de juillet à septembre. Elles sont rassemblées en grappes serrées dont l'ensemble forme une longue inflorescence très fournie.

Argousier

Habitat

En grandes colonies autour des chalets d'alpage et sur les reposoirs.

Utilisations

Par sa fréquence, son abondance et sa qualité, le Rumex alpin est l'une des plantes les plus intéressantes de nos montagnes. Le limbe de ses feuilles forme un excellent légume — agréable au goût et nutritif. Il n'est guère amer par rapport aux autres Rumex, mais, si on le juge bon, on pourra le faire bouillir dans une ou deux eaux. Les toutes jeunes feuilles peuvent être ajoutées aux salades. Quant aux pétioles, on les utilise comme la Rhubarbe (la plante est parfois nommée « rhubarbe des moines »), mais on peut même les manger crus : ils sont juteux, acidulés tout en étant légèrement sucrés, et très rafraîchissants.

Argousier

Hippophaë rhamnoides Élæagnacées

Parties comestibles

Fruits.

Cueillette

Septembre-mars.

Description

Arbrisseau de 2 à 3 m, aux nombreux rameaux portant de solides épines et des feuilles allongées et étroites, dénuées de pétiole. Les feuilles sont vert sombre en dessus, d'un gris argenté ponctué d'écailles rougeâtres en dessous. Les petites fleurs verdâtres sont portées suivant leur sexe sur des pieds différents et les fleurs femelles donnent des fruits globuleux variant du jaune pâle à l'orange foncé, remplis d'un jus acide.

Habitat

Lits caillouteux des torrents, dans l'est et le sud-est de la France ; côtes sableuses de la Manche et de la mer du Nord.

Utilisations

Le jus des fruits d'Argousier est acide et aromatique — sa qualité varie d'ailleurs d'un pied à l'autre. C'est un excellent vinaigre, qui fait merveille dans les salades. Mêlé à de l'eau, le jus d'Argousier fournit une boisson très agréable, particulièrement rafraîchissante. Pour l'extraire, il suffit de presser les fruits à travers un linge, mais leur cueillette est difficile : le mieux est de couper au couteau (l'idéal serait des ciseaux) les courts rameaux qui les portent. Attention aux épines !

Myrtille

Vaccinium myrtillus Éricacées

Parties comestibles
Fruits.

Cueillette
Juillet-septembre.

Description
Sous-arbrisseau bien connu de 20 à 60 cm, à rameaux anguleux portant des feuilles non persistantes, munies d'un très court pétiole, ovales-aiguës, finement dentées sur le pourtour, d'un vert pâle. Les fleurs épanouissent leur corolle en grelot, presque globuleuse, d'un blanc verdâtre et rosé, de mai à juillet. Elles sont penchées, solitaires ou groupées par deux à l'aisselle des feuilles. De juillet à septembre, elles donnent les fruits sphériques d'un noir bleuâtre que tout le monde apprécie.

Habitat
Bois et landes sur terrains siliceux, surtout en montagne.

Utilisations
Les myrtilles, sucrées, aromatiques et juteuses, sont délicieuses crues, telles quelles. Mais, en fait, leur qualité varie suivant les régions et leur stade de maturité : avant d'être mûres, elles sont acidulées et beaucoup moins parfumées. On peut aussi en faire des compotes ou en fourrer des chaussons, ce qui peut constituer l'un des sommets gastronomiques de la vie en pleine nature. Si l'on a le temps et que le soleil est de la partie, on peut faire sécher les Myrtilles en trop pour les consommer plus tard.

Myrtille

Épilobe (phot. p. 72)

Epilobium angustifolium
Œnothéracées

Parties comestibles
Jeunes pousses, moelle des tiges, fleurs.

Cueillette
Pousses : mai-juin ; tiges, fleurs : juillet-septembre.

Description
Jolie plante de 50 cm à 1,50 m, à tige rougeâtre portant des feuilles ovales-allongées, pratiquement démunies de pétiole, pointues au sommet, entières, d'un vert mat sombre en dessus, dressées. Les feuilles entourent la tige, de façon très dense sur les jeunes pousses. Les magnifiques fleurs éclosent leurs pétales d'un rose pourpré de juin à septembre. Elles sont disposées en longues grappes terminales,

effilées au sommet. La floraison se prolonge longtemps de bas en haut sur la même grappe, qui porte en même temps fruits, fleurs et boutons.

Habitat
Lisière des bois, en colonies.

Utilisations
Les jeunes pousses doivent être cueillies lorsque la tige est encore souple et se casse facilement entre les doigts, bien avant la floraison. Plus tard, les feuilles sont trop dures et la tige est ligneuse. Les pousses sont excellentes cuites à l'eau et servies avec une sauce blanche. Lorsque la tige est développée, on peut la couper en tronçons et en peler la partie ligneuse pour déguster la moelle juteuse et un peu sucrée qu'elle contient. Les fleurs décorent les salades, font d'intéressantes infusions et parfument l'eau des gourdes.

Sureau rameux

Sureau rameux

Sambucus racemosa Caprifoliacées

Parties comestibles
Fruits.

Cueillette
Juillet-septembre.

Description
Arbrisseau ou arbuste de 2 à 4 m, à tiges remplies d'une moelle blanche devenant d'un brun-roux dès la deuxième année. Les feuilles sont composées de 5-7 folioles ovales, allongées, amincies en pointe au sommet, dentées. Feuilles et tiges dégagent au froissement une forte odeur. Les fleurs, d'un blanc jaunâtre, sont réunies en grappes ovoïdes. Elles s'ouvrent d'avril à mai, avant le total développement des feuilles. Les fruits sont mûrs dès le mois de juillet, jusqu'en septembre. Ils sont d'un beau rouge corail.

Habitat
Bois des montagnes, en plaine dans le Nord.

Utilisations
Les fruits du Sureau rameux, ou Sureau rouge, ne doivent jamais être consommés crus, car ils sont vomitifs si l'on en mange plus de quelques-uns. En revanche, ils peuvent servir à préparer de très bonnes sauces, avec de la farine, et surtout d'excellents desserts ; mais il faut disposer de miel ou de sucre, car les fruits de ce Sureau sont très acides. Il est préférable de les faire crever sur le feu, puis de les passer sur un linge pour éliminer les graines, et d'utiliser le jus.

Carvi

Carum carvi Ombellifères

Parties comestibles
Racine, feuilles, fruits.

Cueillette
Racine: automne-printemps; feuilles: mai-septembre; fruits: septembre-octobre.

Description
Plante bisannuelle de 30 à 60 cm, à feuilles composées, divisées en lanières très étroites. Le pétiole des feuilles est légèrement engainant. Les petites fleurs blanches, groupées en ombelles à rayons inégaux, s'épanouissent de mai à juillet. De petits fruits secs très odorants, les « grains de Carvi », leur succèdent. La racine pivotante ressemble à une carotte brune.

Habitat
Prairies des montagnes.

Utilisations
De la fin de la première année de vie de la plante au printemps de la seconde, la racine du Carvi est tendre et charnue et se consomme crue ou cuite comme les carottes. Sa saveur est agréable. Mais on ne peut alors se fier qu'aux feuilles pour identifier la plante, car la hampe florale est encore absente. Les feuilles peuvent se manger crues ou cuites, mais n'ont rien d'extraordinaire. En revanche, les fruits sont un condiment remarquable — souvent connu à tort sous le nom de « cumin » (le véritable cumin est une épice de goût très différent). On peut en aromatiser tous les plats salés. Essayez les chapatis au carvi!

Carvi

Raiponce en épi (phot. p. 72)

Phyteuma spicatum Campanulacées

Parties comestibles
Racines, feuilles et fleurs.

Cueillette
Presque toute l'année.

Description
Plante de 10 à 80 cm, à racine pivotante renflée et charnue d'où sort une tige unique portant des feuilles dans ses deux tiers inférieurs. Celles de la base sont munies d'un long pétiole, largement ovales, en cœur renversé et bordées de dents régulières. Elles ressemblent beaucoup aux feuilles de Violette. Les feuilles supérieures n'ont pas de pétiole et sont étroites. Les fleurs sont groupées en épis cylin-

Busserole

driques très denses. Leur corolle, blanc-jaunâtre ou bleue, est divisée en cinq pétales très étroits, d'abord soudés en tube au sommet puis séparés et étalés en étoile pendant la floraison, de juin à août.

Habitat
Bois et prairies.

Utilisations
Les racines sont tendres, croquantes et de saveur douce (à l'exception du latex jaune pâle de l'écorce qui est légèrement piquant). Elles sont excellentes crues ou coupées en morceaux dans les salades, et encore meilleures revenues dans un peu d'huile. On ne les ramassera que là où la plante est très abondante. Les feuilles sont très bonnes en salade ou comme légume cuit. Les fleurs peuvent décorer les plats.

Busserole

Arctostaphylos uva-ursi Éricacées

Parties comestibles
Fruits.

Cueillette
Août-septembre.

Description
Sous-arbrisseau à tiges couchées ou pendantes de 50 cm à 1-2 m, à rameaux fleuris redressés. Les feuilles sont épaisses et coriaces, persistantes. Elles sont ovales, atténuées en pétiole à la base, plus larges vers le sommet et obtuses, entières, parcourues en dessus par un fin réseau de nervures. Les petites fleurs rosées épanouissent d'avril à juin leur corolle ovoïde en forme de grelot. Elles sont groupées par 5-12 en petites grappes serrées terminant les rameaux. De petits fruits rouges globuleux, de 4 à 6 mm de diamètre, leur succèdent.

Habitat
Bois et rochers en montagne.

Utilisations
Les fruits sont farineux, acidulés, un peu âpres, et leur peau est coriace. Sans doute plaisent-ils fort aux ours (du moins quand il y en avait encore...), car la plante est souvent nommée « raisin d'ours », mais ils ne sont guère agréables à manger tels quels. Ne les négligeons cependant pas, car ils sont nutritifs. On peut les faire cuire en compote, mais le mieux est probablement de les écraser puis de les mélanger avec de la farine pour confectionner des chapatis ou des chaussons fourrés d'autres plantes.

LITTORAL

Criste-marine

Crithmum maritimum Ombellifères

Parties comestibles
Feuilles, fruits.

Cueillette
Toute l'année.

Description
Plante de 20 à 50 cm, à tige en zigzag portant des feuilles charnues, deux-trois fois divisées en lanières élargies vers leur milieu, aiguës au sommet, de couleur glauque, toutes dans le même plan. Les petites fleurs blanc-verdâtre se montrent de juillet à octobre. Elles sont groupées en ombelles de 10-20 rayons assez épais, entourées à la base par de nombreuses petites feuilles renversées. Le fruit est ovoïde, muni de dix côtes tranchantes, toutes égales entre elles.

Habitat
Rochers et sables du littoral.

Utilisations
Les feuilles charnues sont juteuses, à la fois salées et sucrées, et possèdent un arôme agréable, rappelant la Carotte, mais avec une saveur piquante. Cette combinaison en fait une excellente plante à salades, que l'on peut d'ailleurs grignoter telle quelle avec plaisir. La Criste-marine est également très bonne cuite comme légume. Il est inutile de la saler. Autrefois, la plante était cultivée dans les potagers et ses feuilles étaient fréquemment confites au vinaigre comme les cornichons. Les fruits peuvent servir de condiment.

Criste-marine

Salicorne (phot. p. 72)

Salicornia europæa Chénopodiacées

Parties comestibles
Tiges.

Cueillette
Presque toute l'année.

Description
Curieuse plante atteignant 40 cm de hauteur, formée de tiges cylindriques vertes ou rougeâtres, gonflées d'un jus salé. D'abord herbacées, composées d'articles se détachant facilement les uns des autres, les tiges deviennent ligneuses à la fin de la saison. Les feuilles sont presque inexistantes, et les minuscules fleurs verdâtres ne se remarquent guère.

Pourpier-de-mer

Habitat
Vases salées.

Utilisations
La Salicorne forme généralement de grandes colonies et peut se récolter en abondance. On en consomme les jeunes tiges herbacées, tendres et juteuses, que leur saveur salée particulière a fait surnommer « saucisson de mer ». Crues, elles font de bonnes salades ou se grignotent telles quelles, mais, pour les manger en plus grande quantité, il faudra les faire cuire – sans ajouter de sel. Avec l'âge, le cœur des tiges devient ligneux : on n'en consomme alors que la partie externe – le contraire des Asperges. Dans certaines régions, les Salicornes sont conservées dans le vinaigre.

Pourpier-de-mer
Atriplex halimus Chénopodiacées

Parties comestibles
Feuilles.

Cueillette
Presque toute l'année.

Description
Arbrisseau buissonnant de 1 à 2 m, au feuillage blanc-argenté très décoratif. Les feuilles sont ovales, parfois un peu en forme de losange, entières, atténuées à la base en un court pétiole, obtuses au sommet qui est terminé par une petite pointe. Elles sont épaisses et un peu charnues. Les minuscules fleurs jaunâtres, présentes en août-septembre, sont réunies en petits épis denses dont l'ensemble forme, au sommet des rameaux, une grappe composée presque démunie de feuilles. Le fruit est enfermé entre deux sépales blanchâtres qui s'agrandissent avec lui.

Habitat
Littoral.

Utilisations
Les feuilles charnues du Pourpier-de-mer (il s'agit d'une Arroche, et n'a rien à voir avec le Pourpier) forment un légume délicieux, naturellement salé. Il suffit de les cuire dans très peu d'eau jusqu'à ce qu'elles soient tendres. Un filet d'huile d'olive les améliore encore, mais elles sont très bonnes telles quelles. Crues, on pourra en ajouter quelques-unes aux salades composées. D'autres espèces d'Arroche sont comestibles.

Autres plantes sauvages comestibles de nos régions

Les plantes qui suivent méritent aussi toute notre attention. Ne les oublions pas. (Si ce n'est pas précisé, on les consomme crues ou cuites.)

Bords des chemins, champs, décombres

- Armoise *(Artemisia vulgaris)*: jeunes pousses et tiges tendres, crues.
- Barbarée *(Barbarea verna)*: feuilles et inflorescences.
- Camomille *(Chamomilla suaveolens)*: capitules comme condiment.
- Mâche *(Valerianella olitoria)*: feuilles, crues.
- Onagre *(Œnothera biennis)*: racines et feuilles, cuites.
- Ravenelle *(Raphanus raphanistrum)*: feuilles et inflorescences.
- Renouée du Japon *(Reynoutria japonica)*: jeunes pousses.
- Ronce (*Rubus* spp.): fruits.
- Sisymbre (*Sisymbrium officinale)*: feuilles.

Prairies

- Graminées: grains en céréales ou en farine.
- Luzerne (*Medicago sativa*, etc.): feuilles, fleurs.
- Mélilot (*Melilotus officinalis*, etc.): feuilles, inflorescences séchées en tisane.

Bois et haies

- Bouleau *(Betula pendula)*: toutes jeunes feuilles.
- Épiaire (*Stachys sylvatica*, etc.): feuilles.
- Érable (*Acer pseudoplatanus*, etc.): feuilles.
- Ficaire *(Ranunculus ficaria)*: feuilles.
- Lierre terrestre *(Glechoma hederacea)*: feuilles comme condiment.
- Merisier (*Prunus avium*, etc.): fruits.
- Noisetier *(Corylus avellana)*: graines.
- Poirier (*Pyrus communis*, etc.): fruits.
- Pommier (*Malus sylvestris*, etc.): fruits.
- Primevère (*Primula vulgaris*, etc.): feuilles, cuites.

Bords des eaux

- Massette *(Typha latifolia)*: rhizome, pousses, inflorescences, pollen.

Midi et région méditerranéenne

- Asphodèle *(Asphodelus albus)*: tubercules, jeunes pousses.
- Bourrache *(Borago officinalis)*: feuilles, fleurs.
- Calament *(Calamintha nepeta)*: condiment.
- Figuier de Barbarie *(Opuntia ficus-indica)*: fruits.
- Mélisse *(Melissa officinalis)*: feuilles, condiment.
- Mûrier *(Morus alba, M. nigra)*: fruits.
- Népéta (*Nepeta nepetella*, etc.): condiment.
- Romarin *(Rosmarinus officinalis)*: condiment.
- Sarriette *(Satureja montana)*: condiment.
- Thym *(Thymus vulgaris)*: condiment.

Montagnes

- Cerfeuil musqué *(Myrrhis odorata)*: feuilles, fruits comme condiment.
- Framboisier *(Rubus idæus)*: fruits.
- Groseillier (*Ribes rubrum*, etc.): fruits.
- Oxyria *(Oxyria digyna)*: feuilles.

Littoral

- Bette maritime *(Beta maritima)*: feuilles.
- Cakilier *(Cakile maritima)*: feuilles.
- Halimione *(Halimione portulacoides)*: feuilles.
- Soude *(Suæda maritima)*: feuilles.

Classement par parties utilisées

Pour en faciliter l'usage culinaire, les plantes sont regroupées ici suivant la (ou les) partie(s) qu'on en utilise. C'est surtout à une débauche de salades et de légumes cuits que nous invite la nature, mais les fruits abondent aussi, et ce ne sont ni les racines, ni les graines, ni les condiments qui manquent.

Les plantes de l'herbier principal figurent en majuscules, les autres correspondent à la liste complémentaire.

Racines

Asphodèle	Massette
BARDANE	Noix de terre
BISTORTE	Onagre
CAROTTE SAUVAGE	PANAIS
CARVI	PISSENLIT
CIRSE POTAGER	RAIPONCE
CONSOUDE	SALSIFIS

Feuilles (salades et légumes cuits)

ALCHÉMILLE (crues)	Ficaire
ALLIAIRE (crues)	FRAISIER
AMARANTHE	Halimione
ANGÉLIQUE	HÊTRE
Barbarée	IMPÉRATOIRE
BERCE	LAITERON
Bette maritime	LAITUE
BISTORTE	LAMIER
BON-HENRI	LAMPSANE
Bouleau (crues)	Luzerne
Bourrache	Mâche (crues)
BOURSE-À-PASTEUR	MARGUERITE
BROCOLI SAUVAGE	MAUVE
Cakilier	Mélilot
CAROTTE SAUVAGE	Mélisse
CARVI	MENTHE (crues)
Cerfeuil musqué	MILLEFEUILLE
CHÉNOPODE BLANC	MOUTARDE
CHICORÉE	Onagre
CHONDRILLE	ORTIE
CIRSE POTAGER	OSEILLE
CONSOUDE	OXALIS (crues)
COQUELICOT	Oxyria
CRESSON	PANAIS
CRISTE-MARINE	PÂQUERETTE
ÉGOPODE	PARIÉTAIRE
Épiaire	PIMPRENELLE (crues)
Érable	PISSENLIT
FENOUIL	PLANTAIN

POURPIER
POURPIER-DE-MER
Primevère
PULMONAIRE
RAIPONCE
Ravenelle
RUMEX ALPIN
RUMEX CRÉPU
SALSIFIS
SEDUM
SILÈNE ENFLÉ
Sisymbre
Soude
STELLAIRE
TILLEUL
TRÈFLE
TUSSILAGE
VALÉRIANE
VÉRONIQUE
VIOLETTE

Jeunes pousses et tiges

Armoise
ASPERGE
Asphodèle
BARDANE
BERCE
CHARDONS
CIRSE POTAGER
CONIFÈRES
ÉPILOBE
FOUGÈRE
FRAGON
HOUBLON
Massette
Renouée du Japon
SALICORNE
TAMIER
VESCE

Condiments

(feuilles, fleurs, fruits, graines, etc.)

AIL SAUVAGE
ALLIAIRE
ANGÉLIQUE
BENOÎTE (racines)
BERCE (fruits)
BOURSE-À-PASTEUR (graines)
Calament
Camomille (capitules)
CAROTTE SAUVAGE (fruits)
CARVI (fruits)
Cerfeuil musqué
FENOUIL
GENÉVRIER (cônes)
IMPÉRATOIRE
Lierre terrestre
Mélilot
Mélisse
MENTHE
MOUTARDE (graines)
Népéta
ORIGAN
PANAIS
Romarin
Sarriette
SERPOLET
Thym

Fleurs

Barbarée (inflorescences)
BERCE (jeunes inflorescences)
BON-HENRI (inflorescences)
Bourrache
BROCOLI SAUVAGE (inflorescences)
CHARDONS (réceptacles)
CHÉNOPODE BLANC (inflorescences)
CIRSE POTAGER (réceptacles)
COQUELICOT
ÉGLANTIER
ÉPILOBE
LAMIER
Luzerne
MARGUERITE
Massette
MAUVE
Ravenelle
ROBINIER
Salsifis (jeunes capitules)
SUREAU NOIR
TILLEUL
TRÈFLE
TUSSILAGE
VALÉRIANE
VIOLETTE

Fruits

AMÉLANCHIER
ARBOUSIER
ARGOUSIER
AUBÉPINE
BUSSEROLE
CANNEBERGE
CORMIER
CORNOUILLER
ÉGLANTIER
ÉPINE-VINETTE
Figuier de Barbarie
FRAISIER
Framboisier
Groseillier
Merisier
Mûrier
MYRTILLE
NÉFLIER
Poirier sauvage
Pommier sauvage
PRUNELLIER
Ronce
SUREAU NOIR
SUREAU RAMEUX

Graines

AMARANTHE
BON-HENRI
Céréales
CHÊNE
CHÉNOPODE BLANC
COQUELICOT
Noisetier
PIN PIGNON
VESCE

Divers

BARDANE (pétioles)
CHICORÉE (racine : café)
GRATTERON (fruit : café)
Massette (pollen)
MAUVE (fruit : légume)
RUMEX ALPIN (pétioles)

Plantes toxiques

Qui n'a pas eu un peu peur, lors de sa première cueillette, de ramasser une plante dangereuse ? Tout le monde passe par là, et la méfiance est une saine précaution — à condition toutefois de ne pas exagérer. Car, en fait, peu de plantes sont dangereuses dans nos régions, et le nombre de végétaux mortels est restreint. Cependant, le danger existe : c'est pourquoi il est indispensable de connaître avec précision ce qu'il ne faut pas ramasser.

Dans les pages qui suivent sont décrites 48 plantes toxiques, classées par type d'environnement suivant le même découpage que pour les plantes comestibles. A l'intérieur de chaque catégorie, les végétaux sont rangés par ordre de toxicité décroissante.

Chaque plante est décrite de façon précise, et est illustrée par un dessin au trait ou par une photographie en couleurs. Son habitat est indiqué, et la toxicité de ses différentes parties détaillée. Lorsqu'il existe des possibilités de confusion avec des plantes comestibles, elles sont mentionnées.

A la suite figure une liste complémentaire de quelques végétaux dangereux moins fréquents ou moins virulents.

Un dernier mot : n'allez pas croire que toutes les plantes qui suivent mettraient fin à votre vie terrestre si vous en avaliez une pincée. Si certaines d'entre elles rendent violemment malade quiconque en consomme même très peu, la plupart ne provoqueraient que vomissements et coliques — ce que même d'excellents aliments peuvent faire si l'on en abuse. Et certains organismes sont plus résistants que d'autres. Ce n'est toutefois pas la peine de tester le vôtre. Évitez toutes ces plantes !

Le symbole ☠ signifie que la plante peut être mortelle à faible dose.

BORDS DES CHEMINS, CHAMPS, DÉCOMBRES

Datura

Datura stramonium Solanacées

Parties dangereuses
Toute la plante. ☠

Description
Robuste plante de 40 cm à 1 m, à grandes feuilles pétiolées, ovales, pointues, bordées de larges dents aiguës mêlées de plus petites. Les feuilles sont vert sombre, glabres, et dégagent au froissement une forte odeur désagréable. Les grandes fleurs blanches, solitaires à l'aisselle des rameaux, ouvrent de juillet à octobre leur corolle en entonnoir de 4 à 6 cm de longueur sur 6 à 12 cm de diamètre. Les fruits, globuleux et dressés, sont couverts d'épines robustes.

Habitat
Décombres, champs, sables.

Toxicité
La Datura renferme plusieurs alcaloïdes très toxiques. Racines, feuilles, fleurs et graines peuvent provoquer des troubles digestifs, nerveux (délire, hallucination), visuels, cardiaques et respiratoires, aboutissant à un coma dont l'issue peut être fatale. Les Daturas ont souvent été utilisées en sorcellerie ou à des fins criminelles.

Dangers
Il est arrivé que les jeunes feuilles soient confondues avec des légumes sauvages, causant de graves intoxications. Pourtant leur odeur n'a rien d'engageant, leur saveur encore moins.

Datura

Jusquiame (phot. p. 121)

Hyoscyamus niger Solanacées

Parties dangereuses
Toute la plante. ☠

Description
Étrange plante de 25 à 80 cm, à feuilles ovales allongées, bordées de grandes dents aiguës ou divisées en lobes, molles et couvertes de fins poils visqueux, douces au toucher, d'odeur désagréable. Les feuilles inférieures sont munies d'un pétiole, les autres embrassent la tige. Les fleurs, densément groupées au sommet de la plante, ouvrent de mai à septembre leur corolle un peu irrégulière, formée de cinq lobes jaunâtres veinés de violet. Le fruit, renflé

Adonis de printemps

à la base, est muni de cinq pointes aiguës et s'ouvre par un couvercle.

Habitat
Décombres, bords des chemins.

Toxicité
La Jusquiame contient les mêmes alcaloïdes toxiques que la Datura. La racine en est plus riche que les feuilles, elles-mêmes plus riches que les graines. La plante peut entraîner les mêmes troubles graves que la Datura, et parfois aussi la mort. On l'employait en sorcellerie.

Dangers
Peu de confusion possible avec des plantes comestibles, et la Jusquiame elle-même n'est guère engageante.

Adonis

Adonis vernalis Renonculacées

Parties dangereuses
Toute la plante. ☠

Description
Plante de 10 à 40 cm, dont les feuilles à la base sont munies d'une gaine très développée entourant la tige, le limbe étant formé de nombreuses lanières très étroites. La gaine des feuilles supérieures est plus courte. Au sommet des jeunes rameaux, les feuilles forment des touffes compactes. Les grandes fleurs jaunes solitaires, de 3 à 6 cm de diamètre, s'ouvrent d'avril à mai. Elles comportent de dix à quinze pétales allongés.

Habitat
Lieux secs ; rare.

Toxicité
La plante contient des substances agissant sur le cœur à la façon de la Digitale. De fortes doses peuvent être mortelles. D'autres espèces d'Adonis, à petites fleurs rouge vif, en particulier l'Adonis d'été ou « Goutte-de-sang » *(Adonis æstivalis)*, semblent encore plus toxiques. Outre les substances cardioactives, elles renferment des alcaloïdes.

Dangers
Les risques d'empoisonnement sont faibles, parce que les Adonis ne sont plus guère courants. Mais attention à la plante non fleurie qu'il ne faudrait pas confondre avec des plantes comestibles à feuilles découpées (Ombellifères ou Camomilles par exemple).

Petite Ciguë

Æthusa cynapium Ombellifères

Parties dangereuses
Toute la plante.

Description
« Mauvaise herbe » de 10 à 60 cm, à feuilles triangulaires, deux-trois fois divisées en segments découpés en lobes aigus, glabres, d'un vert sombre mat. Les petites fleurs blanches sont groupées en ombelles composées de 5-12 rayons inégaux. L'involucre est nul ou ne comporte qu'une seule petite feuille. De la base de chaque ombelle secondaire partent 3-5 petites feuilles allongées, très étroites, dirigées vers le bas et déjetées en dehors. Les fruits sont glabres, ovoïdes, à dix côtes. L'odeur de la plante n'est pas agréable.

Habitat
Champs, jardins, décombres, bois.

Toxicité
La petite Ciguë renferme des alcaloïdes toxiques. Elle peut provoquer des troubles digestifs, mais il ne semble pas que sa toxicité soit très élevée. Il est possible qu'elle varie suivant les terrains, la fumure rendant la plante plus dangereuse.

Dangers
Il peut être facile de confondre la petite Ciguë avec du persil non frisé, surtout lorsqu'elle pousse dans les jardins. Son odeur différente et sa couleur mate la trahiront — mais il faut être attentif surtout avant la floraison.

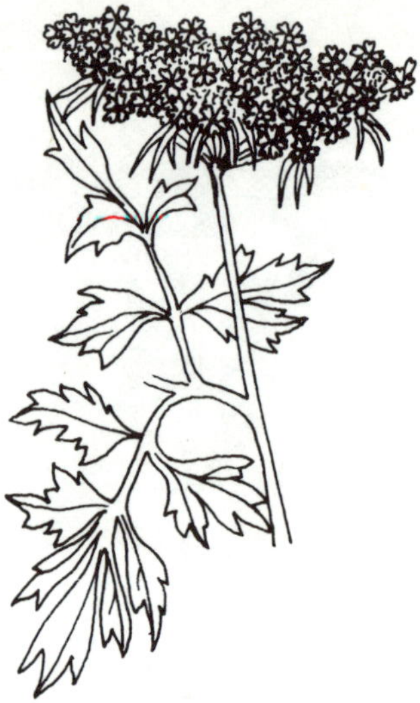

Petite Ciguë

Ciguë (phot. p. 121)

Conium maculatum Ombellifères

Parties dangereuses
Toute la plante. ☠

Description
Grande plante glabre de 80 cm à 1,20 m à tiges tachées de pourpre, surtout vers le bas, dont les feuilles à la base, de grande taille, sont trois-cinq fois divisées en segments triangulaires, eux-mêmes lobés et dentés. Les fleurs blanches, épanouies de juin à août, sont groupées en petites ombelles composées, à 10-20 rayons inégaux. 3-5 petites feuilles courtes sont situées à la base des rayons principaux, et 3 à la base des ombelles secondaires. Les fruits sont petits, presque globuleux. Feuilles et fruits dégagent au froissement une odeur désagréable.

Héliotrope

Habitat
Bords des chemins, haies, décombres,

Toxicité
Toute la plante renferme au moins cinq alcaloïdes toxiques, surtout dans la tige, les feuilles et les fruits. La toxicité varie avec le stade de développement et la zone géographique. La Ciguë est plus dangereuse fraîche que séchée. Elle provoque des troubles nerveux et respiratoires, souvent mortels.

Dangers
Plusieurs empoisonnements ont eu lieu par suite de la confusion des feuilles ou des fruits avec ceux d'Ombellifères comestibles. La « salade de Ciguë » tue de temps à autre des imprudents.

Héliotrope

Heliotropium europæum Boraginacées

Parties dangereuses
Toute la plante.

Description
Petite plante de 8 à 50 cm, velue, d'aspect grisâtre, à tiges rameuses et feuilles pétiolées, ovales, entières, à nervures secondaires nettement visibles, convergentes vers le sommet. Les feuilles sont d'un vert blanchâtre sur les deux faces. Les petites fleurs blanches s'épanouissent de juin à octobre. Elles sont rassemblées en grappes serrées typiques de la famille (cyme scorpioïde), étroites et allongées, recourbées au sommet. Ces grappes sont réunies par 2-3 au sommet de la plante. Le calice persiste autour du fruit mûr.

Habitat
Champs, décombres, lieux pierreux.

Toxicité
L'Héliotrope renferme des alcaloïdes toxiques pour le foie, semblables à ceux du Séneçon, en quantité semble-t-il importante. Il a provoqué chez le bétail des empoisonnements parfois mortels, se déclarant de façon très progressive, ou au contraire très brutale.

Dangers
Relativement faible, la plante n'étant guère tentante. Elle pourrait difficilement être confondue avec une plante comestible. Il est probable que de toute façon de petites doses ne seraient pas dangereuses.

Renoncule

Ranunculus sceleratus Renonculacées

Parties dangereuses
Toute la plante.

Description
« Bouton-d'or » de 6 à 50 cm, dont les feuil- à la base sont divisées en trois lobes principaux ayant chacun 2-4 divisions plus ou moins profondes. Les feuilles supérieures sont opposées, allongées et étroites, simples, entières. Les nombreuses petites fleurs, isolées au sommet de la plante, durent de mai à septembre. Leurs cinq pétales jaunes dépassent à peine les sépales. Les nombreux carpelles forment une masse ovoïde assez allongée, saillant au centre de la fleur.

Habitat
Lieux humides, fossés.

Toxicité
Toutes les Renoncules ou « Boutons-d'or » sont dangereuses, à des degrés variables suivant les espèces. Elles renferment à l'état frais une substance très irritante qui disparaît au séchage. Frottées sur la peau, les Renoncules fraîches peuvent provoquer des cloques ou même des ulcérations. Leur saveur est très âcre et une feuille de Bouton-d'or dans une salade se fera douloureusement sentir. Il vaut donc mieux l'éviter. Séchées ou longuement cuites à plusieurs eaux, elles ne présentent plus de danger (voir R. bulbeuse).

Dangers
Irritation des muqueuses buccales si des feuilles de Bouton-d'or se trouvent mélangées par erreur à une salade.

Renoncule scélérate

Euphorbe (phot. p. 121)

Euphorbia helioscopia Euphorbiacées

Parties dangereuses
Toute la plante.

Description
Plante de 10 à 30 cm à tige cylindrique, rougeâtre, portant des feuilles en forme de spatule, presqu'entières. Les feuilles sont densément groupées vers le sommet de la plante, alors que le bas de la tige est nue. Les petites fleurs verdâtres passent facilement inaperçues, mais un examen attentif révèle une structure très particulière, caractéristique des fleurs des Euphorbes (étamines en forme de croissant entourant un ovaire globuleux pendant). Toutes les parties de la plante renferment un abondant latex blanc.

Habitat
Lieux cultivés, terres remuées.

Bryone

Toxicité
Le latex des différentes espèces d'Euphorbes est extrêmement caustique. Mis en contact avec la peau, il détermine une irritation, des rougeurs, voire des cloques. Les muqueuses sont bien sûr particulièrement sensibles. L'ingestion de grandes quantités de la plante pourrait déterminer une gastro-entérite et son latex projeté dans les yeux risquerait de produire une grave conjonctivite.

Dangers
Ils sont relativement restreints car la saveur piquante et irritante d'une Euphorbe mélangée par erreur à une salade empêcherait d'en abuser. On se méfiera de toutes les espèces, dont plusieurs autres sont aussi très fréquentes dans notre flore : Euphorbe petit-Cyprès *(Euphorbia cyparissias)*, Euphorbe des bois *(Euphorbia silvatica)*, etc.

Bryone

Bryonia dioica Cucurbitacées

Parties dangereuses
Toute la plante, en particulier les baies.

Description
Plante grimpante atteignant 5 m de longueur, munie de vrilles. Les feuilles sont molles, pétiolées, divisées en plusieurs lobes en éventail, irrégulièrement bordées de dents peu profondes. Les petites fleurs verdâtres s'épanouissent de mai à août. Toutes mâles ou toutes femelles, portées sur des pieds différents, elles sont groupées au sommet de rameaux partant de l'aisselle des feuilles. Les pieds femelles portent des baies globuleuses, d'un rouge mat lorsqu'elles sont mûres.

Habitat
Haies, bords des chemins.

Toxicité
La racine contient des substances actives qui la rendent vomitive, purgative et révulsive, ou même vésicante. On l'utilisait pourtant en médecine populaire (comme diurétique, laxatif, contre les rhumatismes, etc.), mais même de faibles doses occasionnent des diarrhées. Les baies renferment des saponines et peuvent provoquer des troubles digestifs et nerveux, parfois mortels.

Dangers
Il faudra se méfier des baies, juteuses et tentantes. Les jeunes pousses sont parfois consommées au printemps à la manière des jets de Houblon, mais elles doivent être cuites à l'eau pour éviter de désagréables effets.

Sureau hièble

Sambucus ebulus Caprifoliacées

Parties dangereuses
Surtout les baies.

Description
Grande plante herbacée de plus d'1 m, dont les tiges renferment une moelle blanche et portent des feuilles opposées, munies de deux stipules vertes bien développées, composées de 7-11 folioles allongées, étroites, pointues et bordées de petites dents. Les feuilles dégagent au froissement une odeur désagréable. Les petites fleurs blanches ou un peu rougeâtres forment de juin à août une grande inflorescence aplatie au sommet de la tige. Les petites baies globuleuses, à saveur amère, sont noires à maturité.

Habitat
Bords des chemins, haies, fossés, talus.

Toxicité
Les fruits du Sureau hièble sont vomitifs et purgatifs. Les substances responsables ne sont pas connues avec précision. De fortes doses des racines, de l'écorce ou des feuilles ont les mêmes effets.

Dangers
Il faut faire attention à ne pas confondre les fruits amers du Sureau hièble avec ceux, doux, du Sureau noir, plante ligneuse (arbuste) à folioles larges. Les ombelles en fruits de l'Hièble sont tournées vers le ciel, tandis que celles du Sureau noir regardent le sol. De toute façon, leur saveur est suffisamment désagréable pour ne pas les consommer en quantité dangereuse.

Sureau hièble

Muflier (phot. p. 121)

Antirrhinum majus Scrofulariacées

Parties dangereuses
Graines.

Description
Belle plante de 30 à 80 cm, glabre en bas, velue vers le haut, à feuilles opposées ou alternes, ovales ou étroites et allongées, entières, glabres, munies d'un court pétiole. Les fleurs, pourprées, jaunâtres ou blanchâtres, ont un aspect caractéristique : leur corolle possède deux lèvres, dont l'inférieure, à trois lobes, porte une proéminence barbue divisée en deux, qui ferme la gorge de la corolle ; le tube de la corolle est renflé en bosse à la base. Les fleurs s'épanouissent de mai à septembre.

Chélidoine

Elles sont rassemblées en une grappe terminale.

Habitat

Rochers, lieux pierreux, vieux murs ; également planté.

Toxicité

Les graines du Muflier (ou « Gueule-de-loup ») sont riches en saponines et renferment également un glucoside. Elles passent pour toxiques. Elles ont servi à pêcher le poisson en empoisonnant l'eau des ruisseaux. D'une façon générale, toutes les plantes de la famille des Scrofulariacées sont à considérer comme potentiellement dangereuses.

Dangers

Peu importants.

Chélidoine

Chelidonium majus Papavéracées

Parties dangereuses

Latex.

Description

Plante de 20 à 80 cm, à grandes feuilles molles profondément divisées en 5-7 segments ovales, lobés à la façon des feuilles de Chêne, vert bleuâtre en dessous. Les petites fleurs épanouissent d'avril à octobre leurs quatre pétales jaunes, tombant rapidement, et leurs nombreuses étamines. Elles sont groupées en ombelles simples et donnent des fruits étroits et allongés, bosselés par les graines qu'ils renferment. Toute la plante contient un latex caractéristique, variant du jaune pâle à l'orange foncé.

Habitat

Murs, décombres, lieux incultes.

Toxicité

Le latex est irritant, surtout pour les muqueuses, et son ingestion peut provoquer de graves troubles digestifs. Il contient aussi des alcaloïdes, responsables des troubles nerveux et cardiaques qu'il peut déclencher. On emploie traditionnellement le latex de la Chélidoine en application sur les verrues, souvent avec succès.

Dangers

Peu importants si l'on se contentait de mélanger par erreur quelques feuilles à d'autres plantes. De plus, la Chélidoine est facile à identifier par la forme de ses feuilles, et surtout par son latex jaune.

PRAIRIES

Colchique

Colchicum autumnale Liliacées

Parties dangereuses
Toute la plante. ☠

Description
Plante de 10 à 40 cm, à bulbe de la taille d'une noix, présentant d'août à octobre (parfois au printemps) des fleurs isolées ou groupées par 2-3, à six divisions allongées d'un rose lilas. Les fleurs sortent du sol et sont entourées dans le bas de gaines membraneuses. Les feuilles, peu nombreuses, grandes et dressées, très allongées, un peu charnues, n'apparaissent qu'au printemps suivant, en même temps que le fruit, lui aussi de la grosseur d'une noix.

Habitat
Prés humides.

Toxicité
Bulbe, feuilles, fleurs et graines du Colchique contiennent des alcaloïdes extrêmement toxiques. L'ingestion d'une des parties de la plante peut déterminer de graves troubles digestifs, cardiovasculaires, nerveux et respiratoires, souvent suivis de la mort. Le bétail est souvent victime de ces jolies fleurs, parmi les plus dangereuses de notre flore.

Dangers
Attention à ne pas décorer les salades avec des fleurs de Colchique ! Leur ressemblance avec celles des Crocus, qui ne sont pas toxiques, pourrait créer de mortelles confusions.

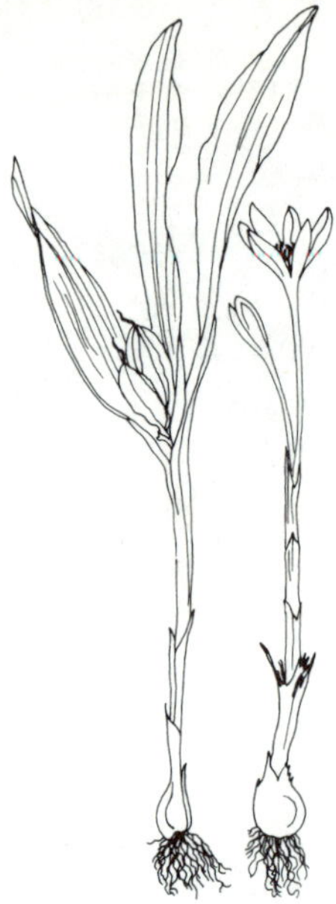

Colchique

Séneçon jacobée (phot. p. 122)

Senecio jacobæa Composées

Parties dangereuses
Toute la plante.

Description
Plante de 30 cm à 1 m, existant sous de nombreuses formes, à feuilles inférieures et moyennes profondément divisées en segments étroits, allongés et lobés, le terminal étant généralement plus grand que les autres. Les feuilles inférieures sont pétiolées, les autres embrassent la tige par deux oreillettes profondément découpées. Les petites fleurs jaunes de deux sortes – en languette et en tube (parfois toutes en tube) – sont groupées en capitules réunis en inflorescences aplaties

Narcisse/Jonquille

(corymbes) au sommet des tiges. Elles s'épanouissent de juin à septembre.

Habitat
Prairies, coteaux, bords des chemins.

Toxicité
Le Séneçon jacobée renferme des alcaloïdes toxiques pour le foie. Il en est de même des nombreuses autres espèces de Séneçons. Des intoxications, parfois graves, ont été signalées chez l'homme et chez les animaux, mais les doses doivent être importantes.

Dangers
Restreints du fait de la saveur âcre et amère de la plante. De faibles quantités seraient vomitives.

Narcisse/Jonquille

Narcissus pseudo-narcissus
Amaryllidacées

Parties dangereuses
Toute la plante, surtout le bulbe.

Description
Plante de 20 à 40 cm, célèbre pour sa magnifique fleur. Les feuilles, dressées, sont étroites (4-15 mm) et très allongées – elles peuvent atteindre la longueur de la tige florale –, plates et arrondies au sommet. Leur couleur est glauque. La fleur unique est portée par un court pédoncule au sommet de la tige. Elle épanouit de mars à mai sa grande corolle toute jaune, munie d'un tube assez long en forme d'entonnoir et d'une couronne tubuleuse évasée dans le haut, à bords dentelés ou lobés. La plante sort d'un bulbe globuleux. Les « coucous » ont beaucoup régressé à la suite des cueillettes abusives que leur vaut leur beauté.

Habitat
Prés, bois.

Toxicité
Toutes les espèces de Narcisses sont toxiques, les bulbes en particulier, mais aussi les fleurs avec lesquelles on se gardera bien de décorer des salades. Ils contiennent de dangereux alcaloïdes, ainsi que des saponines, et peuvent engendrer de graves troubles digestifs, nerveux et cardiaques. Le simple fait de sucer une tige suffit parfois à les déclencher. La consommation de bulbes de Narcisses a parfois eu de graves conséquences.

Dangers
Les fleurs sont bien tentantes !

BOIS ET HAIES

Belladone
Atropa belladonna Solanacées

Parties dangereuses
Toute la plante, surtout les baies. ☠

Description
Plante buissonnante de 70 cm à 1,50 m, à feuilles munies d'un pétiole, ovales, aiguës au sommet, entières ou sinueuses sur les bords, molles et couvertes de poils fins. Elles dégagent au toucher une odeur désagréable. Les feuilles supérieures sont groupées par deux. Les fleurs ouvrent de juin à août leur corolle pourpre-brunâtre en forme de cloche non évasée. Elles sont solitaires, ou par deux à l'aisselle des feuilles, perdues dans le feuillage. Les fruits sont des baies globuleuses, noires et luisantes, entourées par le calice.

Habitat
Bois, haies, bords des chemins.

Toxicité
La Belladone renferme les mêmes alcaloïdes extrêmement dangereux que la Datura. Ce sont surtout les baies qui causent les empoisonnements : les troubles sont semblables à ceux que provoque la Datura et se terminent souvent par la mort.

Dangers
Les baies juteuses, parfois sucrées, ressemblent un peu à des cerises. Attention, de dix à quinze d'entre elles peuvent être mortelles !

Belladone

Cytise (phot. p. 122)
Laburnum anagyroides Papilionacées

Parties dangereuses
Toute la plante, surtout les fleurs. ☠

Description
Arbuste ou arbre de 5 à 10 m, à écorce restant lisse et verte jusqu'à un âge avancé, portant des feuilles longuement pétiolées, caractéristiquement divisées en trois folioles de 2 à 5 cm de long, allongées et entières. Les fleurs jaune vif, typiquement papilionacées, sont rassemblées en longues grappes pendantes, plus larges à la base qu'au sommet, et dégagent un parfum suave. Les fruits sont des gousses aplaties d'un brun clair.

Habitat
Bois, haies ; également planté.

Fusain

Fusain

Euonymus europæus Célastracées

Parties dangereuses

Surtout fruits et graines. ☠

Description

Arbrisseau ou arbuste de 2 à 6 m, à jeunes rameaux verts, lisses, portant des feuilles opposées, à court pétiole, ovales, aiguës, très finement dentées, vert foncé mat, glabres. Les petites fleurs, d'un blanc verdâtre, d'odeur peu agréable, sont rassemblées par 2-5 en grappes opposées à l'aisselle des feuilles. Elles s'ouvrent d'avril à juin et sont suivies en septembre-octobre par des fruits caractéristiques à quatre angles arrondis, d'un rose vif. Les graines sont recouvertes d'une enveloppe charnue, orangé vif, nettement visible lorsque le fruit s'entrouvre.

Habitat

Haies, bois.

Toxicité

Les fruits et surtout les graines renferment des substances cardiotoxiques proches de celles de la Digitale, ainsi que des alcaloïdes. Ils sont très irritants, vomitifs et purgatifs, et peuvent provoquer des troubles digestifs, nerveux et cardiaques dont l'issue est parfois mortelle. On s'en servait, pulvérisés, contre les poux.

Dangers

La couleur des fruits est attirante, mais il ne faudrait pas avoir l'idée d'en décorer des salades ! Heureusement, ils sont âcres et leur saveur découragera les tentatives imprudentes.

Toxicité

Toutes les parties du Cytise renferment de dangereux alcaloïdes. Leur consommation entraîne des troubles digestifs, nerveux et respiratoires pouvant provoquer la mort. Fort heureusement, la plante est tout d'abord vomitive, ce qui vide rapidement le contenu de l'estomac.

Dangers

Il est fréquent qu'on s'empoisonne en confectionnant des beignets de fleurs de Cytise prises pour des fleurs d'Acacia. Pourtant les fleurs du Cytise sont jaunes alors que celles de l'Acacia sont blanches. D'autre part, les feuilles de ce dernier sont divisées en plusieurs folioles, tandis que celles du Cytise ressemblent à de grosses feuilles de Trèfle.

Muguet

Convallaria majalis Liliacées

Parties dangereuses
Toute la plante, surtout les fruits. ☠

Description
Plante bien connue de 10 à 30 cm, dont les deux feuilles largement ovales, allongées, aiguës au sommet, sortent du sol. Des gaines membraneuses entourent la base de la tige et des pétioles. Les petites fleurs blanches en clochettes, délicieusement parfumées, s'ouvrent d'avril à juin. Elles sont groupées au sommet de la tige, toutes du même côté, en une grappe lâche et donnent des fruits sphériques, rouge vif et charnus.

Habitat
Bois ; également planté.

Toxicité
Toute la plante contient des substances cardiotoxiques extrêmement actives. Mâcher un brin de muguet ou en manger les baies peut provoquer des troubles cardiaques graves, entraînant parfois la mort. Cette plante tant appréciée, et largement commercialisée, est pourtant l'une des plus toxiques de notre flore. Même le parfum de ses fleurs est entêtant et peut être la cause de maux de tête.

Dangers
Il est peu probable que l'on ajoute des feuilles de Muguet à une salade, mais ses fleurs pourraient tenter... On se méfiera particulièrement de ses baies rouges qui ont déjà tué des enfants !

Muguet

If (phot. p. 122)

Taxus baccata Taxacées

Parties dangereuses
Feuillage, graines. ☠

Description
Arbuste ou arbre pouvant atteindre de 10 à 15 m, à écorce brun-rougeâtre se détachant par plaques, à feuilles très étroites et allongées, entières, aiguës au sommet, rapprochées et disposées sur deux rangs de chaque côté des rameaux. Les minuscules fleurs sont toutes mâles ou toutes femelles ; elles sont portées sur le même pied ou, plus souvent, sur deux pieds différents. La graine est entourée par une petite coupe verte qui s'accroît et devient charnue, d'un rouge vif.

Digitale

Habitat
Bois de montagne ; également planté.

Toxicité
Les feuilles et les graines de l'If renferment des alcaloïdes toxiques. Leur ingestion entraîne divers troubles pouvant être très graves et même entraîner la mort. En revanche, la partie rouge et charnue entourant la graine est parfaitement comestible : sucrée et mucilagineuse, elle est agréable à grignoter — sans danger si l'on ne mâche pas la graine.

Dangers
Il est possible de confondre les jeunes pousses avec celles, comestibles, du Sapin, mais elles n'ont pas de bandes blanches en dessous et sont amères, sans saveur citronnée.

Digitale

Digitalis purpurea Scrofulariacées

Parties dangereuses
Toute la plante. ☠

Description
Grande plante de 50 cm à 1,60 m à feuilles ovales allongées, bordées de dents, vertes et velues en dessus, d'un blanc cotonneux en dessous, très douces au toucher. Avant le développement de la tige, les feuilles inférieures, pétiolées, forment une rosette dense. Les fleurs, caractéristiques, sont pourpres et ponctuées à l'intérieur (pourpre sur blanc) de la corolle en forme de doigt de gant ventru. Elles s'épanouissent de mai à septembre et sont rassemblées, toutes du même côté, en une longue grappe terminale.

Habitat
Clairières, lieux incultes — sur terrains siliceux ; également planté.

Toxicité
La Digitale pourpre renferme une douzaine de substances agissant fortement sur le cœur. Quelques feuilles ou fleurs provoquent des troubles graves, amenant rapidement la mort. Les autres espèces, à fleurs jaunes, sont tout aussi toxiques.

Dangers
Il faut particulièrement se méfier de la plante avant l'apparition de la tige : les feuilles ressemblent à celles de la Consoude, mais elles sont douces au toucher, alors que la Consoude est rêche dans toutes ses parties.

Chèvrefeuille des haies

Lonicera xylosteum Caprifoliacées

Parties dangereuses
Baies.

Description
Arbrisseau dressé de 1 à 2 m, à feuilles opposées, munies d'un pétiole, largement ovales, aiguës au sommet, entières, couvertes de poils mous, surtout en dessous. Les petites fleurs à deux lèvres inégales, d'un blanc jaunâtre parfois rosé et à tube très court, s'épanouissent en mai-juin. Elles sont groupées par deux à l'aisselle des feuilles, leurs ovaires un peu soudés à la base. Les baies globuleuses, d'un rouge sombre translucide, également soudées, apparaissent en juillet-août.

Habitat
Haies, bois.

Toxicité
Les baies renferment des saponines et d'autres substances toxiques. Elles sont vomitives et purgatives, et peuvent à forte dose provoquer de graves troubles nerveux et cardiaques. Il en est de même des fruits rouges, bleus ou noirs des autres espèces de Chèvrefeuille.

Dangers
Les baies sont un peu sucrées ; il est arrivé que des enfants se laissent tenter et s'empoisonnent. On évitera les fruits de tous les Chèvrefeuilles, aisément reconnaissables à ce qu'ils sont soudés deux à deux. Suivant les espèces, ils sont rouges, noirs ou bleus.

Chèvrefeuille des haies

Arum (phot. p. 122)

Arum maculatum Aracées

Parties dangereuses
Toute la plante, en particulier les baies.

Description
Curieuse plante de 20 à 50 cm, à feuilles munies d'un long pétiole engainant à la base, en forme de fer de flèche à deux oreillettes triangulaires assez écartées l'une de l'autre, vert foncé luisant, souvent tachées de brun. Au centre de la plante s'élève une feuille spéciale, enroulée en forme de cornet (spathe), d'un vert jaunâtre. A l'intérieur se dresse une colonne (spadice) portant de bas en haut les fleurs femelles, des fleurs stériles, les fleurs mâles et de nouveau des fleurs stériles. Elle est renflée en massue vers le haut. Un

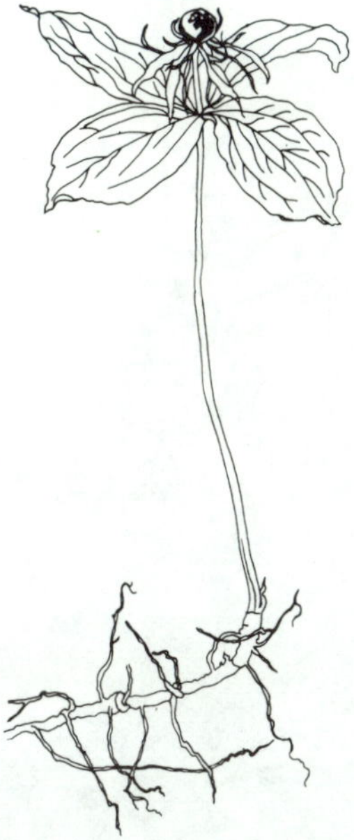

Parisette

épi dense de fruits rouge-orange vif, charnus, succède aux fleurs.

Habitat
Boies, haies.

Toxicité
Toute la plante contient de minuscules cristaux en aiguille très irritants. Mâcher de l'Arum provoque en moins d'une minute une vive douleur suivie d'un gonflement des tissus, qui, au niveau de la gorge, pourrait provoquer la mort par asphyxie. Les baies rouges contiennent des saponines et sont de ce fait très toxiques.

Dangers
Les enfants sont facilement attirés par les fruits, d'abord légèrement sucrés, puis âcres.

Parisette
Paris quadrifolia Liliacées

Parties dangereuses
Toute la plante, surtout les baies.

Description
Plante remarquable de 20 à 40 cm, dont la tige dressée ne porte à son sommet que quatre feuilles (parfois cinq ou six) étalées en croix, attachées au même point. Chaque feuille est largement ovale et rétrécie à ses deux extrémités, pointue au sommet. La fleur terminale unique comporte quatre sépales verdâtres et quatre pétales jaunâtres très étroits (ou cinq, six : en même nombre que les feuilles). Elle s'épanouit de mai à juillet, puis donne son fruit arrondi et charnu, d'un noir bleuâtre.

Habitat
Bois humides.

Toxicité
Toutes les parties de la plante contiennent des saponines toxiques. Feuilles et baies peuvent provoquer des troubles digestifs, nerveux et cardiaques, souvent graves, aboutissant parfois à la mort. Il faut moins de cinq baies pour déclencher des symptômes inquiétants. La plante est vomitive, ce qui permet en général de limiter les problèmes.

Dangers
Ce sont surtout les baies qui causent des accidents. Si l'on se cantonne aux plantes connues, il y a peu de risques, car la Parisette est caractéristique. C'est d'ailleurs une plante à protéger : une autre bonne raison pour ne pas la cueillir.

Bourdaine

Rhamnus frangula Rhamnacées

Parties dangereuses
Écorce, fruits.

Description
Arbrisseau de 2 à 5 m, à écorce brunâtre tachetée de gris, portant des feuilles à court pétiole, ovales ou elliptiques, entières, glabres, munies de chaque côté de la nervure médiane de 8 à 12 nervures saillantes en dessous, parallèles entre elles. Les petites fleurs, blanchâtres ou verdâtres, s'épanouissent d'avril à juillet. Elles sont réunies en faible nombre à l'aisselle des feuilles. De petits fruits globuleux, verts, puis rouges, puis noirs à partir d'août, leur succèdent.

Habitat
Haies, bois, lieux humides.

Toxicité
L'écorce et les fruits contiennent des substances qui leur confèrent des propriétés laxatives douces... du moins après avoir été séchés pendant un an à température ambiante, ou pendant une heure dans un four à 100 ° C. Fraîche, la Bourdaine est vomitive et purgative.

Dangers
On se méfiera des fruits frais, qui sont juteux et plus ou moins sucrés. Si l'on veut employer l'écorce de Bourdaine comme laxatif, il faudra la faire longuement sécher au-dessus du feu, à température élevée. La décoction qu'on en prépare doit être prise au moins 6 h avant l'effet désiré.

Bourdaine

Cornouiller sanguin (phot. p. 123)

Cornus sanguinea Cornacées

Parties dangereuses
Fruits.

Description
Arbrisseau de 1 à 3 m, à jeunes rameaux rougeâtres, portant des feuilles opposées, à court pétiole, ovales, entières, brusquement terminées en pointe, à nervures arquées convergeant au sommet. Le feuillage rougit dès la fin de l'été. Les fleurs blanches, paraissant en mai-juin, sont groupées en inflorescences terminales. Elles donnent de petits fruits globuleux noirs, à pulpe verte, grasse et amère, mûrs en octobre.

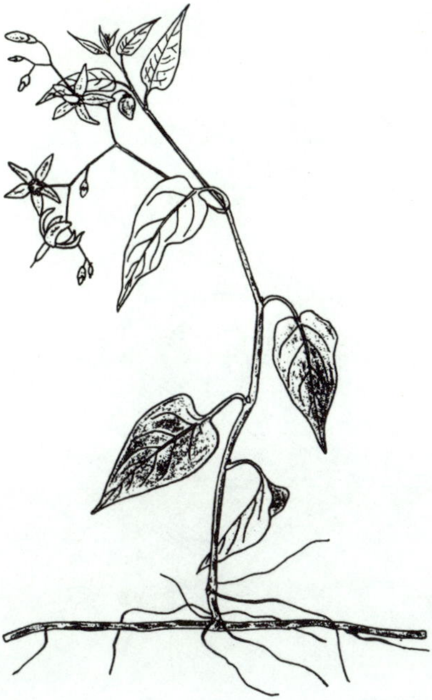

Douce-amère

Habitat
Bois, haies.

Toxicité
Les fruits noirs du Cornouiller sanguin sont vomitifs et purgatifs. Leur pulpe renferme une huile que l'on utilisait autrefois pour l'éclairage et la fabrication de savon. Elle ressemble par sa couleur et sa texture à celle d'un avocat... mais malheureusement pas à son goût.

Dangers
Les fruits, noirs et amers, du Cornouiller sanguin ne peuvent guère être pris pour ceux, rouges et acides, du Cornouiller mâle, mais la confusion des noms peut provoquer de désagréables expériences.

Douce-amère

Solanum dulcamara Solanacées

Parties dangereuses
Surtout les baies.

Description
Plante grimpante de 1 à 2 m, à tiges ligneuses et rameaux de l'année herbacés, portant des feuilles pétiolées, ovales, simples ou divisées en trois segments, les deux de la base formant comme des oreillettes, le terminal étant beaucoup plus grand. Les petites fleurs ouvrent de juin à septembre leurs cinq lobes violets tachés de vert, allongés, aigus, et un peu renversés. Elles sont réunies en grappes irrégulières. Les fruits sont de petites baies ovoïdes, d'abord vertes, puis rouges.

Habitat
Haies, bois humides, lieux frais.

Toxicité
Toute la plante renferme des substances toxiques. Les baies mûres contiennent aussi des saponines, et leurs graines renfermeraient des alcaloïdes semblables à ceux de la Belladone. Leur ingestion provoque des troubles digestifs et nerveux, respiratoires et cardiaques, parfois mortels.

Dangers
Les baies sont tentantes, leur saveur n'est pas désagréable, et des enfants se sont empoisonnés. Elles ressemblent vaguement à de petites tomates, mais on ne peut guère les confondre avec des fruits sauvages comestibles.

Troène

Ligustrum vulgare Oléacées

Parties dangereuses
Fruits.

Description
Arbrisseau de 2 à 3 m, à écorce gris-brunâtre, portant des feuilles ovales ou elliptiques un peu coriaces, entières, glabres et d'un beau vert, munies d'un court pétiole. Les petites fleurs blanches odorantes s'épanouissent de mai à juin. Elles sont réunies en petites grappes denses terminant les rameaux. Les fruits, mûrs à partir de septembre, sont globuleux, d'environ 3 mm de diamètre, noirs à l'extérieur, avec une pulpe un peu rougeâtre au goût amer. Ils persistent jusqu'au printemps.

Habitat
Bois, haies ; également planté.

Toxicité
Les fruits sont riches en saponines. Ils peuvent provoquer des troubles digestifs, rénaux et nerveux. La mort pourrait s'ensuivre, mais des doses relativement importantes seraient nécessaires. Des enfants se sont empoisonnés en goûtant les fruits. Les feuilles et l'écorce contiennent des glucosides et des alcaloïdes, mais ne sont pas dangereuses.

Dangers
Les risques de confusion avec des plantes comestibles sont minimes, et les fruits sont amers, ce qui découragerait d'en goûter plus de quelques-uns. Quant aux feuilles, elles sont trop coriaces pour songer à les utiliser.

Troène

Viorne obier (phot. p. 123)

Viburnum opulus Caprifoliacées

Parties dangereuses
Baies.

Description
Arbrisseau ou arbuste de 2 à 5 m, portant des feuilles à pétiole allongé, largement ovales, divisées en éventail en 3-5 lobes, irrégulièrement dentées, aiguës, minces, et couvertes de petits poils en dessous. Le pétiole porte à sa base deux stipules très étroites et allongées. Les inflorescences caractéristiques sont formées de fleurs blanches, celles du pourtour étant beaucoup plus grandes que les autres, rayonnantes, irrégulières et dépourvues d'étamines et de pistil. Elles s'épanouis-

Houx

sent en mai et juin. Les baies globuleuses, rouge vif, translucides, sont mûres en septembre.

Habitat
Haies, bois humides ; également planté.

Toxicité
Les fruits sont amers et acides. Crus, ils sont vomitifs et purgatifs et pourraient occasionner de graves troubles digestifs. Cuits, ils sont inoffensifs, mais leur goût reste amer et un peu nauséeux. On en fait parfois des compotes, en mélange avec d'autres fruits.

Dangers
Les fruits ne peuvent guère être confondus avec d'autres, et leur goût est désagréable.

Houx
Ilex aquifolium Aquifoliacées

Parties dangereuses
Fruits.

Description
Arbuste ou petit arbre pouvant atteindre une douzaine de mètres, à écorce grise et lisse, portant des feuilles caractéristiques, à court pétiole, très coriaces, ovales, gondolées et bordées de dents épineuses – parfois plates et entières, avec une seule épine terminale, sur les pieds âgés. Les feuilles sont vert foncé, luisantes. Les petites fleurs blanches, présentes de mai à août, sont groupées aux aisselles des feuilles. En septembre-octobre, elles donnent de petits fruits globuleux, charnus, d'un rouge vif.

Habitat
Bois, haies ; également planté.

Toxicité
Les fruits sont vomitifs et purgatifs. Ils peuvent provoquer des troubles nerveux sans gravité. Les feuilles ont parfois été employées en tisane comme diurétique, expectorant et fébrifuge, mais il arrive que cet usage provoque des malaises. Le Houx n'est pas une plante très toxique.

Dangers
Peu importants ; la couleur des fruits peut les rendre attirants, mais leur goût désagréable empêchera d'en abuser. Le Houx est suffisamment caractéristique pour qu'aucune confusion ne puisse se produire avec une plante comestible.

Lierre

Hedera helix Araliacées

Parties dangereuses
Surtout les fruits.

Description
Plante grimpante ou rampante à tiges ligneuses munies de crampons, pouvant atteindre plus de 50 m de longueur. Les feuilles coriaces, vert sombre en dessus, sont munies d'un long pétiole. Les feuilles des rameaux sans fleurs sont divisées en 3-5 lobes plus ou moins profonds ; celles des rameaux fleuris sont ovales ou en forme de losange, pointues au sommet. Les petites fleurs jaune-verdâtre, épanouies en septembre-octobre, sont groupées en ombelles terminales sur les pieds grimpants. Les fruits globuleux, noirs, leur succèdent de mars à mai.

Habitat
Sur les murs, les arbres, le sol des bois.

Toxicité
Les fruits contiennent des saponines et peuvent provoquer des troubles digestifs, nerveux et respiratoires parfois graves. Ils sont très irritants, vomitifs et purgatifs. Les feuilles ont occasionné des intoxications chez l'homme et chez le bétail.

Dangers
Limités, car ni les feuilles coriaces, ni les fruits, amers, ne sont tentants. Attention : ne confondez pas la plante avec le « Lierre terrestre » *(Glechoma hederacea)*, une Labiée rampante aux feuilles odorantes que l'on emploie en infusions expectorantes ou comme condiment.

Lierre

Hellébore (phot. p. 123)

Helleborus fœtidus Renonculacées

Parties dangereuses
Toute la plante.

Description
Curieuse plante de 30 à 70 cm, à feuilles basales munies d'un long pétiole, divisées en 7-11 segments étroits et allongés, fortement dentés sur les bords, coriaces, vert sombre. La taille des feuilles diminue vers le sommet, jusqu'à être réduite à une gaine élargie. Les fleurs, dont on voit surtout les sépales verts souvent bordés de pourpre, s'ouvrent de janvier à mai. Elles sont groupées au sommet de la plante.Les feuilles dégagent au froissement une odeur désagréable.

Clématite vigne-blanche

Habitat
Bois, coteaux.

Toxicité
Toute la plante contient des glucosides et des alcaloïdes toxiques, ainsi que, lorsqu'elle est fraîche, une substance irritante. Elle est vomitive et purgative (on l'employait autrefois à ce titre), mais son ingestion peut provoquer de graves troubles cardiaques. Il existe plusieurs autres espèces d'Hellébore, de toxicité semblable.

Dangers
Peu importants; la plante n'est guère engageante. Ses feuilles sont coriaces et leur odeur plutôt repoussante: la salade d'Hellébore ne sera sûrement jamais au menu.

Clématite

Clematis vitalba Renonculacées

Parties dangereuses
La plante fraîche.

Description
Liane ligneuse à tiges souvent très longues, à écorce grise se détachant en longues lanières, portant des feuilles opposées, munies d'un pétiole, divisées en 3-9 folioles pétiolées, entières, en forme de cœur renversé, ovales et pointues. Les petites fleurs blanches, à étamines nombreuses, sont groupées à l'aisselle des feuilles supérieures et s'épanouissent de juin à août. Les fruits sont remarquables par leurs longs styles plumeux qui persistent souvent jusqu'à l'hiver.

Habitat
Haies, bords des chemins.

Toxicité
Comme beaucoup d'autres plantes de la même famille, la Clématite renferme, lorsqu'elle est fraîche, une substance très irritante. Son suc peut provoquer des rougeurs, voire même des cloques; mâcher la plante fraîche est évidemment désagréable, sinon dangereux. On consommait néanmoins ses jeunes pousses après les avoir fait bouillir. La plante sèche est inoffensive. Il existe plusieurs autres espèces, toutes aussi caustiques.

Dangers
Peu importants, car l'irritation est rapidement sensible et incitera vite à vérifier ce que l'on mange.

BORDS DES EAUX

Œnanthe

Œnanthe crocata Ombellifères

Parties dangereuses
Toute la plante, en particulier les tubercules. ☠

Description
Grande plante d'environ 1 m, à feuilles deux-trois fois divisées en segments ovales en coin à la base. Les fleurs, blanches ou rosées, s'épanouissent en juin-juillet. Elles sont groupées en ombelles composées, à 15-30 rayons assez grêles, avec ou sans petites feuilles à la base. L'Œnanthe comporte plusieurs gros tubercules renflés, allongés en fuseau, renfermant un suc jaunâtre devenant brun-orange.

Habitat
Bords des cours d'eau, prairies humides – dans l'Ouest de la France.

Toxicité
L'Œnanthe renferme une substance très vénéneuse et provoque des troubles digestifs, respiratoires, nerveux et circulatoires, souvent mortels. La plante séchée est moins dangereuse.

Dangers
Des accidents mortels sont survenus par suite de la consommation des tubercules, qui semblent bien tentants quand on a faim, ou par confusion des feuilles avec celles d'Ombellifères comestibles. Les fruits d'une espèce voisine, l'Œnanthe aquatique ou Phellandrie *(Œnanthe aquatica)*, peuvent provoquer des troubles nerveux.

Œnanthe safranée

Populage (phot. p. 123)

Caltha palustris Renonculacées

Parties dangereuses
Toute la plante.

Description
Plante de 20 à 60 cm, glabre dans toutes ses parties, à feuilles inférieures munies d'un long pétiole engainant, épaisses, à contour arrondi, échancrées en cœur à la base, bordées de larges dents obtuses, vert sombre, luisantes. Les feuilles supérieures n'ont pas de pétiole. Les grandes fleurs comportent cinq sépales jaune d'or, faisant fonction de pétales, et de nombreuses étamines. Elles sont solitaires au sommet des tiges et s'épanouissent d'avril à juin.

Ciguë vireuse

Habitat
Bords des ruisseaux, prairies humides.

Toxicité
Comme la plupart des plantes de cette famille (Renoncule, Clématite, etc.), le Populage renferme, lorsqu'il est frais, une substance irritante, accompagnée de saponines toxiques. Il est sans danger après dessication, ou après avoir été cuit à plusieurs eaux. Il est parfois consommé comme légume cuit.

Dangers
L'utilisation des feuilles crues en salade a provoqué des troubles digestifs et nerveux sans gravité.

Ciguë vireuse
Cicuta virosa Ombellifères

Parties dangereuses
Toute la plante. ☠

Description
Grande plante de 60 cm à 1,20 m dont les feuilles inférieures, munies d'un long pétiole cylindrique, sont deux-trois fois complètement divisées en segments ovales, très allongés et très aigus, bordés de dents aiguës dirigées vers le sommet. Les petites fleurs blanches, ouvertes en juillet-août, sont groupées en ombelles composées de 8-25 rayons égaux, sans involucre. Chaque petite ombelle secondaire porte à sa base 3-5 feuilles très étroites. Les fruits sont arrondis, plus larges que longs. La grosse racine blanche, d'odeur désagréable, est creuse, divisée en cloisons.

Habitat
Marais tourbeux, fossés.

Toxicité
La plante contient des substances extrêmement toxiques, en particulier la racine. Son ingestion provoque des troubles digestifs et nerveux très graves, pouvant entraîner la mort par paralysie respiratoire.

Dangers
On a parfois confondu la racine et les feuilles de la Ciguë vireuse avec celles d'Ombellifères comestibles comme la Carotte sauvage – la confusion étant mortelle ! Il conviendra de se méfier de toutes les Ombellifères des lieux humides.

MIDI ET RÉGION
MÉDITERRANÉENNE

Laurier-rose

Nerium oleander Apocynacées

Parties dangereuses
Toute la plante. ☠

Description
Arbuste jusqu'à 2-3 m, à écorce grisâtre, à feuilles persistantes dressées, coriaces, lancéolées, aiguës au sommet, entières, munies de 40-70 paires de fines nervures secondaires serrées, parallèles entre elles, partant de la nervure principale. Les grandes fleurs odorantes roses (parfois blanches) s'épanouissent de juin à octobre. Leur diamètre atteint 4-5 cm ; elles sont groupées en inflorescences à l'extrémité des rameaux. Le fruit, ligneux à maturité, est environ dix fois plus long que large.

Habitat
Bords des cours d'eau dans le Var, les Alpes-Maritimes et la Corse ; très fréquemment planté.

Toxicité
Le Laurier-rose renferme des substances agissant fortement sur le cœur, à la façon de la Digitale. Une feuille peut suffire à entraîner des troubles digestifs et cardiaques ; quelques-unes peuvent être fatales. Feuilles, fleurs, écorce et bois sont potentiellement mortels.

Dangers
Le nom commun de la plante peut inciter à employer ses feuilles comme celles du Laurier sauce *(Laurus nobilis)*. Méfiez-vous toujours des confusions que peuvent créer les similitudes de noms.

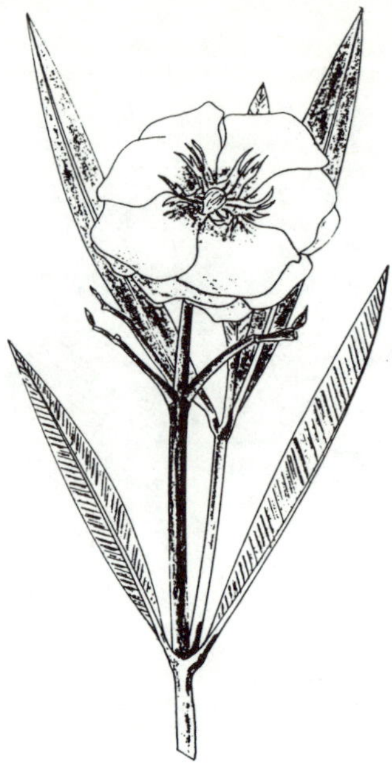

Laurier-rose

Genêt d'Espagne (phot. p. 124)

Spartium junceum Papilionacées

Parties dangereuses
Surtout les fleurs.

Description
Arbrisseau décoratif de 1 à 4 m, à rameaux allongés, cylindriques, glabre, d'un vert bleuâtre, portant très peu de feuilles. Ces dernières sont petites, allongées, entières, velues en dessous. Les grandes fleurs jaunes, odorantes, présentent la forme typique des fleurs de cette famille, avec un étendard beaucoup plus grand que les autres pétales. Elles s'ouvrent de mai à septembre et sont rassemblées en grappes terminales. Les fruits qui leur succèdent sont des gousses noires.

Jusquiame (p. 96)

Ciguë (p. 98)

Euphorbe (p. 100)

Muflier (p. 102)

Séneçon jacobée (p. 104)

Cytise (p. 106)

If (p. 108)

Arum (p. 110)

Cornouiller sanguin (p. 112)

Viorne obier (p. 114)

Hellébore (p. 116)

Populage (p. 118)

Genêt d'Espagne (p. 120)

Aconit (p. 126)

Ancolie (p. 128)

Arnica (p. 130)

Ricin

Habitat
Coteaux arides ; également planté.

Toxicité
Les fleurs contiennent un alcaloïde agissant sur le cœur, toxique à fortes doses. Leur consommation, épanouies ou en boutons, provoque des troubles digestifs et cardiovasculaires. Les rameaux renferment un autre alcaloïde, très toxique.

Dangers
Des empoisonnements ont eu lieu par suite de la confusion des boutons floraux avec ceux du Genêt à balai *(Cytisus scoparius)*, dont on fait des « câpres ». Et les belles grandes fleurs jaunes sont très attirantes – mais fort dangereuses.

Ricin

Ricinus communis Euphorbiacées

Parties dangereuses
Graines. ☠

Description
Grande plante herbacée de 2 à 3 m, annuelle dans nos régions, à tige épaisse, glabre, souvent marbrée de rouge, portant de très grandes feuilles luisantes, palmées, découpées en 8-10 lobes allongés, aigus, bordés de dents. Les petites fleurs verdâtres, toutes mâles ou toutes femelles, sont groupées en épis denses au sommet des rameaux. Les fleurs mâles se trouvent en bas de l'épi, les femelles en haut. Ces dernières donnent des fruits secs épineux contenant trois graines d'environ 2 cm de longueur, brunes, joliment marbrées.

Habitat
Décombres, bords des chemins dans les régions les plus chaudes ; parfois planté.

Toxicité
Les graines de Ricin contiennent une huile bien connue, fortement laxative, mais non toxique. Elles renferment aussi une substance très dangereuse qui ne passe pas dans l'huile à l'extraction. Quelques graines de Ricin provoquent de graves troubles digestifs, nerveux et cardiovasculaires souvent mortels : il peut suffire de 2 à 5 graines pour tuer un adulte.

Dangers
L'aspect particulier des graines les rend attirantes, et leur saveur n'est pas désagréable.

MONTAGNES

Actée

Actæa spicata Renonculacées

Parties dangereuses

Toute la plante, surtout les baies. ☠

Description

Plante de 30 à 80 cm, à très grandes feuilles munies d'un long pétiole, composées de plusieurs folioles, elles-mêmes divisées en folioles secondaires, ovales, pointues et bordées de dents aiguës. Les folioles terminales sont découpées en trois lobes. Les feuilles sont minces, vert clair en dessus, plus pâles en dessous. Les petites fleurs blanchâtres, épanouies en juin-juillet, sont réunies en grappes terminales denses. Les fruits sont des baies, d'abord vertes puis noires et luisantes à maturité, en août et septembre.

Habitat

Bois humides.

Toxicité

L'Actée contient une substance irritante et d'autres principes toxiques mal connus. Ce sont surtout les baies qui sont en cause. Elles sont âcres et amères, et pourraient provoquer des troubles digestifs, nerveux et cardiovasculaires graves, voire mortels. Une dizaine de baies serait fatale.

Dangers

Les baies sont attirantes, mais elles ne ressemblent à aucun fruit comestible et sont désagréables au goût.

Actée en épi

Aconit (phot. p. 124)

Aconitum napellus Renonculacées

Parties dangereuses

Toute la plante. ☠

Description

Grande et belle plante de 30 cm à près de 2 m, vivant souvent en colonies. Les feuilles sont profondément découpées en éventail en segments très étroits et allongés, eux-mêmes divisés. Les fleurs, bleu foncé parfois violacé, s'ouvrent de juillet à septembre. Leur aspect typique est dû au sépale supérieur en forme de casque. Les fleurs sont rassemblées en grappes terminales allongées. La racine porte des tubercules renflés, ovales et allongés, présentant un bourgeon au sommet.

Daphné mézéréon

Daphné

Daphne mezereum Thyméléacées

Parties dangereuses
Surtout écorce et baies. ☠

Description
Arbrisseau de 40 cm à 1 m, à tiges très souples portant de grandes feuilles minces, oblongues, étroites, entières, aiguës, atténuées en un court pétiole. Elles viennent après les fleurs et sont groupées en rosette au sommet des rameaux. Les petites fleurs roses, en forme d'entonnoir, à quatre lobes, répandent de février à mai une odeur très suave. Elles sont disposées par 2-4 le long des rameaux. Les baies ovoïdes sont d'un beau rouge vif à maturité.

Habitat
Bois, pâturages ; également planté.

Toxicité
La plante contient une résine et un glucoside âcre. Elle est très irritante. L'écorce provoque des rougeurs et des cloques, et l'ingestion des fruits peut déterminer des troubles digestifs, urinaires, cardiaques et respiratoires entraînant parfois la mort. Une dizaine de fruits – voire moins – peut suffire. Les autres Daphnés, à baies rouges ou noires, sont tout aussi toxiques.

Dangers
Ils proviennent surtout des fruits, qui peuvent être tentants. Il est toutefois peu probable qu'on les confonde avec ceux d'une plante comestible : ils sont fixés directement sur une tige, juste sous la touffe terminale de feuilles, ce qui est caractéristique du Daphné.

Habitat
Lieux humides ; également planté.

Toxicité
Les Aconits sont parmi les plantes les plus toxiques de nos régions. Ils contiennent, en particulier dans la racine, des alcaloïdes extrêmement toxiques, qui provoquent des troubles nerveux, visuels et cardiaques pouvant entraîner la mort. Le simple fait de cueillir la plante peut être dangereux si les doigts sont écorchés. Il existe d'autres espèces d'Aconit, également toxiques, à fleurs bleues ou jaunes.

Dangers
Des accidents mortels sont survenus par confusion des racines ou des jeunes pousses avec celles d'espèces comestibles.

Rhododendron

Rhododendron ferrugineum
Éricacées

Rhododendron ferrugineux

Parties dangereuses
Toute la plante, en particulier les fleurs.

Description
Sous-arbrisseau de 30 à 80 cm, à tiges tortueuses et rameuses dès la base, formant un buisson. Les feuilles, munies d'un court pétiole, sont coriaces, persistantes, glabres, ovales-allongées, aiguës au sommet, vertes et luisantes en dessus, de couleur brun-rouille sur toute la face inférieure. Les grandes fleurs rouges, en forme d'entonnoir à cinq lobes, sont rassemblées par 4-8 au sommet des rameaux. La floraison des Rhododendrons éclate de juin à août suivant les lieux.

Habitat
Pâturages, bois, rocailles en haute montagne.

Toxicité
Les Rhododendrons renferment une substance irritante et toxique, et ils sont connus pour avoir occasionné des troubles digestifs, nerveux, cardiovasculaires et respiratoires parfois très graves. Fleurs et feuilles sont dangereuses.

Dangers
Les magnifiques fleurs sont bien tentantes pour décorer les salades montagnardes en été, mais il faudra les laisser là où elles sont. Dans les Alpes centrales et orientales (Haute-Savoie), on rencontre une autre espèce, le Rhododendron hirsute *(Rhododendrum hirsutum)*, également toxique.

Ancolie (phot. p. 124)

Aquilegia vulgaris Renonculacées

Parties dangereuses
Toute la plante.

Description
Très jolie plante de 10 cm à 1 m, à feuilles pétiolées, composées de trois folioles, elles-mêmes divisées en trois segments profondément lobés au sommet, de couleur glauque. Les fleurs, caractéristiques, sont formées de cinq sépales colorés et de cinq pétales en cornet ; elles sont bleues ou violettes, portées par de longs pédoncules au sommet des tiges, et s'épanouissent de mai à juillet. Les étamines jaunes sont saillantes entre les pétales.

Vératre blanc

Habitat
Bois, prés, rochers ; également plantée.

Toxicité
Bien qu'elle ne contienne que des substances apparemment peu actives, l'Ancolie passe pour suspecte, du moins ses graines. D'autres espèces renferment des alcaloïdes et sont sans doute plus toxiques. Les Dauphinelles *(Delphinium* spp.), plantes voisines, poussant dans les prairies des hautes montagnes ou dans les champs des plaines, sont dangereuses – surtout les graines.

Dangers
Peu importants, mais on évitera de se servir des fleurs pour décorer les salades.

Vératre

Veratrum album Liliacées

Parties dangereuses
Toute la plante. ☠

Description
Grande plante de 50 cm à 1,50 m, à feuilles alternes, engainantes à la base, fortement plissées en long suivant les nervures parallèles entre elles de la base au sommet. Les feuilles inférieures sont larges, ovales et plus ou moins obtuses ; les supérieures sont plus étroites, allongées et aiguës. Les fleurs blanchâtres ou d'un jaune verdâtre s'épanouissent en juillet-août. Elles sont rassemblées en une longue grappe peu ramifiée. La tige souterraine, courte, est formée de trois renflements portant de nombreuses racines minces.

Habitat
Prairies et pâturages de montagne.

Toxicité
Le Vératre renferme de nombreux alcaloïdes toxiques particulièrement abondants dans le rhizome et les racines. Il peut provoquer des troubles digestifs, nerveux, cardiaques et respiratoires allant jusqu'à la mort.

Dangers
La plupart des accidents proviennent de la confusion de ses racines avec celles de la grande Gentiane *(Gentiana lutea)*, utilisée pour faire tisanes et liqueurs. La racine de la Gentiane est unique, épaisse et aromatique, et les feuilles de la plante, d'un vert un peu bleuté, sont opposées.

Pédiculaire

Pedicularis verticillata Scrofulariacées

Parties dangereuses

Toute la plante.

Description

Petite plante de 5 à 20 cm, à tiges parcourues en longueur par quatre lignes de poils, portant des feuilles verticillées par 3-4, plus rarement par 5-6. Les feuilles, allongées, sont profondément découpées en segments obtus. Les belles fleurs pourprées s'épanouissent de juin à septembre. Elles sont disposées en grappes terminales serrées qui s'allongent un peu au cours de la floraison. Le calice, renflé en forme d'outre, est couvert de petits poils raides. La corolle est glabre ; sa lèvre supérieure, un peu courbée, est obtuse à son sommet. De petites feuilles sont mélangées aux fleurs dans les grappes, les inférieures dépassant les fleurs. Le fruit mûr a deux ou trois fois la longueur du calice.

Habitat

Pâturages humides de la zone alpine dans les Alpes et les Pyrénées.

Toxicité

Les différentes espèces de Pédiculaire, facilement reconnaissables à la forme caractéristique de leurs fleurs et à leurs feuilles découpées, sont dangereuses. Elles contiennent un glucoside toxique. Leurs propriétés insecticides étaient mises à profit autrefois pour lutter contre les parasites de l'homme et des animaux.

Dangers

Faibles, car la Pédiculaire ne ressemble à aucune plante comestible.

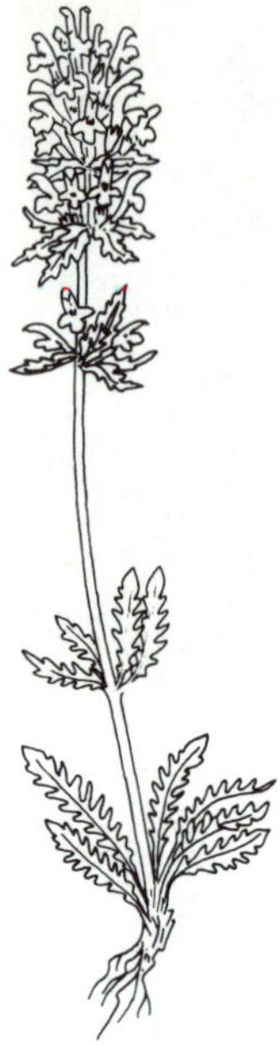

Pédiculaire

Arnica (phot. p. 124)

Arnica montana Composées

Parties dangereuses

Fleurs.

Description

Belle plante de 20 à 70 cm, à feuilles ovales allongées, aiguës au sommet, fermes, épaisses, parsemées de poils courts. Les feuilles de la base sont étalées en rosette ; la tige porte 1-2 paires de petites feuilles opposées. Les fleurs jaune orangé, de deux sortes — en languette et en tube —, sont groupées en grands capitules solitaires ou réunis par 3-5 à l'extrémité de rameaux opposés.

Habitat

Prairies, bois clairs, landes.

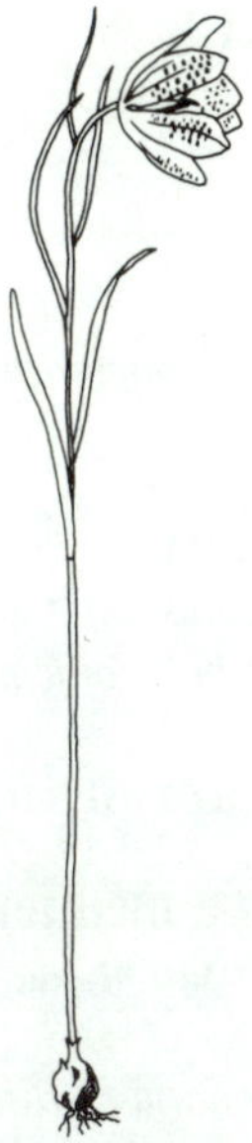

Fritillaire

Fritillaire

Fritillaria meleagris Liliacées

Parties dangereuses
Toute la plante, surtout le bulbe.

Description
Plante bulbeuse de 20 à 50 cm, portant 4-5 feuilles espacées le long de la tige, très étroites et allongées, aiguës, un peu en gouttière en dessus, glabres et un peu glauques. La tige grêle et élancée se termine par une grande fleur en cloche ouverte, formée de six divisions ovales, libres entre elles jusqu'à leur base, panachées en damier de carreaux pourpres et blanchâtres. Elle s'épanouit d'avril à juin et donne un fruit globuleux à trois valves.

Habitat
Prairies humides, pâturages.

Toxicité
La Fritillaire contient, surtout dans son bulbe, un alcaloïde très toxique possédant une action déprimante sur le cœur. Elle est donc potentiellement dangereuse, ainsi que les autres espèces du genre, localement fréquentes en montagne.

Dangers
Il faudra éviter de décorer les salades avec des fleurs de Fritillaire et se méfier de confusions possibles en déterrant des bulbes comestibles (d'Ail sauvage par exemple). De toute façon, la plante ne devrait pas être cueillie, car elle est devenue rare, de même que ses cousines montagnardes, bien qu'en quelques stations ces dernières forment parfois de véritables champs.

Toxicité
Les fleurs d'Arnica contiennent de l'huile essentielle, des glucosides et diverses substances. Leur saveur est aromatique et piquante. Elles stimulent le système circulatoire et nerveux, mais de trop fortes doses peuvent provoquer des troubles digestifs, nerveux et cardiaques. On a signalé qu'une poignée seulement pouvait entraîner la mort. L'Arnica est surtout employée en usage externe, sous forme de teinture notamment contre les entorses, les foulures, etc.

Dangers
Peu importants. Mais il faudra éviter de décorer les salades avec les splendides capitules de l'Arnica et s'abstenir de mâchonner les fleurs en grande quantité.

Autres plantes toxiques de nos régions

Faites également attention aux plantes suivantes :

Bords des chemins, champs, décombres

- Corydale *(Corydalis lutea)* : toute la plante.
- Dauphinelles (*Delphinium consolida*, etc) : toute la plante.
- Dompte-venin *(Vincetoxicum officinale)* : toute la plante.
- Lampourde (*Xanthium strumarium*, etc.) : graines.

Prairies

- Coronille (*Coronilla varia*, etc.) : surtout les graines.
- Nivéole (*Leucojum vernum*, etc.) : surtout le bulbe.
- Perce-neige *(Galanthus nivalis)* : surtout le bulbe.

Bois et haies

- Anémone *(Anemone nemorosa)* : toute la plante.
- Bois-puant *(Anagyris fœtida)* : surtout les graines.
- Cyclamen *(Cyclamen europæum)* : tubercules.
- Gui *(Viscum album)* : baies.
- Laurier-cerise *(Prunus laurocerasus)* : feuilles.
- Maianthème *(Maianthemum bifolium)* : baies. ☠
- Nerprun purgatif *(Rhamnus cathartica)* : fruits.
- Sceau de Salomon (*Polygonatum odoratum*, etc.) : baies.
- Symphorine *(Symphoricarpos rivularis)* : fruits.

Bords des eaux

- Calla *(Calla palustris)* : toute la plante.
- Gratiole *(Gratiola officinalis)* : toute la plante. ☠
- Iris *(Iris pseudacorus)* : surtout le rhizome.

Midi et région méditerranéenne

- Arisarum *(Arisarum vulgare)* : toute la plante.
- Corroyère *(Coriaria myrtifolia)* : fruits. ☠
- Giroflée *(Cheiranthus cheiri)* : toute la plante.
- Globulaire *(Globularia alypum)* : toute la plante.
- Lupin *(Lupinus angustifolius)* : graines.
- Momordique *(Ecballium elaterium)* : fruits.
- Ornithogale *(Ornithogalum umbellatum)* : surtout le bulbe.
- Tabac (*Nicotiana glauca*, etc.) : toute la plante. ☠

Montagnes

- Pulsatille (*Pulsatilla alpina*, etc) : toute la plante.
- Trolle *(Trollius europæus)* : toute la plante.
- Vélar (*Erysimum cheiranthoides*, etc.) : toute la plante.

Littoral

- Pancrace *(Pancratium maritimum)* : toute la plante. ☠
- Scille *(Urginea maritima)* : surtout le bulbe. ☠

Champignons

Dans nos pays, les Champignons jouissent d'une bonne presse (ce qui n'est pas toujours le cas ailleurs), et nombreux en sont les connaisseurs. Au cours de nos randonnées en pleine nature, il sera bien rare de ne pas rencontrer quelques espèces qui permettront d'améliorer l'ordinaire. Mais attention ! Avec les Champignons, pas d'identification approximative : quelques espèces sont mortelles, et d'autres risqueraient de gâcher pendant quelque temps tout votre plaisir. Avant toute cueillette, apprenez à les reconnaître avec certitude dans un guide spécialisé.

De toute façon, n'abusez pas des Champignons, car ils sont souvent lourds à digérer. Consommez rapidement (après l'avoir soigneusement trié) le fruit de votre cueillette, car les Champignons se décomposent vite, et même les meilleurs d'entre eux deviennent indigestes s'ils sont trop âgés. Ne les ramassez d'ailleurs que lorsqu'ils sont assez jeunes pour être identifiés avec exactitude, mais tout en étant assez développés. Ne les laissez pas traîner dans des sacs en plastique ; et ne les mettez pas dans les mêmes récipients que des espèces comestibles parfaitement identifiées.

Débarrassez chaque Champignon de la terre et des débris de feuilles dès que vous l'aurez cueilli, et donc avant de le mettre dans votre sac : le nettoyage en sera grandement facilité. Évitez de laver les Champignons, car ils s'imprègnent rapidement d'eau et ne sont alors bons qu'à faire de la soupe.

Voici quelques-uns des Champignons les plus savoureux, les plus faciles à identifier et les plus communs de nos régions. Il en existe beaucoup d'autres !

Pour simplifier les choses

Les Champignons toxiques ont tous des lamelles, à part le Bolet satan et le Bolet blafard, à pores rouges, et la Gyromitre, proche des Morilles. Si vous ne consommez que des Champignons portant sous leur chapeau des pores blancs ou jaunes, des aiguillons, des plis épais, ou ayant la forme d'une éponge (il faut les faire cuire longuement ou les sécher), aucun risque sérieux n'est à craindre.

Champignons comestibles

Agarics

Ce sont les « rosés », fréquents dans les prés ou les forêts, suivant les espèces. Certains atteignent parfois une taille impressionnante. Ils peuvent aussi sécher sur pied (dans le Midi) et se conserver ainsi quelque temps.

Caractéristiques : chapeau blanc ou recouvert d'écailles brunes, <u>pied muni d'un anneau</u>, lamelles rosées, puis <u>brun pourpre</u> avec l'âge – parfois blanches lorsqu'elles sont très jeunes.

Principales espèces : Rosé des prés *(Agaricus campester)*; Boule de neige *(A. arvensis)*; Agaric des bois *(A. silvatica)* — à chair rougissant à la coupure — ; etc. Excellents.

Attention : l'Agaric jaunissant *(A. xanthodermus)* est indigeste. Il se colore en jaune au frottement et possède une odeur et un goût désagréables. Attention surtout aux confusions possibles avec les Amanites mortelles, dont les lamelles sont blanches et qui sortent d'une volve (mais elle peut ne pas être visible).

Amanites

Ce genre compte parmi les plus savoureux... et les plus dangereux (voir p. 138) !

Principales espèces

• Amanite des Césars *(Amanita cæsarea)* ou Oronge : chapeau orange vif sans écaille, pied et lamelles jaune d'or, ample anneau membraneux, ample volve blanche persistante. Excellent.
Attention : ne pas confondre avec l'Amanite tue-mouche, toxique (voir p. 138).

• Amanite rubescente ou Golmotte *(A. rubescens)* : chapeau brun parsemé d'écailles, lamelles blanches, pied renflé en bulbe à la base, anneau membraneux, chair devenant rougeâtre à l'air — très visible là où le pied ou le chapeau ont été rongés. Excellent, mais toxique cru.
Attention : ne pas confondre avec l'Amanite panthère, toxique (voir p. 138).

• Amanite vaginée *(Amanita vaginata)* : chapeau brun sans écaille, à marge striée, lamelles blanches, long pied sans anneau sortant d'une ample volve persistante.
Attention : ne pas confondre avec l'Amanite phalloïde, mortelle, dont le pied possède un anneau, qui peut être plus ou moins détruit. S'il y a le moindre doute, abstenez-vous !

Bolets

Ils sont caractérisés par les tubes qui tapissent la face inférieure du chapeau. Certains Bolets comptent parmi les meilleurs comestibles. On peut souvent les manger crus. Mais d'autres sont toxiques, parfois violemment. On se méfiera des Bolets à pores rouges.

Principales espèces

• Cèpes : Cèpe de Bordeaux *(Boletus edulis)*; Cèpe d'été *(B. reticulatus)*; Tête de nègre *(B. æreus)*. Excellents crus ou cuits.
Caractéristique : pied clair ou brunâtre, renflé ; pores blancs, puis jaunes.
Attention : le Bolet amer *(B. felleus)* a des pores blancs, puis roses. Sa saveur permet de le reconnaître aisément.

• Bolets bleuissants : la chair et les pores deviennent bleus à la cassure ou au froissement. L'intensité et la rapidité de la coloration varient suivant les espèces. Ce n'est pas en soi un signe de toxicité.
Pores blancs : Bolet bleuissant *(Gyroporus cyanescens)*; Bolet bai *(Xerocomus badius)*. Excellents.
Pores jaunes : Bolet à chair jaune *(Xerocomus chrysenteron)*. Chair rouge sous le revêtement du chapeau.
Attention : le Bolet à beau pied *(Boletus*

calopus) est amer. Son pied, renflé, est jaune, recouvert d'un réseau de veines rouges.

Pores rouges : Bolet à pied rouge *(B. erythropus).* Pied rouge, sans réseau, chair jaune. *Attention :* ne pas confondre avec le Bolet satan ou le Bolet blafard, toxiques (voir p. 139).

• Bolets non bleuissants : Bolet rude *(B. scaber)* — chapeau brun, pied moucheté, fibreux, pores blanchâtres — ; Bolet orangé *(B. aurantiacus)* — chapeau roux, pied blanc, fibreux, pores blanchâtres — ; Bolet jaune *(Suillus luteus)* — chapeau visqueux, pied muni d''un anneau, pores jaunes.

Chanterelle ou Girolle
(Cantharellus cibarius)

Caractéristiques : entièrement jaune plus ou moins orangé, lamelles réduites à des plis longuement prolongés sur le pied court. Excellent.

Espèce voisine : Chanterelle en tube *(C. tubiformis)* — brun grisâtre à pied jaune, creux, chair élastique.

Clavaire chou-fleur *(Ramaria botrytis)*

Caractéristiques : grosse touffe blanche à pied épais, ramifiée en nombreux rameaux très divisés, irréguliers, fins et rosés au sommet.

Attention : la Clavaire jolie *(R. formosa)* est purgative. Elle est blanche ou rosée, avec la pointe des rameaux jaune citron ; sa saveur est un peu amère.

Clitocybe nébuleux
(Clitocybe nebularis)

Caractéristiques : gros Champignon grisâtre à chapeau souvent bosselé au centre, lamelles crème sale puis jaunâtres, chair odorante se prolongeant un peu sur le pied ; pousse en groupes.

Attention : ne pas confondre avec l'Entolome livide (voir p. 139). Les Clitocybes blancs ou orangés sont toxiques (voir p. 139).

Coprins

Caractéristiques : chapeau et pied facilement séparables, chair très fragile ; les lamelles deviennent noires et se liquéfient.

Principale espèce : Coprin chevelu *(Coprinus comatus)* — blanc crème, chapeau ovoïde, long et étroit, puis en cloche, parsemé de grosses mèches, pied à anneau mobile, lamelles blanches, puis roses, enfin noires. Excellent cru, à condition de ramasser les jeunes spécimens et de les consommer rapidement.

Laccaire améthyste
(Laccaria amethystina)

Caractéristiques : petit Champignon violet dans toutes ses parties.

Espèce voisine : Laccaire laqué *(Laccaria laccata)* —chapeau et pied roux, lamelles roses.

Attention : ne pas confondre avec les Mycènes toxiques (voir p. 140).

Lactaires

Caractéristiques: chapeau en entonnoir, pied court, chair cassante, laissant écouler à la coupure un lait blanc, jaune, orangé ou rouge.
D'une façon générale, les Lactaires dont le lait est doux sont comestibles, ceux dont il est âcre doivent être rejetés — ils sont vomitifs à l'état cru. Attention : le lait peut ne devenir âcre qu'au bout de quelque temps ; n'en goûtez que très peu.

Principales espèces: Lactaire délicieux *(Lactarius deliciosus)* — orangé, taché de verdâtre, lait couleur de jus de carotte — ; Lactaire sanguin *(L. sanguifluus)* — lait rouge brique ; excellent sur le gril.

Lépiotes

C'est avant tout le Champignon parasol, la Coulemelle. Mais certaines petites Lépiotes sont mortelles !
Coulemelle *(Lepiota procera):* chapeau très large, aplati, à écailles non séparables, pied très grand et mince, moucheté, muni d'un anneau coulissant. Excellent.
Espèce voisine: Lépiote déguenillée *(L. rhacodes)* — écailles plus grandes et moins nombreuses, pied non moucheté ; anneau coulissant. Excellent.

Attention: certaines Lépiotes sont indigestes, d'autres, de petite taille, sont mortelles (voir p. 140). On ne ramassera que les grandes espèces à anneau coulissant.

Marasme des oréades ou Mousseron d'automne

(Marasmius oreades)

Caractéristiques: souvent en « ronds de sorcière » dans l'herbe, chapeau chamois clair, bossu au centre, pied élastique, coriace, chair odorante. Excellent (éliminer le pied) ; sèche très facilement.

Morilles

Ces Champignons très réputés, en forme d'éponge creuse, doivent être consommés cuits ou séchés, car ils sont toxiques crus.

Principales espèces: Morille vulgaire *(Morchella vulgaris);* Morille conique *(M. conica).* Excellents ; très aromatiques une fois séchés.

Attention: ne pas confondre avec la Gyromitre, parfois toxique (voir p. 139).

Pied de mouton *(Hydnum repandum)*

Caractéristiques: chapeau chamois ou orangé, recouvert en dessous d'aiguillons de couleur claire, saveur acidulée.

Pleurotes

Caractéristiques: Champignons à pied très excentré poussant généralement sur les souches et les troncs d'arbre, longues lamelles se prolongeant sur le pied.

Principales espèces: Pleurote en forme d'huître *(Pleurotus ostreatus);* Pleurote corne d'abondance *(P. cornucopiæ);* etc.

Polypores

Caractéristiques: en touffes sur les troncs et les souches, chapeaux munis de tubes en dessous, chair devenant généralement coriace avec l'âge, comestibles jeunes.

Principales espèces : Poule de bois *(Polyporus umbellatus, P. frondosus)* — chapeaux grisâtres, pores blancs — ; Polypore soufré *(P. sulfureus)* — chapeaux orange, pores jaune citron, saveur acide — ; Fistuline hépatique *(Fistulina hepatica)* — chapeau et chair rouges, pores rosés, saveur acidulée, peut se manger cru.

Russules

Caractéristiques : chapeau déprimé au centre, pied court, chair cassante, friable — ressemblent aux Lactaires, mais n'ont pas de lait.
D'une façon générale, les Russules dont la chair est douce sont comestibles, celles dont elle est âcre doivent être rejetées — elles sont vomitives à l'état cru (l'une d'elles se nomme d'ailleurs « Russule émétique »). Attention : la chair peut être d'abord douce et mettre quelque temps avant de devenir âcre ; n'en mâchez que très peu pour goûter et n'avalez pas !

Principales espèces : Russule charbonnière *(Russula cyanoxantha)* — chapeau noirâtre-violet — ; Russule comestible *(R. vesca)* — chapeau brun rougeâtre, variable — ; Russule verdoyante ou Palomet *(R. virescens)* — chapeau verdâtre — ; etc.

Sparassis crêpu *(Sparassis crispa)*

Caractéristiques : énorme touffe brun clair formée d'innombrables rameaux aplatis, lobés, chair blanche à odeur de cannelle et saveur de noisette.

Tricholomes

Plusieurs Tricholomes sont d'excellents comestibles, mais d'autres sont immangeables, voire toxiques.

Caractéristiques : souvent gras et charnus, lamelles échancrées près du pied.

Principales espèces

- Tricholome nu *(Rhodopaxillus nudus)* : chapeau, pied et lamelles violets, chair parfumée.

- Tricholome de la Saint-Georges ou Mousseron du printemps *(Lyophyllum georgii)* : blanchâtre partout, chair à odeur de farine.
Attention : ne pas confondre avec l'Inocybe de Patouillard (voir p. 140).

- Tricholome équestre *(Tricholoma equestre)* : chapeau brun olive, pied jaunâtre, lamelles jaune citron, chair blanche. Excellent.
Attention : ne pas confondre avec le Cortinaire resplendissant (voir p. 139).

- Tricholome terreux ou petit gris *(T. terreum)* : petite taille, chapeau conique puis étalé, gris, écailleux, chair cassante.
Attention : ne pas confondre avec le Tricholome vergeté *(T. virgatum)*, à saveur âcre, ni avec le Tricholome tigré, toxique (voir p. 140).

Trompette de la mort
(Craterellus cornucopioides)

Caractéristiques : en forme de trompette évasée, gris noirâtre, pied plus clair, chair mince, un peu élastique. Sèche facilement, excellent condiment.

Vesses-de-loup

Caractéristiques: boules blanches sans chapeau ni pied, chair blanche devenant jaune verdâtre, puis se transformant en spores brunes impalpables.

Principales espèces: Lycoperdon perlé *(Lycoperdon perlatum)* — couvert de petites verrues fragiles —; Vesse-de-loup géante *(Calvatia gigantea)* — peut atteindre une taille énorme.
Les différentes espèces, souvent négligées, sont excellentes, crues ou cuites, lorsque leur chair est encore blanche. Elles deviennent ensuite immangeables.

Champignons toxiques

Vous trouverez dans les pages qui suivent les Champignons de nos régions dont l'ingestion risque de provoquer des troubles graves, voire mortels. Un autre danger, qui peut atteindre toutes les espèces, est celui des pollutions: les Champignons accumulent parfois des doses toxiques d'engrais, d'herbicides et de pesticides (à proximité des champs et des cultures), de métaux lourds (le long des routes) ou d'autres substances chimiques (aux abords des usines). Après l'accident de Tchernobyl, une alerte a été lancée, car les Champignons avaient absorbé des doses inquiétantes de substances radioactives.

Amanites

• Amanite phalloïde *(Amanita phalloides):* chapeau verdâtre ou brun olive, variable, pied blanchâtre, muni d'un ample anneau membraneux, sortant d'une grande volve blanche, lamelles blanches. ☠
L'Amanite phalloïde provoque environ 90 % des morts dues à l'absorption de Champignons. Les symptômes ne se déclarent parfois qu'au bout d'un ou deux jours (troubles digestifs, hépatiques, nerveux, hypoglycémie, etc.).

• Amanite printanière *(A. verna):* semblable à la phalloïde, mais toute blanche. — Souvent mortelle (mêmes symptômes que ceux de la phalloïde). ☠

• Amanite vireuse *(A. virosa):* entièrement blanche, chapeau conique, puis mamelonné, anneau mince, souvent affaissé, grande volve. — Souvent mortelle (mêmes symptômes que ceux de la phalloïde). ☠

• Amanite tue-mouche ou fausse Oronge *(A. muscaria):* chapeau rouge vif parsemé d'écailles blanches (parfois absentes), pied blanc à anneau membraneux, bulbeux à la base qui est entourée de bandes d'écailles (débris de la volve), lamelles blanches. — Toxique, mais non mortelle (troubles digestifs et nerveux). ☠

• Amanite panthère *(A. pantherina):* chapeau brun parsemé d'écailles blanches, pied blanc à anneau membraneux, bulbeux à la base, lamelles blanches, chair blanche ne rougissant pas. — Toxique, mais rarement mortelle (troubles digestifs, nerveux et cérébraux). ☠

Bolets

• Bolet satan *(Boletus satanas)*: gros Bolet trapu à chapeau hémisphérique blanchâtre, puis brunâtre avec l'âge, pied jaune et rougeâtre, à fin réseau, chair blanche, bleuissant légèrement, pores jaunes puis rouges. – Vomitif à l'état cru, toxique même cuit (gastro-entérites).

• Bolet blafard *(Boletus luridus):* chapeau brun-olive clair, parfois jaune ou rosé, pied renflé, jaune à réseau rougeâtre, chair jaune bleuissant fortement, puis reprenant une teinte plus claire, pores rougeâtres.
Ce Bolet est parfois consommé cuit, généralement sans problème, mais cru (ou même mal cuit), il est toxique, provoquant vomissements et violente gastro-entérite – voire la mort par baisse excessive de la tension (état de choc).

Clitocybes

• Clitocybe blanchi *(Clitocybe dealbata):* chapeau blanchâtre un peu creusé, pied court, fibreux, blanc, lamelles blanches se prolongeant sur le pied. – Tous les Clitocybes blancs sont toxiques (excitation des sécrétions, ralentissement du rythme cardiaque, troubles intestinaux).

• Clitocybe de l'olivier *(Omphalotus olearius):* en touffe sur les souches, orange dans toutes ses parties, chapeau à bord enroulé au début, pied très long, lamelles phosphorescentes à l'obscurité. – Troubles digestifs.

Cortinaires

• Cortinaire des montagnes *(Cortinarius orellanus):* chapeau mamelonné d'un brun roux, soyeux, pied roux clair, lamelles roux vif, chair à odeur de rave. – Souvent mortel (destruction des cellules rénales); les symptômes peuvent mettre plusieurs jours avant d'apparaître. ☠

• Cortinaire resplendissant *(C. splendens):* entièrement – y compris la chair – d'un jaune vif, cortine jaune, pied renflé en bulbe, lamelles jaunes puis brunes. – Souvent mortel (comme le Cortinaire des montagnes). ☠
Tous les Cortinaires jaunes ou roux sont à considérer comme mortels.

Entolome livide

(Rhodophyllus lividus)
Gros Champignon à chapeau gris, pied blanc, lamelles jaune très pâle, puis rosées, chair blanche à odeur de farine, ne se prolongeant pas sur le pied. – Très toxique (troubles digestifs).
D'autres Entolomes, plus petits, sont toxiques, quoiqu'à un moindre degré.

Galère marginée *(Galerina marginata)*

Petit Champignon à chapeau jaunâtre, lisse, luisant, pied mince, un peu épaissi et brun foncé en bas, muni d'un petit anneau membraneux, lamelles brun roux, odeur et saveur de farine. ☠
Très toxique, la Galère contient plusieurs des toxines de l'Amanite phalloïde (troubles digestifs, hépatiques, nerveux, hypoglycémie, etc.).

Gyromitre *(Gyromitra esculenta)*

Chapeau brun, gonflé, irrégulièrement contourné et bosselé, pied trapu, blanchâtre. ☠
La Gyromitre est souvent consommée sans problème, mais il arrive qu'elle

entraîne l'apparition de graves symptômes (troubles digestifs, hépatiques, nerveux, etc.), occasionnellement mortels, du moins lorsque le champignon est frais et mal cuit (ou cuit en vase clos). Elle ne semble pas toxique une fois séchée.

Hébélome échaudé

(Hebeloma crustuliniforme)
Chapeau et pied pâles, lamelles brunes, portant souvent des goutelettes laiteuses ou aqueuses, odeur de rave, saveur amère. — Troubles digestifs.

Hypholome en touffe

(Hypholoma fasciculare)
En touffes sur souches, chapeau jaune clair orangé au centre, cortine jaunâtre, lamelles jaunes puis grises. — Toxique, mais immangeable (saveur amère).

Inocybe de Patouillard

(Inocybe patouillardi)
Chapeau conique puis étalé, un peu mamelonné, brun clair, se crevassant sur les bords, radialement, pied blanc, lamelles pâles puis brunâtres, odeur agréable; tend à rougir avec l'âge ou après cueillette. La plupart des Inocybes sont toxiques (excitation des sécrétions, ralentissement du rythme cardiaque, troubles intestinaux).

Lépiotes

• Lépiote brune et rose *(Lepiota brunneoincarnata):* chapeau brun rosé, écailleux, pied court, rosissant, moucheté de brun, sans anneau, lamelles blanc crème, légère odeur de pomme verte. ☠

Très toxique, la Lépiote brune et rose provoque les mêmes symptômes que l'Amanite phalloïde (troubles digestifs, hépatiques, nerveux, hypoglycémie, etc.) et est souvent mortelle.

• Lépiote à crêtes *(L. cristata):* chapeau brun roux pâle, écailleux, à pied blanc, rosissant, muni d'un petit anneau membraneux s'affaissant vite, odeur à la fois fruitée et désagréable.

Mycène pure *(Mycena pura)*

Petit Champignon variant du violacé au rose et au jaunâtre, strié sur les bords, pied grêle, odeur de radis.

Paxille enroulé *(Paxillus involutus)*

Brun sale dans toutes ses parties, bord du chapeau enroulé quand il jeune, lamelles se prolongeant sur le pied, facilement séparables en bloc de la chair. — Généralement consommé sans inconvénient, mais se montre occasionnellement mortel, surtout à l'état cru ou mal cuit (ou cuit en vase clos). ☠

Strophaire vert-de-gris

(Stropharia æruginosa)
Chapeau vert-bleuâtre, visqueux, pied blanc verdâtre, pelucheux, lamelles grisâtres puis noirâtres. Suspect.

Tricholome tigré

(Tricholoma pardinum)
Gros Champignon gris, moucheté d'écailles foncées, pied renflé, blanchâtre, à petites mèches, lamelles blanchâtres, chair ferme. — Toxique (troubles digestifs).

Algues

Le long des côtes, nous rencontrerons une grande variété d'Algues, parfois en abondance. Dans le temps, elles ne servaient pas qu'à fumer les champs : il était usuel de les consommer sous forme de bouillies, de gelées, de pains, etc., ce qui se fait encore couramment au Japon par exemple. L'un des intérêts majeurs des Algues marines de nos régions, c'est qu'il n'en existe pas de toxiques — si l'on excepte, toutefois, certaines Algues unicellulaires (voir p. 162). Elles sont donc potentiellement toutes comestibles, de façon appropriée à leur consistance — certaines sont coriaces, d'autres très fines mais caoutchouteuses à l'état frais, etc. Voyez les recettes page 154. On peut en général les ramasser toute l'année.

La plupart des Algues poussent sur les rochers. Ceux-ci sont parfois découverts à marée basse, ce qui permet une récolte facile, mais, dans de nombreux cas, les Algues sont constamment submergées. Il faut alors plonger... ou attendre que les tempêtes les arrachent et les déposent sur la grève — ramassez-les rapidement, car les Algues se décomposent très vite. Ne récoltez jamais d'Algues manifestement trop vieilles. Et prenez garde, bien sûr, aux pollutions locales, malheureusement fréquentes.

Voici quelques-unes des Algues les plus communes sur nos côtes :

ALGUES VERTES

Entéromorphe

(Enteromorpha intestinalis)

Description : vert pâle, translucide — en filaments très allongés, tubuleux, creux.

Habitat : rochers découverts par la marée.

Utilisations : hachée dans les salades ; séchée et pulvérisée.

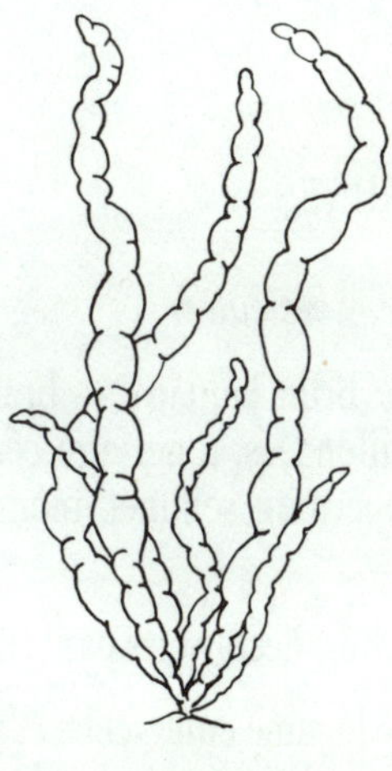

Entéromorphe

Laitue de mer *(Ulva lactuca)*

Description : vert vif ou sombre, translucide – semblable à une feuille aussi large que longue, très mince, ondulée.

Habitat : rochers découverts par la marée, flaques dans les rochers.

Utilisations : fraîche en sandwich ou hachée dans les salades ; séchée et pulvérisée.

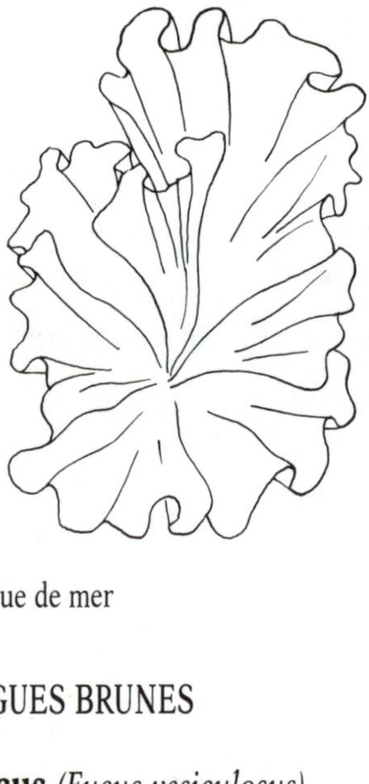

Laitue de mer

ALGUES BRUNES

Fucus *(Fucus vesiculosus)*

Description : brun jaunâtre – branches étroites et allongées, à nervure centrale marquée, lobées au sommet, munies de flotteurs.

Habitat : rochers découverts par la marée.

Utilisations : légume cuit ; séché et pulvérisé comme condiment (très employé aux États-Unis : *kelp*).

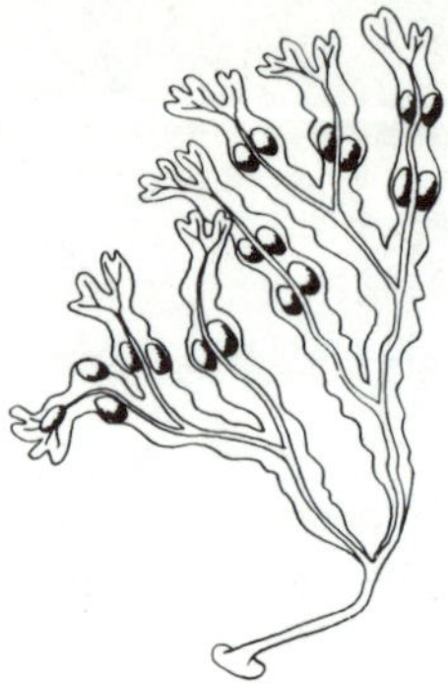

Fucus

Alaria *(Alaria esculenta)*

Description : brun olive – en forme de feuille étroite et allongée, à nervure médiane aplatie, stipe portant des protubérances en massue.

Habitat : rochers toujours recouverts.

Utilisations : finement coupée fraîche en sandwich ou dans les salades, cuite en légume et en soupe.

Alaria

Laminaire ou « Kombu »
(Laminaria digitata)

Description: brun olive – épaisse, coriace, divisée en longs segments parallèles, stipe allongé, cylindrique, flexible.

Habitat: rochers toujours couverts, jusqu'à 5-7 m de profondeur.

Utilisations: finement hachée fraîche dans les salades; légumes cuits, soupes.

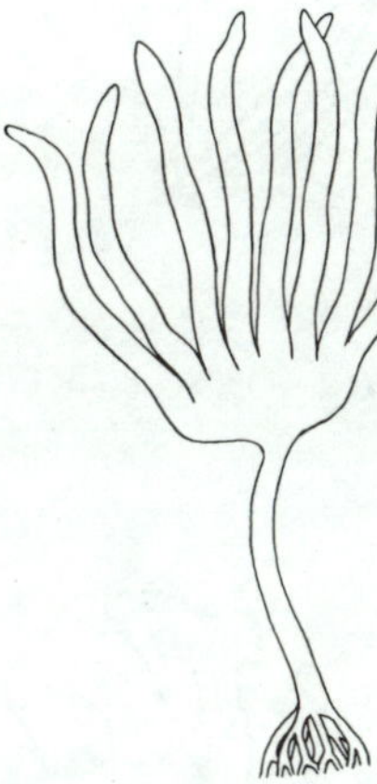

Laminaire *(Laminaria digitata)*

Laminaire *(Laminaria saccharina)*

Description: brun – coriace, en forme de feuille étroite et allongée, très fortement ondulée sur les bords, stipe cylindrique, relativement court.

Habitat: rochers toujours couverts, jusqu'à 20 m.

Utilisations: comme la précédente. Elle servait traditionnellement à confectionner un « pain d'algues » en Bretagne et en Normandie.

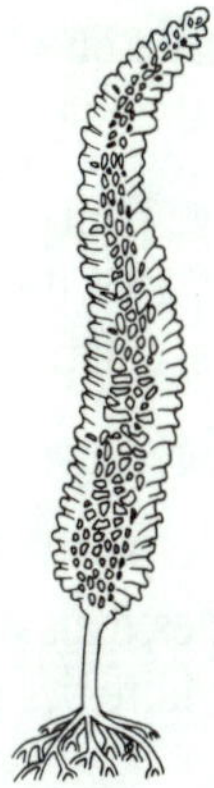

Laminaire *(Laminaria saccharina)*

ALGUES ROUGES

Dulse *(Rhodymenia palmata)*

Description: rouge foncé – en forme de feuille élargie, profondément et irrégulièrement divisée, mince, avec quelques protubérances sur les bords.

Habitat: rochers recouverts; pousse souvent sur d'autres Algues.

Utilisations: délicieuse crue, séchée, dans les salades en sandwiches, ou comme légume cuit.

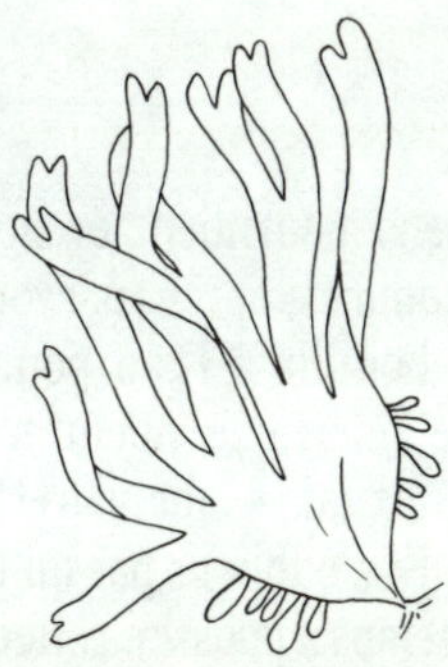

Dulse

Mousse d'Irlande ou « Carragheen »
(Chondrus crispus)

Description : rouge pourpré ou brunâtre – cartilagineuse, très divisée en lobes allongés et étroits, aplatie.

Habitat : rochers recouverts en eau peu profonde.

Utilisations : soupes, mais surtout la meilleure Algue pour faire des gelées.

Mousse d'Irlande

Porphyra ou « Nori »
(Porphyra umbilicalis)

Description : rouge brunâtre – semblable à une large feuille, très fortement ondulée, très mince, gélatineuse.

Habitat : rochers en eau peu profonde.

Utilisations : séché dans les salades, ou cuit en légume ; encore employé dans les îles Britanniques, en « pains » et en sauces, ainsi qu'au Japon.

Lichens
Les Lichens pourraient éventuellement être consommés, après les avoir fait longuement bouillir à l'eau pour éliminer leur forte amertume. Aucun n'est connu pour être toxique – aucun n'est excellent non plus. Et n'oublions pas qu'ils ont mis très longtemps à pousser... Mieux vaut les laisser où ils sont.

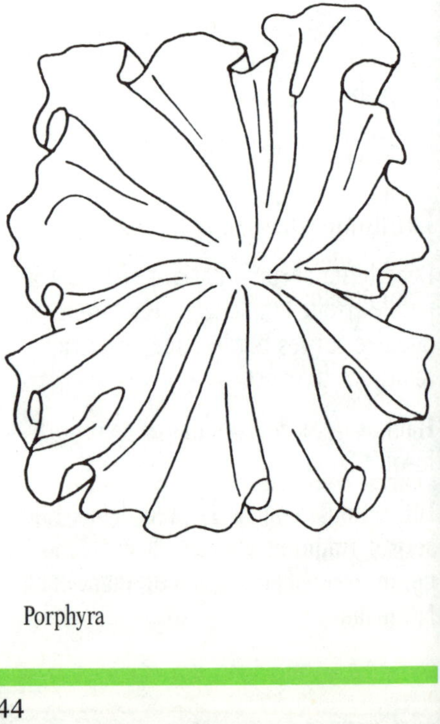

Porphyra

Cuisiner en pleine nature

Pour vivre au maximum l'expérience que je vous propose, il importe d'utiliser le plus possible les ressources que vous offre la nature, et d'y ajouter le moins possible d'éléments extérieurs. Mais encore une fois, c'est la « douceur » que nous cherchons à pratiquer et il importe de ménager une transition entre notre alimentation habituelle et une nourriture exclusivement à base de plantes sauvages. Comme il faudrait généralement, suivant les saisons, les régions et surtout les individus, au moins plusieurs semaines pour pouvoir modifier radicalement ses habitudes alimentaires et devenir capable de se nourrir exclusivement de sa cueillette, nous optons presque toujours pour un compromis. Le minimum que nous emportons a donc pour but de rendre plus agréables et plus digestibles les végétaux que nous cuisinons. Ces ingrédients permettent aussi de varier les recettes, stimulant l'intérêt des participants, et de soutenir l'effort par un apport régulier et facile de glucides et de lipides, auquel nous sommes habitués.

Le minimum

La base à emporter consiste en farine complète, huile d'olive et sel.

Farine complète

On la préférera à la farine blanche qui est moins nutritive, a moins de saveur et se prête nettement moins bien à la confection des chapatis et chaussons divers. Nous la choisissons toujours provenant des blés de culture biologique, par principe et pour éviter, autant que possible, d'accumuler les résidus de pesticides. Il est devenu très facile de s'en procurer, et à des prix raisonnables. La farine de seigle pourrait convenir, mais d'autres farines (orge, avoine, sarrasin, châtaignes...) ne permettraient pas d'obtenir une pâte suffisamment cohérente pour les galettes — elles iraient néanmoins pour les soupes et les bouillies.

Huile d'olive

Vierge, de première pression à froid, elle semble préférable aux autres huiles qui sont soit extraites à l'aide de solvants — ou du moins à chaud —, soit raffinées, ou plus généralement les deux. Ces deux opérations ne sont pas souhaitables car elles dénaturent l'huile. En revanche, une huile de tournesol non raffinée possède une saveur très forte et ne supporte absolument pas d'être chauffée. Si certains trouvent que l'huile d'olive a un goût prononcé, du moins convient-elle parfaitement à la cuisson. Les huiles riches en acides gras polyinsaturés (tournesol, carthame, etc.) présentent certains avantages nutritionnels (réduction du taux de cholestérol en particulier) — vitamine F —, mais pour de nombreux diététiciens, leur emploi abusif n'est pas sans danger, et il n'est pas rare que l'huile d'olive remporte en fin de compte leurs suffrages. Une huile aussi délicieuse que l'huile de noix ne saurait être envisagée que si elle vient juste d'être pressée, car elle rancit très rapidement.

Sel

Il sert avant tout à relever la nourriture et à rassurer nos papilles qui y sont accoutumées. Beaucoup de personnes peuvent s'en passer : tant mieux ! De toute façon, on en prépare facilement un succédané intéressant (voir recettes). Choisissez du sel marin gris non raffiné, plus savoureux et riche en oligo-éléments.

Le superflu (la survie riche)

D'autres ingrédients sont intéressants à emporter, soit qu'ils permettent de varier davantage le nombre des préparations, soit qu'ils offrent ce petit plaisir qui fait tant de bien après l'effort, soit qu'ils apportent immédiatement le surcroît d'énergie nécessaire dans le cas d'un passage difficile ou d'une crise d'hypoglycémie. Il s'agit principalement de céréales et de fruits secs.

Céréales

A moins de vouloir les écraser nous-même entre deux pierres, ce qui nous rapproche un peu de nos ancêtres et de peuples pas si lointains, on choisira de préférence des céréales cuisant rapidement, car, à l'étape, tout le monde souhaite que le repas soit vite préparé. Sont idéaux dans ce but : les flocons d'avoine, d'orge ou de millet, la semoule de maïs (pour la « polenta ») ou de blé, le couscous et le « boulghour » (ou pil-pil), tous deux précuits. Le sarrasin et le millet cuisent vite aussi, de même que les pâtes. En revanche, le riz complet, l'épeautre et l'engrain (commercialisé en France sous le nom d'« épeautre »), le seigle, l'orge et surtout le blé sont bien longs à cuire — et n'oubliez pas que plus vous montez en altitude, plus le temps de cuisson augmente.

Légumineuses

Pour ces mêmes raisons, les seuls légumineuses envisageables sont les lentilles. Contrairement aux autres légumineuses (haricots secs, pois chiches, fèves, soja, etc.), la plupart des variétés de lentilles ne nécessitent pas de trempage et cuisent pourtant relativement vite.

Oléagineux

Ces graines, riches en lipides, permettent de soutenir un effort et de résister plus facilement au froid ou à la pluie. Leur gros avantage est d'être, en général, immédiatement consommables : tout au plus faut-il casser la coque qui les protège. Noix, noisettes, amandes et pignons sont les plus intéressants. Ajoutons-y les graines de tournesol, de préférence décortiquées... En revanche, sésame et graines de lin sont mal assimilés par l'organisme, à moins d'être broyés ou très très bien mâchés. Et attention : la combinaison oléagineux/fruits séchés ou miel produit généralement des fermentations intestinales facilement décelables par l'odorat... C'est dommage quand l'air est si pur !

Fruits séchés

Ils présentent les mêmes avantages que les oléagineux. Du fait de leurs sucres simples, le « coup de fouet » qu'ils donnent est encore plus marqué ; en outre, ils sont toujours consommables tels quels, sans préparation. Les fruits séchés les plus courants sont les pruneaux, les raisins secs, les figues et les dattes, mais pommes, poires, abricots, pêches et cerises séchés sont également excellents. Les bananes séchées et les ananas confits, ainsi d'ailleurs que les dattes, sont moins conseillés du fait de leur origine exotiquc*.

Emportez oléagineux et fruits séchés en cas de froid, de pluie ou de traversées en haute montagne.

Miel

Le miel permet aussi de donner un coup de fouet quand c'est nécessaire. Il sera particulièrement intéressant pour préparer des compotes de fruits acides qui, sinon, seraient immangeables. Il est toujours préférable au sucre.

Légumes séchés

Leur intérêt est nettement moindre, vu la variété de ce qui pourra être ramassé dans la nature, et qui sera frais. Mais carottes, oignons, tomates, voire champignons et algues séchés, ont aussi leur intérêt.

Condiments

Il en va de même pour les condiments. La nature pourvoit aussi à tous nos besoins en aromates, mais le paprika, le coriandre, le cumin et surtout l'ail ont quand même quelque chose à part...

---

* De nombreuses traditions anciennes enseignent que, pour être en équilibre avec ce qui nous entoure, nous sentir à notre place, il importe de consommer de préférence ce qui pousse en saison autour de l'endroit où nous vivons et d'éviter ce qui vient de loin. A y réfléchir un peu, ce n'est pas absolument illogique — et cela pourrait bien expliquer en partie l'effet des plantes sauvages...

Fromage

Le fromage peut être intéressant comme apport protéique, nutritif aussi par ses matières grasses. Il permet surtout de relever agréablement toute préparation salée. Les fromages à pâte dure sont plus faciles à transporter que ceux à pâte molle.

Divers

Vous pourriez aussi envisager d'emporter du pollen, aliment très énergétique et intéressant par son apport diététique.

Pensez également aux graines à faire germer : après les avoir fait tremper (dans une gamelle par exemple), vous les rincerez et les transporterez aisément (à l'extérieur de votre sac à dos) en les mettant dans un sachet en mousseline. A éviter par grande chaleur ou froid intense. Les graines germées, aliment vivant, se marient très bien aux plantes sauvages.

Comme je l'ai exprimé plus haut à propos de la farine complète, il me semble toujours préférable d'utiliser des produits issus de cultures biologiques, de plus en plus faciles à trouver dans le commerce.

Partir sans rien

Dans le fond, rien de tout cela n'est indispensable : à partir du moment où l'on connaît bien ce que nous offre la nature, il y aura toujours quelque chose à manger où et quand que ce soit (ne serait-ce que les bourgeons des arbres lorsque le sol est couvert de neige...). Et il est des lieux et des saisons privilégiés. Il nous est par exemple arrivé de rencontrer dans le Midi de la France, en automne, une telle abondance de glands, de cormes et de poires sauvages que nous revenions sans avoir touché à notre farine ni presque à notre huile (juste un peu pour le pâté de glands). D'ailleurs, il faut bien le dire, l'huile et le sel que nous incluons dans le « minimum » sont avant tout de la gourmandise. Alors, s'il vous arrive de vous sentir l'âme d'un « pur et dur », essayez une fois de partir sans emporter de nourriture — dans une région et à une époque où vous savez pouvoir trouver ce qu'il vous faut — et faites l'expérience de tout recevoir de la nature. Ce sera peut-être difficile, il se passera en tout cas quelque chose de fort !

A laisser

Ce que je vous conseillerai avant tout de ne pas emporter, c'est la nourriture traditionnelle du campeur : les boîtes de conserve pèsent inutilement lourd (elles contiennent beaucoup d'eau !), tiennent de la place, et il faut les rapporter ; le saucisson du commerce n'a plus le goût du vrai, les « petits gâteaux » et le chocolat sont trop sucrés. De plus, ces produits, très transformés, sans vie, s'incorporent mal aux plantes sauvages que l'on ramassera et à l'ensemble de l'expérience. Pour cette même raison, je n'utilise jamais les produits lyophylisés que l'on peut acheter dans les magasins spécialisés « pour la montagne » — ils sont peut-être légers et pratiques, mais ils n'ont pas de goût et sont bien chers ! Je vous déconseille aussi tous les produits qui ne sont pas secs, car il vous faudrait porter l'eau qu'ils contiennent. Donc, pas de pain (même du bon pain complet au levain, etc. — vous ferez des galettes), pas de légumes ni de fruits frais... Quand aux œufs durs, ils ne se conserveraient pas longtemps. A éviter aussi le sucre blanc et les excitants comme le café, le thé et le chocolat, car ces substances ne prédisposent pas à (re)trouver le calme et la tranquillité d'une vie en pleine nature.

Ustensiles

Comme nous voulons nous charger le moins possible, nous prenons avec nous le minimum de vaisselle : une gamelle profonde en aluminium pour la soupe et les bouillies, un autre récipient pour les salades (il peut être également en aluminium : si ce n'est pas le métal le plus sain qui soit, il a le mérite d'être le plus léger !), et c'est tout ce qu'il nous faut ! Les gamelles individuelles ne sont pas absolument nécessaires aux sauvages que nous sommes redevenus — mais, s'il y en a, personne ne s'en plaindra.

Quant aux cuillères et spatules, un bâton fait généralement l'affaire, quoique les artistes se révèlent nombreux pour sculpter au canif leur cuillère à soupe ou à « glouchis » ! D'autres ustensiles très à l'honneur sont les baguettes : une fois la technique de leur utilisation maîtrisée, elles rallient tous les suffrages pour la facilité de leur fabrication, puisqu'il suffit de tailler à la même longueur deux branches fines d'à peu près même diamètre et d'en égaliser la surface si c'est nécessaire. Quelques quarts sont les bienvenus pour boire les tisanes ou la soupe, mais on peut aussi s'en passer...

Comme vous le voyez, c'est presque le dénuement total : on l'apprécie quand on pense à toute la vaisselle qu'il aurait fallu porter sur son dos !

Recettes

Malgré le peu d'ustensiles et d'ingrédients (nous ne considérerons ici que le « minimum » cité plus haut) et les conditions primitives de cuisson, les préparations que nous pouvons réaliser ne manquent pas de variété. Il faut dire que nous avons à notre disposition, suivant les saisons et les régions, plusieurs centaines de bulbes, de racines, de tubercules, de jeunes pousses, de tiges, de feuilles, de fleurs, de fruits et de graines de toutes saveurs. Explorer toutes les combinaisons qu'elles nous offrent, en plus de leur goût et de leur texture propres, demanderait plusieurs années. C'est pourquoi je ne pourrai donner ici, à part deux ou trois, que des recettes générales : le résultat final différera dans chaque cas en fonction des plantes qui auront été utilisées. Personnellement, j'aime presque toujours employer les végétaux en <u>mélange</u> plutôt que seuls, et en grand nombre si possible. Mais cela peut se discuter car il est ainsi plus difficile de déceler le goût de chaque aliment. Alors agissez selon vos papilles... et suivant votre cueillette.

Recettes « sauvages »

Légumes
- Salades
- Soupes
- « Glouchis », bouillies
- Légumes en sauce
- Légumes sautés
- Chapatis ou galettes
- Chapatis aux herbes
- Chaussons aux herbes
- Beignets
- Quenelles vertes

Graines
- Glands
- Dessert de glands
- Châtaignes
- Faînes
- Céréales sauvages
- Farine de céréales
- Légumineuses

- Champignons

Algues
- Algues
- « Crackers d'algues »
- Gelée d'algues
- Condiment d'algues

Fruits
- Compote de fruits
- Bouillies de fruits
- Chaussons aux fruits
- Compote de rumex alpin

Boissons
- Tisanes
- Thé solaire
- Thé de gourde
- Café sauvage
- Jus de fruits

- « Rob »

Condiments
- Vinaigre
- Succédané du sel
- Succédané du sucre
- Gomasio de coquelicot
- Moutarde

A consommer telles quelles
- salées
- sucrées

Exemple de menu pour une semaine

Pour les végétaux à employer, reportez-vous au classement par parties utilisées, pp. 93-94.

Salades

Coupez les plantes en morceaux et assaisonnez-les d'huile d'olive, d'un peu de sel — éventuellement de vinaigre (voir p. 156) — et de condiments sauvages.

Toutes les plantes ne conviennent pas à la confection de salades : il faut les sélectionner suivant leur saveur et leur texture. Certains végétaux doivent être cuits parce qu'ils sont trop forts, souvent trop amers, ou trop durs. On peut employer feuilles, pousses, jeunes tiges et fleurs de nombreuses espèces. Pour éviter les problèmes digestifs dus à une mauvaise mastication, coupez les plantes en petits morceaux, surtout si elles sont coriaces. La toute meilleure salade ? Sans aucun doute la stellaire, suivie de près par la laitue vivace, le laiteron et le tilleul.

Soupe

Coupez finement les plantes et faites-les revenir dans un fond d'huile, ajoutez un peu de farine, remuez bien et versez suffisamment d'eau pour obtenir une soupe liquide. Salez et laissez cuire.

Cette soupe se boit plutôt le soir. On peut ne pas faire revenir les légumes dans l'huile — mais cette opération permet de précuire les légumes avant d'ajouter l'eau, et donc de réduire le temps de cuisson — et omettre la farine. Toutes les plantes pouvant servir pour la salade conviennent, plus un certain nombre d'autres, trop fortes ou trop coriaces pour être mangées crues.

Soupe onctueuse

Faites cuire les plantes à grande eau salée. Délayez de la farine dans de l'eau en une pâte liquide sans grumeaux. Versez lorsque les plantes sont cuites, remuez et laissez mijoter encore quelques minutes.

Les soupes peuvent être aromatisées avec les nombreux condiments sauvages. Vous allez voir que la vraie « soupe aux herbes sauvages » est autre chose que la classique soupe d'orties.

« Glouchis » ou bouillie de légumes

Coupez les plantes finement et faites-les revenir dans un peu d'huile, puis versez davantage de farine que pour la soupe, et ajoutez-y moins d'eau. La consistance dépend de ce que vous désirez, mais, pour des raisons de facilité, il est bon que les glouchis soient assez épais pour être mangés avec des baguettes.

Cette bouillie épaisse et nutritive convient particulièrement bien au repas du matin. On peut utiliser toutes les plantes servant à préparer de la soupe et aromatiser le glouchis de condiments sauvages.

Autre bouillie

Faites griller à sec de la farine jusqu'à ce qu'elle brunisse. Ajoutez une pincée de sel, puis de l'eau, tout en remuant. La bouillie se mange telle quelle ou additionnée de condiments, de légumes cuits, d'une compote de fruits, etc.

Cuite lentement, elle prend une saveur sucrée rappelant la châtaigne. C'est le petit déjeuner idéal.

Légumes en sauce

Coupez les plantes assez grossièrement et faites-les cuire à l'eau salée. Dans une gamelle, préparez une sauce blanche avec un peu d'huile d'olive et de farine, de l'eau et du sel. Versez la sauce sur les légumes, mélangez et dégustez.

Au lieu d'une sauce blanche, vous pouvez vous contenter d'un simple filet d'huile d'olive – je dirais même que vous devriez, dans le cas de plantes aussi fines que le Chénopode ou l'Amaranthe. Tous les légumes sauvages convenant aux soupes peuvent être utilisés et aromatisés de divers condiments.

Légumes sautés

Il s'agit ici de racines ou de tubercules.

Coupez les légumes et faites-les longuement revenir à l'huile jusqu'à ce qu'ils soient bien cuits et caramélisés...

Ce plat, très appétissant, flatte l'odorat autant que les papilles gustatives. Il peut aussi servir de base à une soupe ou à un « glouchis », qui donneront ainsi une idée de sa saveur. Je vous conseille en particulier les racines de bardane ou de raiponce. Un délice !

« Chapatis » ou galettes

Pétrissez longuement une pâte de farine, sel et eau – plus elle sera pétrie, plus les galettes seront faciles à confectionner et meilleures elles seront. Prenez de petites boules de pâte, de la taille d'une noix, et aplatissez-les entre vos doigts d'abord, puis entre les paumes de vos mains, en tournant, jusqu'à ce qu'elles soient devenues les plus fines possibles. Trempez-les dans la farine durant l'opération pour éviter qu'elles ne collent. Posez les galettes sur la braise vive et faites bien cuire des deux côtés. Dégustez avec un filet d'huile d'olive.

Chapatis à l'indienne

Avant de poser les galettes sur la braise, faites-les sécher des deux côtés sur une surface chaude (pierre plate, ardoise ou plaque métallique) ou en les exposant sur une pierre à la chaleur du foyer. Déposez-les alors sur les braises où, ô surprise, elles se mettront à gonfler !

Nature ou aux herbes (voir ci-dessous), les chapatis sont notre pain quotidien et leur préparation est presque un rituel. Ils doivent être bien cuits pour être plus digestes – quitte à ce qu'ils brûlent un peu, car la cuisson sur les braises est difficile à régler. Mais, après tout, le charbon végétal est un excellent désinfectant intestinal.

Chapatis aux herbes

Hachez finement les plantes et ajoutez-les à la farine avant de la mouiller pour la pétrir. Procédez ensuite exactement comme ci-dessus.

Les chapatis aux herbes sont préférables aux précédents, car ils ont plus de goût, sont plus nutritifs, permettent d'allonger la farine et de varier les repas en changeant de plantes. On pourra utiliser tous les végétaux précédemment cités pour soupes, glouchis, etc., et les divers condiments sauvages, mais également de nombreuses fleurs. Celles du Sureau sont particulièrement indiquées.

Chaussons aux herbes

Coupez finement les plantes, posez-les sur une moitié de chapati, puis repliez ce dernier sur lui-même pour faire un chausson. Soudez les bords en pressant avec les doigts et faites cuire sur les braises.

Il est indispensable de bien hacher les plantes et de ne choisir que celles qui ne sont pas trop épaisses, car elles cuiraient mal dans le chausson. Une autre méthode consiste à précuire les plantes avant de les déposer sur le chapati, ce qui permet d'utiliser des feuilles aussi épaisses que celles du Tussilage. On pourra donc employer feuilles, jeunes pousses, condiments et fleurs. Là encore, les fleurs du Sureau font merveille !

Beignets

Mettez un bon fond d'huile dans la gamelle et faites chauffez sur le feu. Trempez les plantes dans une pâte assez liquide de farine, sel et eau, et faites-les frire jusqu'à ce qu'elles soient croustillantes.

Cette préparation n'est pas la plus légère qui soit, mais il faut de temps en temps un repas de fête ! De nombreuses plantes conviennent ; toutefois, on choisira de préférence des feuilles assez épaisses ou mucilagineuses comme celles du Tussilage ou de la Consoude. Les beignets de fleurs forment un dessert que tout le monde apprécie ; les plus intéressantes sont les fleurs du Sureau ou du Robinier (acacia), du fait de leur parfum et de leur pédoncule qui facilite leur manipulation.

« Quenelles » vertes

Faites cuire les feuilles, puis hachez-les. Mélangez-les avec assez de farine pour en confectionner de petits boudins de quelques cm de long. Mettez ces derniers à cuire dans de l'eau bouillante salée jusqu'à ce qu'ils remontent à la surface. Égouttez les quenelles et servez-les avec une sauce blanche.

Ces quenelles peuvent se préparer avec les différentes plantes utilisées pour salades, soupes, légumes cuits.

Glands

Entaillez les glands et mettez-les à bouillir une dizaine de minutes dans une gamelle pour faciliter leur écorçage. Versez l'eau chaude, remplacez-la par de l'eau froide pour refroidir les glands, et écorcez-les. Vous pouvez ensuite les faire cuire entiers, ou les écraser entre deux pierres pour les réduire en farine grossière et obtenir une bouillie. Dans les deux cas, il s'agit d'éliminer le tanin, amer et astringent, par cuisson à plusieurs eaux : faites bouillir 1/4 heure, puis changez l'eau (en recueillant les glands dans un linge s'ils ont été écrasés) jusqu'à ce qu'elle soit claire et que les glands aient perdu leur amertume.

Lorsque les glands sont prêts, entiers ou en bouillie, assaisonnez-les d'un peu de sel, d'huile d'olive et de condi-

ments sauvages — en particulier du genévrier. Tels quels, ils sont un peu fades, mais il suffit d'ajouter des aromates pour que leur saveur s'exalte : la truffe à l'envers !

Vous vous rendrez vite compte que les glands méritent mieux que d'être donnés aux cochons ! Ils sont non seulement nutritifs, mais encore très savoureux, avec un goût de « protéine » bien marqué. Dans certains endroits, les glands ne sont presque pas amers et une seule cuisson suffira. Il arrive même dans le Midi que les chênes verts portent des glands doux qui peuvent se consommer comme les châtaignes. Ailleurs, même après cinq changements d'eau, la bouillie pourra être encore un peu râpeuse : mélangez-y de la farine et de l'eau et faites cuire quelques minutes.

Dessert de glands

Mélangez un peu de miel ou de fruits secs à une bouillie de glands très légèrement salée.

Châtaignes

N'oubliez pas que vous pouvez en manger crue une certaine quantité, mais mâchez-les bien.

Quant aux recettes à base de châtaignes, vous connaissez déjà les plus simples : grillées ou bouillies.

Faînes

Mangez-les telles quelles, crues (modérément) ou légèrement grillées, ou ajoutez-les, grillées, aux légumes et aux soupes.

Céréales sauvages

Faites cuire les graines dans de l'eau salée jusqu'à ce qu'elles soient tendres. Assaisonnez-les d'un filet d'huile d'olive ou de condiments sauvages.

Les graines gonflent généralement peu, mais elles sont très nutritives et une tasse suffit en moyenne à rassasier une personne. Plusieurs plantes fournissent des graines utilisables. Les meilleures sont celles des Chénopodes, des Amaranthes et des Renouées.

Farine de céréales

Écrasez les graines le plus finement possible entre deux pierres. C'est un travail de patience (une vraie machine à remonter le temps), puis mélangez le résultat à de la farine de blé pour en faire des galettes ou une bouillie. Vous pouvez aussi faire cuire votre farine de céréales dans un peu d'eau salée.

Légumineuses

Si elles sont vertes et tendres, cuisinez-les à la façon des petits pois après les avoir fait cuire à l'eau pour éliminer d'éventuels principes toxiques. Si elles sont sèches et dures, faites-les tremper une nuit, puis cuisez-les longuement à l'eau jusqu'à ce qu'elles soient bien tendres.

Comme leurs homologues cultivées, les Légumineuses sauvages se consomment toujours en très petite quantité, car elles sont très nutritives — et de plus bien longues à ramasser et à écosser ! Il y a peu de ces plantes dans notre flore.

Champignons

Les champignons peuvent être préparés de nombreuses manières: soupes, « glouchis », chapatis et chaussons, mais c'est simplement revenus dans un peu d'huile, salés et assaisonnés de condiments sauvages, que leur saveur se dégage le mieux. Certains champignons assez fermes se prêtent à la confection de délicieuses brochettes. Les lactaires, les chapeaux des lépiotes, etc., sont excellents grillés sur les braises.

Le goût et la texture des champignons sont extrêmement variés et suggèrent une recette adaptée à chaque cas. Leur exploration est presque illimitée. Ne dédaignez pas les champignons que l'on rencontre parfois séchés sur pied: ils feront d'excellentes soupes. Un des meilleurs condiments est d'ailleurs formé par des champignons séchés et pulvérisés, qui relèvent la saveur de n'importe quelle préparation. Certains champignons peuvent être mangés crus, en salade ou en sandwich entre deux chapatis. Les meilleurs sont le Coprin chevelu, les Vesses-de-loup et certains Bolets (surtout les Cèpes, bien sûr). A essayer: c'est sans aucun danger si l'on se limite à ces espèces (d'autres champignons comestibles cuits peuvent être toxiques crus, attention!) et absolument délicieux. Un véritable plaisir gastronomique.

Algues

Les algues peuvent être ajoutées, fraîches ou séchées, aux soupes, aux bouillies, aux légumes ou aux céréales sauvages. On peut aussi les incorporer dans la pâte à « chapatis », mais il faut les tremper avant si elles sont séchées, ou en fourrer des chaussons, mais il faut alors les précuire.

« Crackers d'algues »

Si l'on aime leur forte saveur iodée, le plus simple est de les faire griller, fraîches ou séchées, sur une plaque de métal ou dans une gamelle — éventuellement avec un peu d'huile au fond, mais ce n'est pas nécessaire. Ces « crackers d'algues » se dégustent tels quels.

Gelée d'algues

Lavez soigneusement les algues pour en émiliner toute trace de sel, puis mettez-les à bouillir dans très peu d'eau. Ajoutez alors si vous le désirez des fruits, frais ou séchés. Laissez refroidir et épaissir. C'est un dessert pour le moins inhabituel... Cette gelée peut aussi se préparer salée, avec des légumes, tubercules, etc.

Condiment d'algues

Hachez finement diverses algues fraîches et saupoudrez-en la nourriture.
Ou bien: faites sécher les algues et pulvérisez-les en une poudre fine (tamisez-la), à employer comme sel.

Les algues sont une des ressources les plus merveilleuses de la mer. Il en existe sur nos côtes une grande variété et toutes sont comestibles, si elles ne sont pas polluées. Quelques-unes, suffisamment tendres, peuvent être ajoutées crues aux salades: à vous de voir.

Compote de fruits

Faites cuire les fruits dans un peu d'eau s'ils ne sont pas suffisamment aqueux. Salez légèrement.

Attention : en cuisant, de nombreux fruits deviennent très acides et pratiquement immangeables à moins d'être sucrés (avec du miel ou des fruits séchés) ou d'être mélangés à des fruits très sucrés comme des cormes ou des poires sauvages blettes. C'est, par exemple, le cas des fruits du Sureau rouge ou des prunelles. Convenablement édulcorés, ils sont en revanche délicieux.

Bouillies de fruits

Faites cuire les fruits dans l'eau, édulcorez si nécessaire (et si possible), puis ajoutez un peu de farine, de l'eau, mélangez et cuisez encore quelques minutes.

Chaussons aux fruits

Coupez les fruits en morceaux s'ils sont trop gros, ou mettez-les entiers sur un « chapati », repliez et soudez bien les bords pour éviter que le jus ne s'échappe à la cuisson. Faites cuire sur les braises.

Un dessert apprécié ! De nombreux fruits sont utilisables pour ces trois recettes.

Compote de rumex alpin

Coupez les pétioles en tronçons et retirez-en les « fils » extérieurs si nécessaire. Mettez-les à cuire dans un peu d'eau jusqu'à ce qu'ils soient réduits en compote. Édulcorez avec un peu de miel ou quelques fruits secs.

Les pétioles du Rumex alpin peuvent également se grignoter crus : ils sont acidulés et juteux, excellents contre la soif.

Tisanes

Les tisanes sont généralement des infusions de plantes aromatiques, feuilles ou fleurs, ou plus rarement des décoctions de racines, comme dans le cas de la gentiane.

- **Infusion**

Faites bouillir de l'eau, retirez-la du feu et placez-y les plantes.

- **Décoction**

Mettez de l'eau à chauffer, placez-y les plantes et portez à ébullition quelques minutes. Retirez du feu et laissez encore infuser quelque temps. La décoction est en général plus forte et plus amère que l'infusion.

Il ne faut pas oublier qu'outre leur rôle de boissons désaltérantes et agréables, les tisanes possèdent des vertus médicinales certaines qui peuvent, suivant le cas, être utiles ou néfastes : par exemple, une tisane de romarin le matin réveille, mais, le soir, risque d'empêcher les nerveux de trouver le sommeil. Attention aussi aux dosages : une faible dose de tilleul calme, une tisane trop forte énerve. En revanche, en cas de rhume, il ne faut pas hésiter à avoir la main lourde sur le thym. De nombreuses plantes donnent de bonnes tisanes.

Thé solaire

Placez des plantes aromatiques dans une gamelle pleine d'eau, que vous laisserez quelques heures en plein soleil.

L'eau chauffe moins que dans le cas d'une infusion et permet de n'extraire, en les gardant intactes, que les substances les plus volatiles des végétaux. Le thé solaire convient à des plantes qui, par infusion, deviennent soit trop amères, soit insipides.

Thé de gourde

Mettez quelques plantes aromatiques à macérer dans l'eau de votre gourde.

Voici une boisson au goût léger bien facile à faire.

Café sauvage

Faites griller à sec les plantes dans une gamelle jusqu'à ce qu'elles soient totalement brunes — mais pas carbonisées. Écrasez-les ensuite entre deux pierres et faites bouillir dans l'eau la poudre grossière obtenue.

Si cette boisson n'a pas absolument le goût du café, elle n'en a pas non plus les inconvénients. Les fruits du Gaillet gratteron et les glands sont sans doute les meilleurs succédanés du café avec les racines de Pissenlit et de Chicorée.

Jus de fruits

Placez dans un linge solide des fruits très juteux, s'écrasant facilement, et pressez-les en tordant le linge — attention à ce qu'il ne se déchire pas. Recueillez le jus dans une grande gamelle.

Il est possible, pour obtenir davantage de jus, de faire crever les fruits sur le feu avant de les presser. Cela permet aussi d'en extraire des pommes et des poires, en les cuisant avec un peu d'eau. On récupère dans le linge une très bonne pâte de fruit. De nombreux fruits peuvent être utilisés.

« Rob »

Faites réduire le jus à feu très doux jusqu'à ce qu'il épaississe — il faut plusieurs heures. Prenez soin de remuer régulièrement pour qu'il n'attache pas et arrêtez à la consistance souhaitée.

On ne peut employer pour préparer un « rob », sorte de confiture sans sucre, que des fruits à jus très doux, comme le Sureau noir (le Sureau rameux, par exemple, ne conviendrait pas). C'est ainsi que l'on procède avec la sève de l'érable à sucre pour obtenir le sirop d'érable — mais n'allez pas percer un arbre pour autant...

Vinaigre

Les jus de certains fruits sont suffisamment acides par eux-mêmes pour servir de vinaigre, par exemple celui des prunelles ou des argouses. Et, si on laisse à l'air n'importe quel jus de fruit, il deviendra rapidement acide par transformation de ses sucres en acide acétique.

D'autre part, de petites pommes sauvages ajoutées à une salade, des feuilles d'oseille ou d'oxalis ou même des pousses de conifères, à la saveur citronnée, peuvent tenir lieu de vinaigre.

Succédané du sel

Faites sécher les feuilles (pétiole et limbe) puis brûlez-les sur une plaque ou dans une gamelle pour récupérer les cendres.

Ces cendres « saleront » quelque peu la nourriture, ... pas tout à fait comme du sel de cuisine. Il faut savoir qu'elles sont pauvres en sodium (mais riches en potassium) et n'ont donc pas les inconvénients du sel ordinaire. On emploiera surtout les feuilles du Tussilage ou de la Berce. Un autre bon succédané du sel est la poudre d'algues séchées.

Succédané du sucre

Les pucerons sucent la sève de nombreuses espèces d'arbres ou d'arbustes et en excrètent une partie qui tombe sur les feuilles inférieures et sur la végétation environnante. Cette sève sèche et laisse sur les feuilles ou sur les cailloux une pellicule sucrée : on peut les lécher (quel plaisir...) ou les mettre à tremper dans très peu d'eau pour dissoudre le sucre (qui pourrait être concentré par ébullition). Il arrive parfois que la couche de « miellat » (car les abeilles le butinent) soit assez épaisse et puisse s'utiliser directement comme édulcorant. Le goût rappelle un peu le sirop de malt : c'est quelque chose à goûter !

Ce sont sans doute les frênes qui, par de chaudes journées d'été, produisent le plus de ce sucre végétal. C'est d'ailleurs ce phénomène qui permettait de faire la véritable « frênette » (boisson fermentée à base de feuilles de frêne couvertes de miellat).

Gomasio de coquelicot

Faites légèrement griller une poignée de graines de coquelicot. Broyez-les à l'aide d'une pierre ou d'un pilon de bois. Mélangez-y quelques pincées de sel.

Ce condiment (préparé à l'origine avec des graines de sésame) est saupoudré comme du sel sur la nourriture, qu'il parfume agréablement.

Moutarde

Écrasez les graines à l'aide d'une pierre ou d'un pilon de bois. Mélangez-y de la farine préalablement grillée, puis suffisamment d'eau pour en faire une pâte.

Cette moutarde peut être préparée avec des graines de Moutarde noire, bien sûr, mais aussi avec celles de nombreuses autres Crucifères. Mélangée à de l'huile d'olive, elle fait de délicieuses sauces de salades.

Plantes à consommer telles quelles

Il s'agit principalement des jeunes tiges de quelques plantes particulièrement délicieuses qui sont coupées, puis pelées, et dégustées sans la moindre adjonction. Les meilleures sont les suivantes :

- Salées : salicorne (que je surnomme « saucisson de mer »...), chardons (attention en les pelant...) et bardane (délicieux goût de cœur d'artichaut !) ;
- Sucrées : berce, fenouil et cerfeuil musqué. Ce sont de véritables bonbons végétaux à la saveur inoubliable — celle de la berce rappelle en même temps la mandarine et la noix de coco ; pour les deux autres, c'est très net : l'anis. Il faut bien sûr les récolter lorsqu'elles sont encore très tendres, avant que l'inflorescence qu'elles portent n'ait commencé à s'épanouir.

Exemple de menu pour une semaine

Lundi :	matin	bouillie de fruits, tisane
	midi	salade, chapatis (cuits le matin)
	soir	soupe d'orties (pour rester en terrain connu), chaussons aux herbes
Mardi :	matin	glouchis de légumes
	midi	chapatis aux herbes (cuits le matin) + champignons crus
	soir	« soupe aux herbes sauvages », salade, compote de fruits
Mercredi :	matin	chaussons aux fruits
	midi	légumes en sauce, salade, fruits
	soir	soupe aux champignons, beignets de fleur de sureau
Jeudi :	matin	glouchis de légumes, tisane
	midi	salade, chapatis aux herbes (cuits le matin)
	soir	céréales sauvages, légumes sautés, fruits
Vendredi :	matin	bouillie de fruits
	midi	racine de bardane sautée, salade
	soir	pâté de glands, petits pois sauvages, fruits
Samedi :	matin	chapatis, tisane et café sauvage
	midi	salade, chaussons aux herbes (cuits le matin)
	soir	beignets de tussilage, salade, compote de fruits, tisane
Dimanche :	retour à la « civilisation » reprise avec céréales, légumes cuits, salade et fruits.	

Méthodes et trucs

Cuisson

Si vous n'avez pas de gamelle métallique, vous pourrez tenter de faire cuire votre soupe comme nos ancêtres. Ils confectionnaient des récipients en écorce (le bouleau est le plus souple), rendus étanches par de la résine. Comme il était impossible de les poser directement sur le feu, on faisait bouillir la soupe en y jetant des pierres chauffées au rouge dans le feu — sans oublier de retirer les pierres refroidies. Le procédé de cuisson est efficace et assez rapide..., mais la confection d'un récipient adéquat est une autre affaire !

La cuisson sous la cendre (en fait sous la braise) est classique, et vous pourrez l'adopter pour divers racines, pousses, tiges ou fruits sauvages. Au lieu de papier d'aluminium, enveloppez la nourriture dans plusieurs épaisseurs de feuilles (attention : pas de plantes toxiques !). Pour recouvrir le tout, choisissez les larges feuilles de la Bardane ou du Pétasite *(Petasites hybridus)* et maintenez-les avec un morceau de bois transperçant la feuille.

La cuisson à l'étouffée est la plus savoureuse. Si vous avez le temps, préparez un four souterrain (ou « polynésien ») — voir figure —, dans lequel vous ferez cuire votre nourriture, enveloppée de

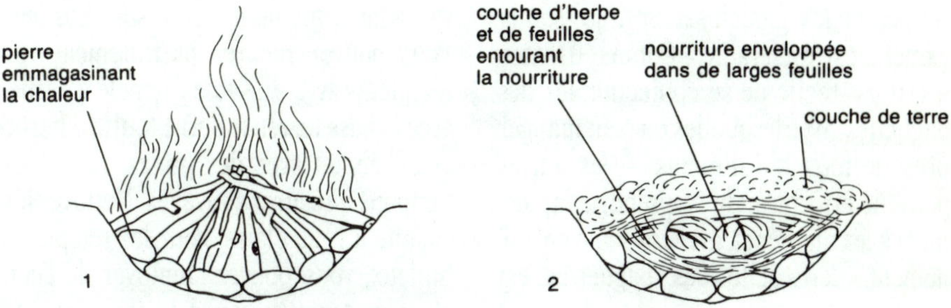

Four souterrain

feuilles comme précédemment. L'effort en vaut sans doute la peine. Un four peut être improvisé comme indiqué sur la figure ; on peut y faire cuire de délicieuses tartes aux herbes ou aux fruits sauvages... Une méthode toute simple de cuisson à l'étouffée : entourez de glaise la nourriture enveloppée comme indiqué plus haut, puis faites cuire sous la braise. Plusieurs types de feux sont indiqués page 179.

Souvenez-vous qu'en altitude l'eau bout à moins de 100 ° C (– 1 ° C tous les 300 m) et qu'il faut donc plus de temps pour cuire soupes, légumes, céréales, etc., qu'en plaine ou au bord de la mer. C'est parfois sensible !

Saveur

Voulez-vous donner à votre soupe un goût de lard fumé ? Récupérez de la résine à l'extrémité d'un bâton en grattant les blessures d'un conifère. Enflammez-la, laissez brûler un peu, puis éteignez le bâton en le plongeant dans la soupe et mélangez bien. Voilà de quoi réjouir les carnivores invétérés.

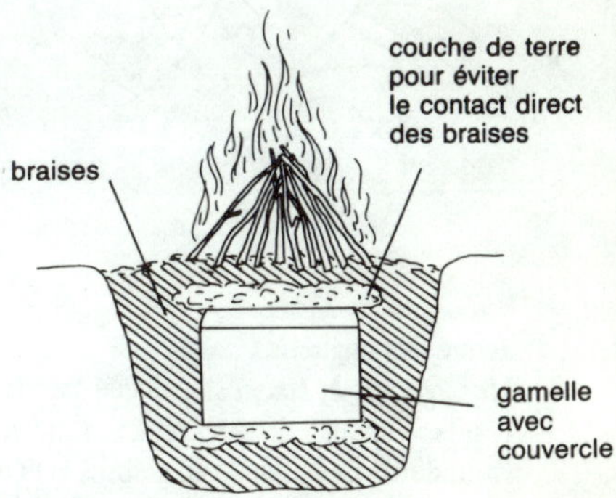

Four improvisé

Couverts

Comme assiette, une large feuille (bardane, pétasite...) sera parfaite pour les salades, les légumes sautés, voire en sauce blanche, les racines, les tiges, etc. Pour les soupes et les glouchis trop liquides, la gamelle est préférable... Comme ustensiles, il est facile de se confectionner des baguettes, avec lesquelles on peut manger presque tous les aliments – les autres peuvent être bus. On apprendra rapidement à les manier et, avec un peu d'entraînement, l'efficacité des baguettes est

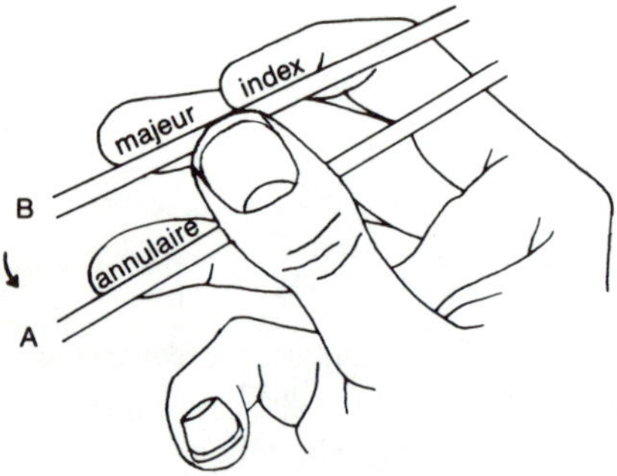

Tenue des baguettes
La baguette A, fixe, est coincée par trois points d'appui entre le pouce, l'index et l'annulaire. La baguette B, mobile, est coincée entre les extrémités du pouce, de l'index et du majeur. Elle pivote sur le pouce, se refermant sur A par une pression du majeur, et se rouvrant grâce à l'index qui fait ressort.

remarquable ! La confection de cuillères ou même de fourchettes parfois artistiquement sculptées est un passe-temps fort utile.

Vaisselle
Si vous n'utilisez que des feuilles, le problème ne se posera pas. Mais les gamelles demandent à être nettoyées... au moins de temps en temps. Pour cela, les produits à vaisselle et même le savon sont inutiles. Vous pouvez récurer parfaitement vos récipients avec du sable fin mêlé d'argile, avec la base terreuse d'une touffe d'herbe arrachée, ou avec des prêles, véritables tampons à récurer sauvages. Nettoyez-les ensuite à l'eau claire. Pour les récipients huileux, vous pouvez employer de l'eau chaude – mettez-en à chauffer sur le feu pendant le repas. Les récipients en aluminium retrouvent l'éclat du neuf en y faisant cuire des fruits acides, comme des prunelles*.
Le fond des gamelles que l'on a posées sur le feu est noir et salissant, collant même si le bois provient de résineux. Il est inutile de les laver chaque fois, mais prenez bien soin d'envelopper les récipients dans un sac de plastique avant de les mettre dans votre sac à dos ! En enduisant, lorsqu'il est propre, le fond des gamelles d'un mélange épais de cendres et d'eau, il sera facile de le nettoyer après son passage dans le feu. Mais il faudra renouveler chaque fois l'opération. N'oubliez pas d'emporter dans un sac en plastique des cendres du feu précédent pour pouvoir préparer la pâte nécessaire dès l'arrivée à un nouveau campement et mettre à cuire rapidement les aliments (sinon, il faudrait attendre que le feu ait produit suffisamment de cendres).

* En fait, il vaut mieux éviter de consommer des fruits acides qui ont cuit dans de l'aluminium : ils contiennent une quantité importante de ce métal.

Animaux

Comme nous l'avons vu p. 15, se nourrir d'animaux en pleine nature présente généralement un caractère anecdotique. Les techniques de capture du gibier sont loin d'être aussi faciles à appliquer dans la réalité qu'elles semblent l'être dans les manuels de « survie ». Tuer un animal avec un arc et des flèches (qu'il faudrait savoir fabriquer), poser correctement un collet, attraper une truite à la main relèvent d'un art qu'il serait illusoire de prétendre maîtriser en quelques jours — il y a mieux à faire. On pourrait bien sûr emporter un fusil de chasse... mais alors pourquoi ne pas se charger plutôt de boîtes de conserve et de rations ? Cela irait encore plus vite. D'ailleurs, une alimentation carnée est loin d'être indispensable. Il n'y a aucun risque à ne pas manger de viande pendant une semaine ou plus — cela nous fait même beaucoup de bien.

Interdictions et protection

Un point fondamental : il est tout simplement interdit de poser des collets et de pêcher à la main. Et toute chasse au fusil ou toute pêche à la ligne est soumise à la détention d'un permis (excepté la pêche de plaisance en mer). Bien sûr, le braconnage avait autrefois un petit côté sympathique, impliquant une connaissance — donc un respect — profonde de la nature. Mais de nos jours, du fait de la réduction de leur habitat et de leur destruction directe ou indirecte, trop d'animaux ont disparu pour que l'on puisse encore se permettre d'en prélever.

La situation est devenue à tel point critique qu'en France apparaissent sur les listes des espèces protégées : environ 25 mammifères, près de 200 oiseaux, 32 amphibiens, une trentaine de reptiles et 9 mollusques*. Quant aux écrevisses, elles sont devenues rarissimes en Europe occidentale. La pollution des cours d'eau a considérablement réduit le nombre de poissons.

C'est pour cela que vous ne trouverez pas ici les techniques de chasse et de pêche, de trappage et d'écorchage qui forment le fonds de tout « bon » manuel de survie. Mais ne vous désolez pas totalement si vous désirez consommer des produits animaux : dégustez comme vos ancêtres **sauterelles****, **larves** et **vers de terre**. Ne

---

* La liste peut en être obtenue gratuitement en écrivant au Ministère de l'Environnement, 14, boulevard du Général-Leclerc, 92524 Neuilly-sur-Seine Cedex. Tél : 47 58 12 12.

** Le Criquet rhodanien *(Prionotropis rhodanica)* et le Criquet hérisson *(P. hystrix)* sont protégés.

faites donc pas la grimace et cessez de croire que les chasseurs des temps anciens ne consommaient que du gibier « noble » : c'est faux — et regardez en Afrique, en Amérique du Sud, en Asie, combien certains peuples apprécient ces abondantes bestioles. Cela dit, je ne vous conseillerai pas d'en faire votre ordinaire !

Il vous reste aussi les **escargots**, me direz-vous. Je veux bien, mais sachez que le ramassage des escargots de Bourgogne *(Helix pomatia)*, des petits-gris *(H. aspera)* et des pesons *(Zonites alginus)* est sévèrement réglementé : pour l'escargot de Bourgogne, il est interdit du 1er avril au 30 juin et n'est autorisé en dehors de ces périodes que si le diamètre de la coquille dépasse 3 cm — un arrêté préfectoral, permanent ou temporaire, peut en outre l'interdire totalement, renseignez-vous !

De plus, sept espèces sont intégralement protégées : Escargot terrassier *(Helix melanostoma)*, Escargot naticoïde *(H. aperta)*, Hélix de Corse *(H. tristis)*, Escargot de Raspail *(Tacheocapmylaea raspaili)*, Escargot de Nice *(Macularia niciensis)*, Otala de Catalogne *(Otala apalolena)* et Escargot de Quimper *(Elona quimperiana)*. Apprenez à les reconnaître pour ne pas les ramasser...

Et les **reptiles** alors ? Eh bien, pas de soupe de tortue, non plus que de lézard ou de serpent : tous figurent sur la liste des espèces protégées, y compris l'orvet, les couleuvres et les vipères !

Quant aux **amphibiens**, idem : salamandres, tritons, crapauds et grenouilles sont protégés, à l'exception de la Grenouille verte *(Rana esculenta)* et de la Grenouille rousse *(R. temporaria)* — mais il est interdit de mutiler, de naturaliser, de vendre ou d'acheter ces dernières. Alors pas de cuisses de grenouilles non plus ! Est-ce vraiment dommage ?

Les coquillages

Il reste un recours : le bord de mer, où l'on peut encore ramasser quelques mollusques savoureux. Mais leur ramassage peut être réglementé par des arrêtés préfectoraux, permanents ou temporaires, sur lesquels il sera impératif de se renseigner. Une réglementation nationale est en préparation.

Méfiez-vous aussi des pollutions locales qui rendent parfois les coquillages inconsommables, voire dangereux. Attention, on ne les détecte pas toujours au goût.

Une algue rouge unicellulaire, *Dynophisis acuminata*, infecte certains coquillages filtreurs de nos côtes, provoquant des troubles intestinaux chez les amateurs de fruits de mer. Apparue sur les côtes normandes et bretonnes en 1983, elle s'est depuis propagée en d'autres points du littoral. Sa progression est surveillée par les services officiels : dès que l'algue est présente en quantité importante, la Direction régionale des affaires maritimes fait émettre un arrêté interdisant la pêche et le ramassage des coquillages. Renseignez-vous dans les mairies de la région ou au quartier des affaires maritimes le plus proche*.

---

* Il en existe 40 en France métropolitaine. Leur liste peut être obtenue sur simple demande au Secrétariat d'État chargé de la Mer, 3, place de Fontenoy - 75007 Paris.

L'eau

Après l'air pur, avant toute nourriture, il nous faut de l'eau. Si l'on dispose de suffisamment d'eau, il est tout à fait possible de vivre pendant plus d'une semaine sans absorber le moindre aliment. Sans eau par contre, on ne peut guère tenir que quelques jours : on peut se passer d'eau pendant environ 10 jours à 10 ° C de température ambiante, 7 jours à 32 ° C et 2 jours à 50 ° C.

Il est bon de boire plusieurs litres d'eau par jour, surtout dans les régions sèches ou en haute montagne et pendant la saison chaude.

Comment se procurer de l'eau

Dans la plupart de nos régions, l'eau est abondante, mais lorsqu'elle coule en surface, il est fréquent qu'elle soit contaminée. On se désaltérera aux sources de préférence aux ruisseaux. Quant aux rivières et aux lacs, ils sont généralement trop pollués pour être utilisés directement. Les montagnes sont particulièrement riches en eaux pures, et c'est bien souvent là que tout naturellement nos pas nous mèneront retrouver la nature. Mais en été dans le Midi, ou dans les régions calcaires, il sera plus difficile de trouver de l'eau.

On pourra rechercher des **sources** ou des **suintements** à la base des falaises ou de certains rochers. Une végétation plus dense et plus verte, des joncs, des saules et des peupliers indiquent leur présence. En prêtant l'oreille, on entendra parfois l'eau couler avant de la voir : elle peut être cachée par les plantes ou par un éboulis caillouteux. Pour boire dans les suintements, vous pouvez utiliser la tige creuse d'une plante, ou un tuyau en plastique souple de faible diamètre.

Les **lits à secs** des rivières temporaires présentent souvent des zones humides, en particulier dans l'extérieur des coudes (bord concave) : il suffit de creuser et de

	Région et période tempérée	Région (ou période) chaude et sèche
Minimum	1,5 l	2 l
Activité normale	2-4 l	3-5 l
Activité intense	4-10 l	10 l et plus

Une partie importante des besoins en eau est fournie par les légumes, les soupes, les fruits, etc.

patienter pour obtenir une eau plus ou moins claire. Si l'on ne peut récupérer que de la boue, on pourra la presser à travers un linge pour en recueillir l'eau, que l'on clarifiera en la laissant reposer.
Un bâton et une pierre plate suffisent pour creuser dans une terre meuble.
S'il pleut, sortez les gamelles et tous les récipients imaginables, en particulier les ponchos (nouez le capuchon) et des carrés de plastique servant pour le bivouac, les couvertures de survie : tendez ces derniers entre quatre arbres, piquets, etc., pour récupérer l'eau en leur centre. Longtemps après la pluie, vous trouverez de l'eau dans des **trous de rochers**.
La **rosée** matinale est souvent abondante : on peut obtenir une quantité d'eau relativement importante en traînant dans l'herbe humide un linge (T.shirt, chemise, mouchoir, serviette...), que l'on essorera au-dessus d'un récipient. Un « sac à viande » en coton (voir p. 228) est particulièrement efficace. Un poncho ou une toile de plastique posée sur le sol pendant la nuit permettront aussi de recueillir un peu de rosée.
L'eau contenue dans l'atmosphère interne du sol peut être récupérée par **condensation** comme indiqué sur la figure. Mais ce procédé (indispensable dans tout « bon » manuel de survie) réclame une importante dépense d'énergie (trou à creuser — il faut de préférence une pelle) et une grande patience !
En haute montagne, il arrivera qu'on doive recourir à la **neige**. Le mieux est de la laisser fondre lentement dans un récipient (au soleil, près du feu, à la chaleur

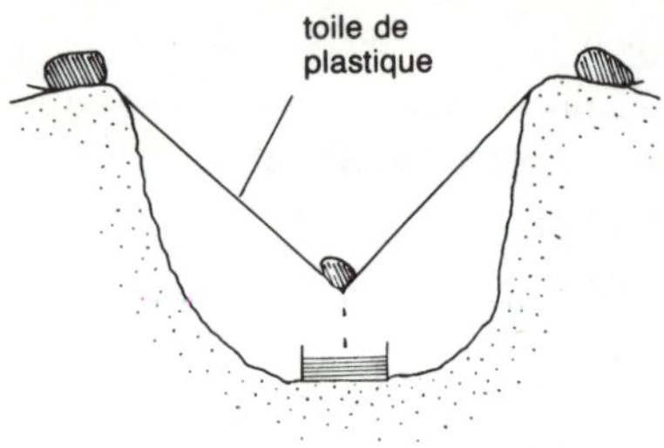

Récupération de l'eau du sol

du corps pendant la marche...). Il est préférable d'utiliser de la neige profonde, qui est plus compacte et dont le rendement en eau est meilleur. Pour aller plus vite, on peut la faire fondre sur le feu, en la mettant petit à petit dans une gamelle profonde. La neige réduit considérablement de volume en se transformant en eau. Si l'on peut s'en procurer, la **glace** donne de meilleurs résultats : il faut 50 % moins de temps et de combustible pour faire fondre de la glace que pour faire fondre de la neige.
Manger de la neige est sans danger, mais, telle quelle, elle a tendance à déshydrater plutôt qu'à assouvir la soif. Il vaut mieux la presser entre les doigts pour en faire une boule de glace que l'on sucera lentement. Ne broyez pas de glace entre les dents, car vous pourriez vous couper les lèvres ou la langue.
Pluie, rosée, neige et glace peuvent être généralement considérées comme des eaux pures (elles ne contiennent pas d'organismes pathogènes, mais sont parfois contaminées par des particules radioactives ou par des composés chimiques toxiques).

Au bord de la mer, on peut obtenir une eau saumâtre en creusant dans le sable en arrière des **plages** : les eaux d'infiltration forment une nappe qui surnage au-dessus de l'eau salée de la mer. S'il y a des falaises, on trouvera souvent des sources d'eau douce à leur pied. Dans les dunes, creusez au point le plus bas.

Précautions à prendre

La première précaution à prendre dans nos régions est d'éviter de boire de l'**eau polluée** ou **contaminée** par des organismes pathogènes. Une eau très limpide et de goût agréable peut contenir des éléments microscopiques dangereux pour la santé (cause potentielle de dysenterie, typhoïde, paratyphoïde, etc.). Il y a moins de problèmes en montagne.

Si elle est trouble, commençons par la clarifier en la laissant reposer (décantation) ou à travers un filtre. Si l'eau possède une odeur désagréable, on peut ajouter au filtre une couche de charbon de bois. L'eau obtenue est claire, mais elle n'est pas bactériologiquement pure. Si l'on a des doutes, il faut encore recourir à l'une des méthodes qui suivent.

• Ébullition. C'est une méthode simple et efficace. Il suffit de faire bouillir l'eau pendant 5-10 mn (davantage en montagne où l'eau bout à moins de 100 ° C), puis de la battre pour l'aérer (ce qui la rend plus digeste) une fois qu'elle est refroidie. Du charbon de bois bouilli avec l'eau élimine les odeurs. Mais cette méthode est longue et peu pratique.

• Stérilisation chimique. Après avoir ajouté l'agent actif et agité l'eau, il faut attendre environ 1 h avant de boire pour le laisser agir. On utilise les substances suivantes :

- eau de javel (1 goutte pour 2 l) — goût désagréable de chlore — ;
- hydroclonazone (1 comprimé dosé pour 1 l) — goût de chlore, un peu moins prononcé — ;
- teinture d'iode (10 gouttes par l) — l'eau se colore en brun, puis redevient claire au bout d'une demi-heure. Une dose trop forte d'iode est toxique (2-4 g peuvent être mortels). Les personnes atteintes de problèmes thyroïdiens ne devraient pas utiliser d'iode sans avis médical ;
- permanganate de potassium (solution saturée : 4-5 gouttes par l) — coloration violette, qui disparaît en moins d'une demi-heure — ;
- sels d'argent (Micropur : 1 comprimé dosé pour 1 l, ou 5 l, 20 l, etc.) — contrairement aux procédés précédents, les sels d'argent ne communiquent à l'eau aucun goût, ne sont pas toxiques même si une dose excessive a été employée et protègent l'eau contre toute réinfection pendant plusieurs mois (avec les autres méthodes, la stérilisation ne dure que quelques jours). Le simple fait de laisser tremper une chaîne d'argent dans de l'eau est d'ailleurs connu pour avoir des effets purificateurs ;
- filtration fine. Les micro-organismes les plus petits sont retenus par un filtre de porcelaine dont les pores ne dépassent pas 0,2 micron. Ces filtres (type Chamberland) ont la forme d'une bougie creuse. Il faut régulièrement les brosser et les stériliser à l'eau bouillante environ 20 mn. Ils sont fragiles. Dans un type voisin (Kata-

dyn), le filtre est imprégné de sels d'argent qui stérilisent l'eau et assurent l'auto-désinfection du filtre – il ne faut pas le faire bouillir, mais simplement le brosser de temps en temps. Il existe un filtre de poche à pompe incorporée qui pèse 650 g et fournit environ 3/4 de litre d'eau potable par minute. Au cours d'essais comparatifs, seul le filtre Katadyn s'est montré capable d'éliminer de façon satisfaisante les bactéries d'eaux fortement contaminées, même après plus de 100 l. Mais il est très cher ! De plus, il n'élimine pas les nitrates, ni les polluants chimiques.

Attention à la **déshydratation**. Il faut boire régulièrement, même si l'on n'a pas soif, car la perte d'eau n'est pas toujours ressentie. En climat très sec et chaud, la sueur s'évapore sans que l'on ait la sensation de transpirer. Il peut alors y avoir des pertes de minéraux ; pour les compenser, on consommera davantage de sel* (la sueur est salée – à 3,5 g/l) – ajouté à la nourriture, voire à l'eau de boisson.
La déshydratation limite considérablement l'effort musculaire : une perte d'eau de 2 % réduit la capacité physique de 20 % ; une perte de 4 % la réduit de 40 % !

Si vous n'avez **pas assez d'eau**, buvez une bonne partie de votre ration en dehors des heures chaudes de la journée et, pendant le reste du jour, buvez lentement de petites gorgées d'eau, en les gardant dans la bouche avant de les avaler.

* Si possible, du sel de mer gris, non raffiné, plus équilibré en minéraux.

Si vous devez marcher ou faire des efforts, choisissez le petit matin, le soir ou la nuit ; le reste du temps, reposez-vous. Évitez de manger des aliments pouvant dessécher les muqueuses, mais mâchonnez des végétaux acides ou charnus : feuilles d'oseille, d'oxalis ou d'épine-vinette ; tiges de berce, feuilles de sedum, etc.

Ne buvez pas pendant un **effort** qui vous essouffle, comme lors d'une montée raide. Là aussi, mâchez des feuilles acides ou des tiges juteuses qui apaiseront efficacement votre soif. Ne vous précipitez pas sur de l'eau froide juste après un tel effort, car votre estomac risquerait de réagir douloureusement. Reprenez d'abord haleine, puis ne buvez que quelques gorgées.

Si vous êtes au bord de la mer, vous pouvez boire occasionnellement un peu d'**eau de mer** (à condition qu'elle ne soit pas polluée...), mais elle n'étanchera pas votre soif car elle est trop salée. A haute dose, sa concentration excessive en sel pourrait provoquer un déséquilibre cellulaire. N'utilisez donc pas l'eau de mer comme boisson régulière. En revanche, si vous avez assez d'eau douce à boire, l'eau de mer est excellente pour les soupes ou pour la cuisson des légumes. Une eau un peu saumâtre (moitié moins salée que l'eau de mer) peut être bue sans danger.

Avoir de l'eau fraîche

Au cours des journées chaudes de l'été, l'eau contenue dans des gourdes devient rapidement tiède et désagréable à boire (à moins d'en faire une infusion désaltérante

grâce à l'adjonction de plantes aromatiques).
Pour la rafraîchir, on peut entourer chaque gourde d'un linge mouillé et la suspendre à un arbre dans un courant d'air. S'il n'y a pas la moindre brise, lancez la gourde pour lui imprimer un mouvement de balancier. L'eau du linge en s'évaporant refroidit la gourde.
Une autre solution consiste à entasser au fond d'un trou des aiguilles de pin ou d'autres feuilles d'arbres pour former un épais matelas que l'on gardera constamment humecté d'eau. Les gourdes disposées par-dessus resteront fraîches, même pendant les heures les plus torrides. C'est le « trou landais ».

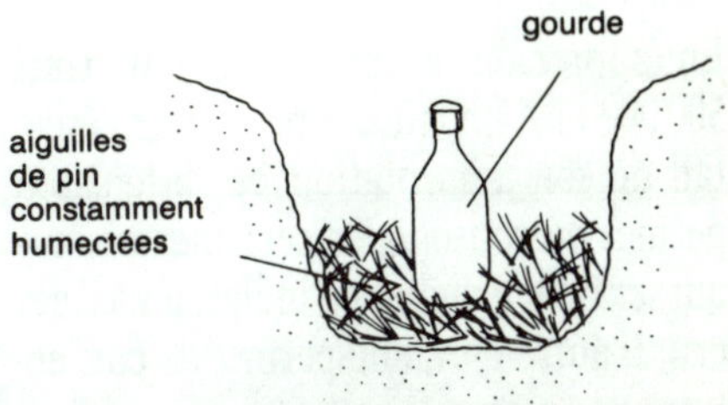

Trou landais

Se chauffer/cuisiner : le feu

En apprenant à utiliser le feu, voici 500 000 ans, l'homme a pu élargir l'éventail de son alimentation, car la cuisson permet de consommer certaines plantes qui seraient toxiques ou indigestes à l'état cru. D'autre part, elle permet de concentrer les éléments nutritifs (un même volume de légumes cuits est plus nourrissant qu'une salade), ce qui est particulièrement important dans notre cas. Elle détruit certaines vitamines et quelques sels minéraux, que l'on obtient en mangeant des crudités.

Le feu réchauffe le corps de l'homme – c'est grâce à lui qu'il a pu conquérir les régions froides du globe. Mais il réchauffe également son cœur, éliminant la nuit la peur de l'inconnu qu'apportent les ténèbres. C'est autour du feu que nous nous regroupons dès que tombe la nuit ou que se fait sentir la morsure du froid. Au campement, le feu est le centre de notre vie.

Précautions

Le feu est dangereux. Chacun sait que plusieurs milliers d'hectares brûlent tous les ans. Si de nombreux incendies sont allumés volontairement – pour toutes sortes de raisons sordides –, beaucoup trop encore sont dus à l'imprudence des fumeurs et des campeurs. Or, un feu correctement établi et bien contrôlé par une personne expérimentée ne présente pratiquement aucun danger. Mais il est indispensable de prendre les précautions qui suivent.

- Établissez votre feu à proximité d'un cours d'eau, d'une mare, d'un lac, etc., ou remplissez d'eau gourdes et gamelles et gardez-les près du feu.
- Prévoyez une branche feuillue pour éteindre immédiatement l'herbe qui pourrait, malgré vos précautions, prendre feu.
- Ne faites jamais de feu dans des broussailles ou sous les basses branches d'un arbre.
- Choisissez de préférence un lieu dénué de plantes : sable, rochers, etc., ou dégagez très soigneusement le sol de toute végétation à l'emplacement du foyer et un peu autour. Utilisez un ancien foyer s'il en existe un là où vous vous trouvez.
- Délimitez le foyer par un cercle de pierres serrées les unes contre les autres. Faites attention aux pierres provenant du bord de l'eau ou même du lit à sec d'un torrent : elles contiennent des poches d'eau qui se transformerait en vapeur et ferait exploser la pierre ! Ne les utilisez en aucun cas : on peut toujours en trouver d'autres.
- Ne creusez pas de trou pour établir votre feu dans le voisinage d'arbres ou d'arbustes : leurs racines pourraient se

consumer lentement et provoquer un incendie, peut-être quelques jours plus tard...

• Faites toujours le plus petit feu possible : un énorme brasier ne sert généralement pas à grand-chose, et il est dangereux ! Les débutants font toujours de trop gros feux ! Pensez-y !

• Respectez scrupuleusement les interdictions ! Il est par exemple interdit d'allumer du feu à moins de 300 m des forêts ou des bois (art. 178 du Code forestier). Dans de nombreux départements, tout feu est interdit en été, dans d'autres, pendant toute l'année. Renseignez-vous avant votre départ.

• Vérifiez que votre assurance responsabilité civile couvre le cas d'un incendie que vous provoqueriez en campant, sinon prenez une licence de camping auprès d'un organisme agréé.

• Si malgré tout un incendie se déclare, combattez-le immédiatement à l'aide de branchages et d'eau. S'il apparaît que vous ne pourrez en venir à bout, prévenez de toute urgence les autorités.

Préparer le feu

Préparer un feu consiste à établir le foyer, à ramasser le bois et à mettre en tas, puis à monter le feu — en disposant convenablement brindilles et branchettes —, qu'il ne restera plus qu'à allumer.

Établir le foyer

Après avoir dégagé le sol de toute végétation aux alentours du foyer, nous allons construire un cercle de pierres (méfiez-vous des galets du lit des cours d'eau) qui servira à contenir le feu et bien souvent à poser les gamelles pour cuire les aliments : prévoyez donc de disposer deux pierres de façon stable, à même hauteur, avec entre elles un espace adapté à la taille de la gamelle à poser. Établissez, si nécessaire, plusieurs groupes de deux pierres pour plus de possibilités de cuisson. Vérifiez toujours avec soin la stabilité des pierres et de la gamelle sur son support avant d'allumer le feu : cela permettra d'éviter qu'une délicieuse soupe avidement attendue ne se répande sur les braises... C'est là que des barres à feu pourraient être utiles. Elles permettent d'écarter les pierres et d'avoir plus de feu sous la gamelle, donc de cuire plus vite.

Pensez à orienter le foyer dans la direction du vent dominant, qui attisera les flammes. Un gros rocher pourra servir de réflecteur de chaleur.

Ramasser le bois

Il faut avant tout choisir le bois suivant ses besoins : pour la cuisine, souvenez-vous que ce ne sont pas les flammes, mais les braises qui chauffent le mieux (elles doivent être particulièrement durables pour cuire chapatis et chaussons) ; pour éclairer la nuit, ou pour les cuissons rapides, il vous faudra en revanche de belles flammes. On peut se fonder sur la règle suivante :

- bois durs : grand pouvoir de chauffage, combustion lente ;
- bois tendres : pouvoir de chauffage moyen, combustion rapide ;
- bois résineux : pouvoir de chauffage élevé, combustion très rapide.

Pour plus de détails, reportez-vous au tableau de la page suivante.

Se chauffer/cuisiner

Arbre	Chaleur	Flamme	Fumée	Braise	Utilisations	Combustion	Bois
Aulne	bonne	vive	faible	moyenne	allumage, éclairage	rapide	tendre
Bouleau	excellente	vive, claire	moyenne	bonne	allumage, éclairage	rapide	tendre
Charme	excellente	dansante	faible	bonne	cuisine, chauffage	lente	dur
Châtaignier	moyenne	pétillante, étincelles + éclate	moyenne	moyenne	cuisine, chauffage	moyenne	dur
Chêne	excellente	claire	nulle	très bonne	cuisine, chauffage, éclairage	très lente	dur
Épicéa	moyenne	vive	moyenne	faible	allumage, éclairage	rapide	résineux
Érable	moyenne	pétillante	nulle	bonne	cuisine, chauffage	lente	tendre
Frêne	très bonne	vive	moyenne	très bonne	cuisine, chauffage, éclairage	lente	dur
Hêtre	très bonne	vive + claire	faible	bonne	cuisine, chauffage, éclairage	lente	dur
Mélèze	moyenne	claire, pétillante	moyenne	faible	allumage, éclairage	rapide	résineux
Noyer	moyenne	courte	faible	bonne	cuisine, si bien sec	lente	dur
Olivier	excellente	courte	faible	très bonne	cuisine, chauffage	lente	dur
Orme	très bonne	petite	faible	bonne	cuisine, chauffage	lente	dur
Peuplier	faible	vive, claire	faible	faible	allumage, éclairage	rapide	tendre
Pin	moyenne	claire, pétillante	abondante	faible	allumage, éclairage	rapide	résineux
Platane	moyenne	éclate en brûlant	faible	moyenne	allumage, éclairage	moyenne	tendre
Robinier	bonne	pétillante, éclate	faible	moyenne	cuisine, chauffage	moyenne	dur
Sapin	moyenne	pétillante	abondante	faible	allumage, éclairage	rapide	résineux
Saule	faible	vive, claire	faible	faible	allumage, éclairage	très rapide	tendre
Tilleul	moyenne	claire	faible	faible	allumage, éclairage	moyenne	tendre
Tremble	faible	vive, claire	faible	faible	allumage, éclairage	rapide	tendre

Évitez les bois qui pétillent, projetant de dangereuses étincelles, ou qui risquent d'éclater. Le Figuier est le plus dangereux.
Ramassez des branches de différentes grosseurs et faites-en quatre tas :
• brindilles pour allumer le feu;
• petit bois, qui permettra de faire prendre le bois moyen et fournira déjà un peu de braise. Si l'on désire avoir une lumière vive la nuit, il faudra en remettre souvent sur le feu. Dans ce cas, prévoyez-en une quantité suffisante;
• bois moyen, qui sera suffisant pour alimenter un petit feu — par exemple, pour chauffer une gamelle posée sur deux pierres entre lesquelles de grosses branches ne pourraient être glissées;
• gros bois, brûlant plus lentement, qui évitera d'avoir à constamment recharger le feu.
Dans la mesure du possible, le bois sera cassé en longueurs de 20 cm (brindilles) à 50 cm (gros bois). Pour les rondins, il existe un fil à scier muni d'anneaux à ses extrémités, assez efficace, mais peu durable.
Disposez soigneusement les quatre tas à proximité du foyer, mais suffisamment loin pour éviter tout danger d'incendie. Repérez en particulier le vent dominant.
Les arbres cités dans le tableau fournissent petit bois, bois moyen et gros bois, parfois des brindilles. Seuls ceux qui sont indiqués pour la cuisine et le chauffage méritent qu'on en ramasse les grosses branches : chez les autres, c'est surtout le petit bois et le bois moyen qui seront intéressants, pour l'allumage et l'éclairage... Mais il faudra souvent se contenter de ce qu'on pourra trouver. Peut-être en montagne faudra-t-il ne faire le feu qu'avec du sapin ou de l'épicéa : étincelles, fumée, peu de braises et beaucoup de bois !
Les brindilles viendront fréquemment d'arbrisseaux comme les genêts ou d'arbustes comme le Prunellier et l'Aubépine, qui fourniront aussi d'excellents petits bois et bois moyens donnant une belle flamme vive et même de bonnes braises. Sapin, Noisetier et Troène procurent aussi d'excellentes brindilles.
Évitez le bois vert, qui contient beaucoup d'eau, s'enflamme difficilement et brûle mal. Les aiguilles des Conifères, riches en résine, et l'écorce de Bouleau peuvent néanmoins servir à allumer le feu même lorsqu'elles sont fraîches.
Ne coupez jamais de bois vif, ce qui devrait tomber sous le sens, car il brûle mal et l'arbre se trouve mutilé. C'est donc à la fois inutile et destructif.
Ramassez suffisamment de bois (aller chercher un complément dans la nuit noire n'est pas toujours amusant), mais pas trop non plus : préférez encore une fois un petit feu fait de bois chauffant bien et brûlant lentement à un bûcher devant consommer toutes les branches à l'entour.

Monter le feu

Le montage du feu est une opération délicate et primordiale : si elle est bien conduite, il suffira d'une allumette pour que le feu prenne immédiatement; sinon, il faudra tout recommencer — un peu comme pour une mayonnaise.
Lorsque le débutant saura monter correctement un feu, il ne sera plus tout à fait un débutant.

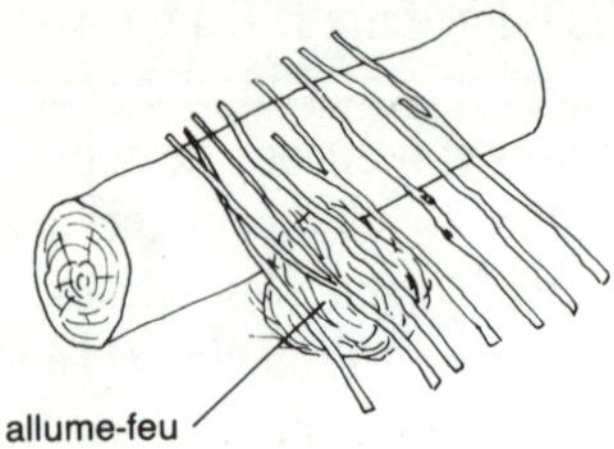

Appui simple

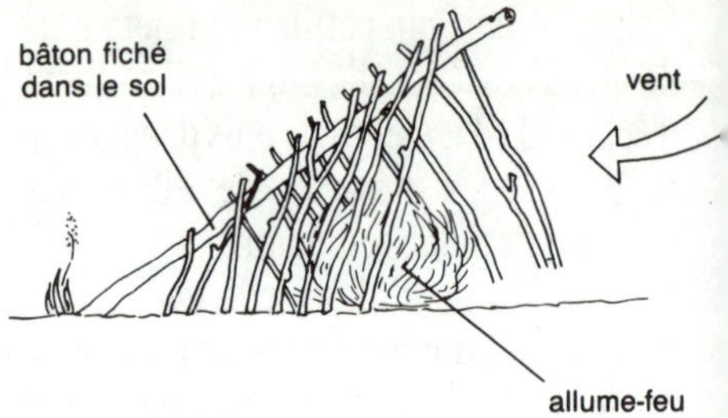

Appui double

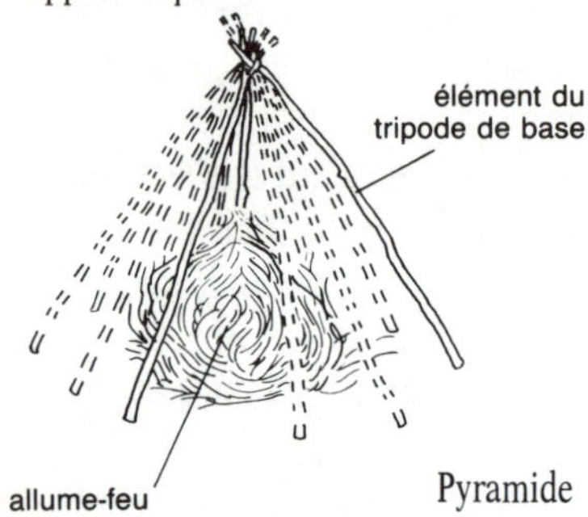

Pyramide

• Conditions favorables (sol et bois sec)

• Roulez en boule une touffe d'herbes très sèches — ou, si vous le jugez nécessaire, du papier (mais on peut généralement fort bien s'en passer).

• Disposez sur la boule, ou mieux sur une branchette servant de support, les plus petites et les plus sèches brindilles possibles, en couche épaisse, mais aérée.

• Continuez ainsi, en augmentant progressivement le diamètre des brindilles jusqu'à en arriver au petit bois qui fournira déjà un peu de braise, puis terminez par quelques branches moyennes. Il est important que les brindilles ne soient pas trop serrées pour que le feu ne s'étouffe pas.

Au lieu d'une boule d'herbes sèches, vous pouvez employer des brindilles sèches de plantes non ligneuses (Ombellifères, tiges de Graminées, etc.) ou la moelle de tiges desséchées (Fenouil, Bardane, Sureau, etc. — les tiges d'Angélique et de Berce sont creuses, mais présentent de la moelle sur leur pourtour). Des branchettes mortes de sapin, d'épicéa ou mieux encore de genévrier peuvent jouer le même rôle. Les pommes de pin ou les cônes d'épicéa remplacent avantageusement le petit bois.

Les formes de base à donner au feu pour le démarrer sont en appui simple ou double, en pyramide avec tripode ou sans appui.

• Conditions défavorables (pluie, sol et bois mouillés)

Si le sol est humide, isolez le feu du sol en construisant une plate-forme de branchages supportée par deux rondins ou quatre pierres. Pour faciliter le tirage et donc aider le feu à mieux prendre, on peut fabriquer une claie soutenue par quatre fourches à une dizaine de centimètres du sol.

S'il pleut, protégez le feu par un parapluie, une toile tendue par deux personnes ou fixée à quatre piquets (assez hauts pour que les flammes ne la lèchent pas). Évitez de vous placer sous un arbre.

Lorsque les brindilles et le bois ne sont pas parfaitement secs, il est indispensable

Chapatis : mélange des plantes (p. 151) façonnage

cuisson prêts à être dégustés

Cueillette des amélanches dans les Alpes du Sud (Ph. © Bruno Clergue)

de prévoir un allume-feu adéquat (vous pouvez en placer dans le sac à dos avant le départ). En voici quelques exemples.

• Lanières d'écorce de bouleau (brûle même mouillée), d'environ 1 cm de largeur. Enroulez-les pour faire une pelote.

• Résine récoltée sur un conifère (pin, sapin, épicéa, mélèze...) au bout d'un bâtonnet. Enveloppez d'une feuille, puis placez plusieurs de ces petites torches dans un sac en plastique, si vous voulez les transporter dans votre sac. Une pomme de pin ou un cône d'épicéa enrobés de résine sont excellents.

• Vesses-de-loup séchées, renfermant à l'intérieur une poudre impalpable de spores brunes.

• Poudre de bois pourri, ou produite par des insectes sous l'écorce, très sèche.

• Brindilles et tiges non ligneuses, moelle.

• Morceaux de tissu déchirés en charpie.

• Morceaux de bougie, ou paraffine fondue dans une vieille boîte de conserve plate (boîte de pâté) avec un lacet pour mèche.

• « Tortillons » : papier journal roulé en long — pas trop serré — ligaturé de place

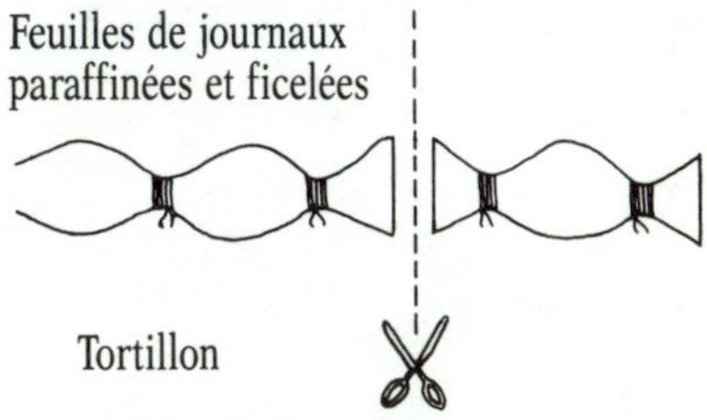

en place, puis trempé dans de la paraffine fondue. Laissez sécher une journée et coupez en tronçons de 5 cm environ.

• Cherchez des morceaux de bois bien secs, et taillez-les avec un couteau en bûchettes de quelques millimètres d'épaisseur. Vous en trouverez par exemple au cœur d'une vieille souche ou d'un tronc pourri — dont l'extérieur pourra être par ailleurs imbibé d'eau. Ou écorcez une branche épaisse et enlevez en la taillant toute la partie humide. Choisissez un bois dur, qui sera probablement moins imprégné d'eau qu'un bois tendre. Vous pouvez aussi préparer un « hérisson » (voir fig. p. 176).

• Quelques brindilles sèches se cachent peut-être au pied d'un rocher sous une pierre.

Isoler le feu du sol

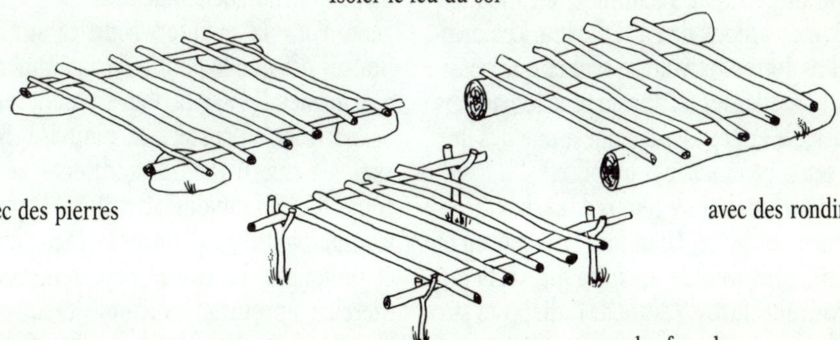

Morceau de bois sec entaillé, fiché en terre

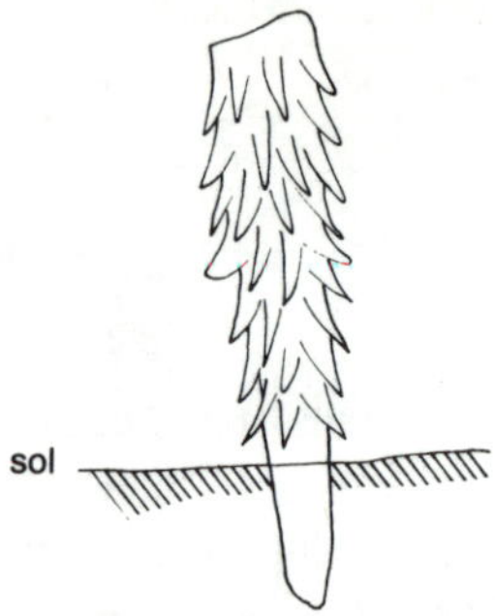

Hérisson

• Le feuillage de résineux, même vert et humide, peut aider le feu à démarrer à condition de sécher quelques minutes sur la flamme d'un allume-feu.

• Les tiges sèches de ronce sont recouvertes d'une sorte de vernis qui les rend imperméables.

• Ramassez du bois sur le tronc des arbres plutôt qu'à terre : il sera moins mouillé. Les nombreuses branches mortes des épicéas et des sapins sont particulièrement intéressantes.

On utilise les mêmes modes de construction du feu qu'à l'habitude, en montant l'édifice autour de l'allume-feu. Les brindilles doivent être aussi sèches que possibles : gardez-les à l'abri le plus longtemps possible et déposez-les une à une dès que le feu a commencé à prendre.
Le petit bois aura le temps de sécher directement en place. Quant au bois moyen et petit, prévoyez de le faire présécher à proximité du foyer avant de le disposer sur le feu.

Allumer le feu

Une fois le feu correctement monté, son allumage ne devrait guère présenter de difficulté — à condition d'être muni d'allumettes ou d'un briquet... Si vous pouvez vous en procurer, essayez le briquet à amadou : nettement plus qu'un simple gadget passéiste, il mérite d'être réhabilité. Dès qu'il est produit, appliquez le point incandescent de la mèche sur une boule d'herbe sèche et soufflez doucement jusqu'à ce que la flamme paraisse. Ceux qui n'ont ni allumettes ni briquet trouveront plus loin quelques méthodes permettant de s'en passer. Rappelons qu'avant d'apprendre à allumer un feu de façon plus « authentique » qu'avec ces vulgaires objets du commerce, il est indispensable de savoir monter un feu. C'est déjà rarement le cas ; c'est pourquoi ces méthodes ont principalement un intérêt folklorique — surtout quand un groupe affamé attend le repas régénérateur !

Bois sec

Allumez la touffe d'herbes sèches ou le papier ; les brindilles doivent prendre rapidement, puis le petit bois.
La combustion demande beaucoup d'oxygène. Pour la faciliter, soufflez sur les braises dès que le petit bois a commencé à en former. Il s'agit là d'un art, dont seule l'expérience apportera la maîtrise. Suivant les cas, il faudra souffler à petits coups brefs et rapides (attention à l'hyperventilation !), dans d'autres de façon lente et prolongée. La fumée peut rendre cet exercice éprouvant, surtout lorsque le vent tourne. Une longue tige creuse

(roseau, angélique, berce, etc. — frais ou secs) évite cet inconvénient et permet de concentrer le souffle en un point précis. Pour attiser le feu, on peut aussi se servir d'un chapeau, d'un couvercle de gamelle, d'une pièce de tissu tenue à bout de bras.

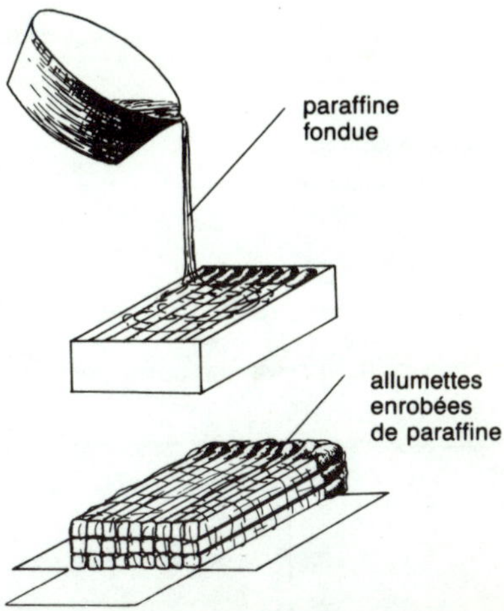

Bois humide

Si le montage a été soigneux et que l'allume-feu est suffisant, le feu devrait prendre sans grande difficulté. Soufflez à petits coups sur les braises dès qu'elles se forment, très doucement au début pour ne pas éteindre les flammes. Pour aider le départ du feu, vous pouvez réaliser une torche de brindilles sèches tenues ensemble dans la main, que vous promènerez sous le petit bois.

Par temps humide, et surtout s'il pleut, les allumettes peuvent facilement se mouiller et devenir inutilisables. Voici quelques moyens d'éviter cette frustration.

• Conservez les allumettes dans une boîte de pellicule photo en plastique, parfaitement étanche. N'oubliez pas d'y inclure un grattoir, à moins de pouvoir vous procurer des allumettes s'allumant partout, comme celles de la régie espagnole (petites allumettes en carton ciré, particulièrement pratiques).

• Trempez entièrement les allumettes dans de la paraffine fondue, ou versez sur elles de la paraffine dans leur boîte pour obtenir un bloc. Vous pouvez aussi tremper la boîte entière dans de la paraffine pour la rendre étanche.

• Il existe des allumettes imperméables qui s'allument encore après avoir trempé dans l'eau pendant 2 heures, et des allumettes « tout temps » qui s'enflamment en plein vent, même mouillées.

• Si vos allumettes (classiques) sont humides, vous pourrez les sécher suffisamment en les passant dans vos cheveux.

• Mettez des allumettes en plusieurs endroits dans votre sac et dans vos poches.

• Du fait que sa flamme peut être tenue longtemps, un briquet est utile si l'allume-feu et les brindilles sont humides. Mais il ne s'allume plus si sa pierre est mouillée.

Faire du feu sans allumettes

• Feu par friction (fig. p. 178)

Préparez tout d'abord :

- un socle de bois muni d'encoches et d'amorces de trou faites au couteau ;
- un bâton-pivot, pas trop bien arrondi ;
- un archet formé d'un morceau de bois tendant une courroie de cuir (ou un morceau de cordelette, mais il risque de s'user rapidement). Enduisez éventuellement la courroie de résine pour qu'elle agrippe mieux le pivot ;

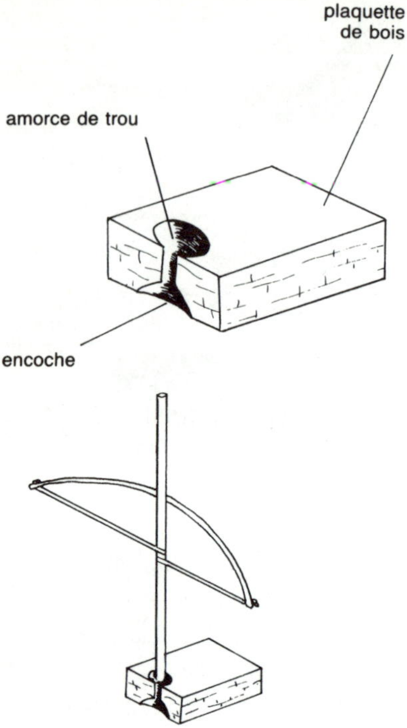

Feu par friction

- une poignée recevant l'extrémité supérieure du pivot: petit bloc de bois dur creusé au couteau, pierre creuse, etc. Savonnez, si possible, l'extrémité du pivot;
- de l'étoupe (vesse-de-loup séchée, moelle de sureau, corde de chanvre effilochée, charpie de tissus...);
- un feu correctement monté (très petites brindilles bien sèches).

Puis:
- placez sous le socle un morceau de papier;
- posez le pied sur le socle de bois;
- placez le pivot dans un tour de la courroie, la pointe dans l'amorce de trou, et « sciez » rapidement avec l'archet.

Une poussière noire tombe bientôt à travers l'encoche sur le papier, puis de la fumée s'en élève. Appuyez davantage sur la poignée et accélérez le va-et-vient.

Avec la pointe d'un couteau, déposez le petit tas de poussière noire au cœur de la boule d'étoupe que vous avez prise dans la main et soufflez très doucement.

Dès qu'un point rouge apparaît, lancez l'étoupe dans un rapide mouvement giratoire (ou en 8) à bout de bras. Quand l'étoupe fume et chauffe la main, déposez-la sous les brindilles et soufflez doucement jusqu'à ce qu'apparaisse la première flamme.

Quel bois employer? L'orme, l'érable, le saule , le tilleul, le peuplier et le tremble (bois tendres surtout) donnent une poussière noire, épaisse et bien amalgamée. Au contraire, le chêne, le frêne, le châtaignier, le noyer (bois durs) et les résineux produisent une fine poussière qui se disperse. Employez le bois le plus sec et le plus vieux possible. Celui des racines passe pour être le meilleur. Il est conseillé de se servir du même bois pour le socle et pour le pivot, mais ce n'est pas indispensable.

• Certaines peuplades arrivaient à faire du feu avec socle et pivot, mais sans archet, rien qu'en faisant tourner le pivot entre la paume des mains (style « guerre du feu »). Bonne chance!

• Une lame d'acier frappée contre un silex permet de projeter des étincelles suffisantes pour créer une braise dans un petit tas de sciure très fine et très sèche (ou de spores de vesse-de-loup, etc.). Soufflez très légèrement, puis faites tourner à bout de bras comme décrit plus haut.

• Une technique proche est celle du briquet à magnésium, où l'on détache des copeaux de métal à l'aide d'un couteau pour les enflammer grâce à une longue pierre à briquet frottée avec le couteau. C'est l'une des techniques les plus faciles à maîtriser.

• Une loupe dirigée vers le soleil peut suffisamment concentrer sa lumière pour faire prendre une boule d'étoupe.

• Il existe des briquets solaires formés d'un petit miroir parabolique, qui permettent d'allumer un morceau d'étoupe.

• Un tampon de laine d'acier (pour récurer la vaisselle) pris en court-circuit entre les deux pôles d'une pile de 4,5 V (pour lampe de poche) fournit une braise suffisante pour allumer des brindilles. C'est sans doute la façon la plus facile de faire du feu sans allumettes.

Types de feux

Les types de feux sont innombrables. Je ne vous présenterai ici que ceux qui suivent.

• Le « feu de berger » est celui que nous avons décrit p. 169. Il est généralement souhaitable de pratiquer une ouverture dans la direction d'où vient le vent dominant qui attisera les flammes.

• Si le vent tourne fréquemment, on peut établir un feu en croix de petites dimensions.

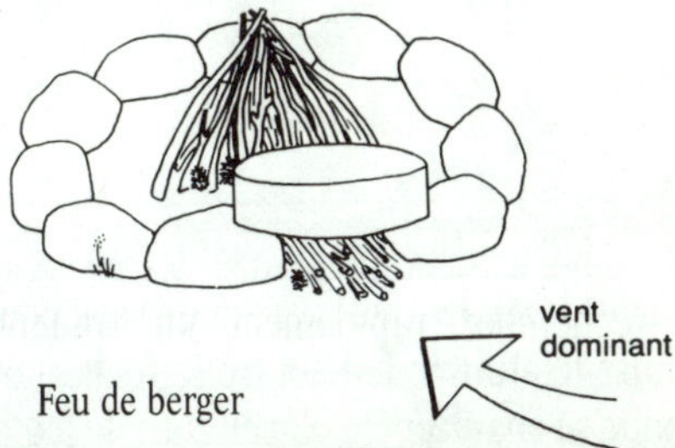

Feu de berger

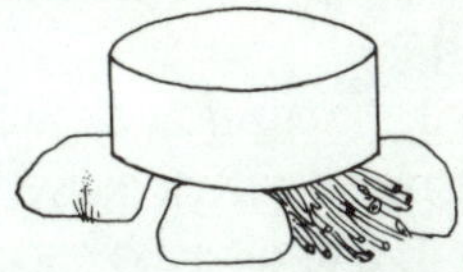

Feu en croix

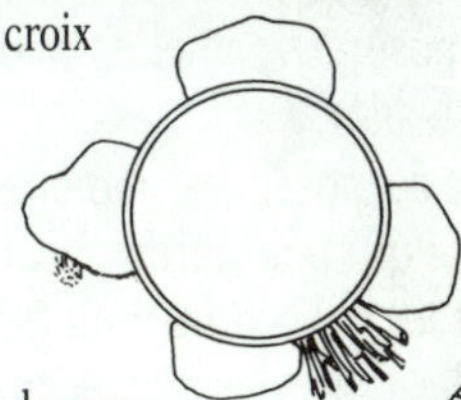

Vue de dessus

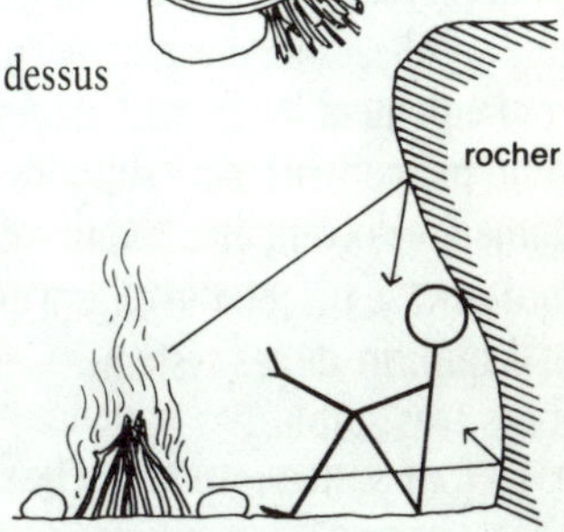

Feu à réflecteur

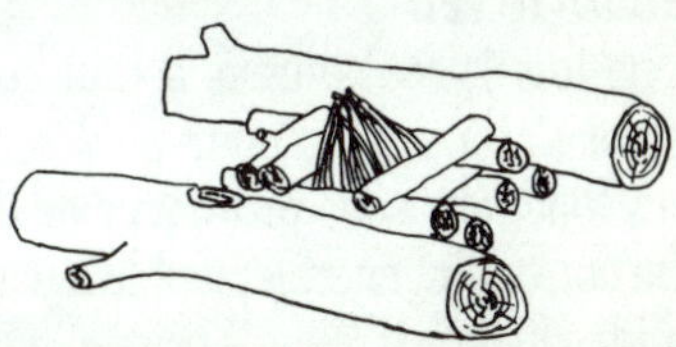

Feu de trappeur

Trépied

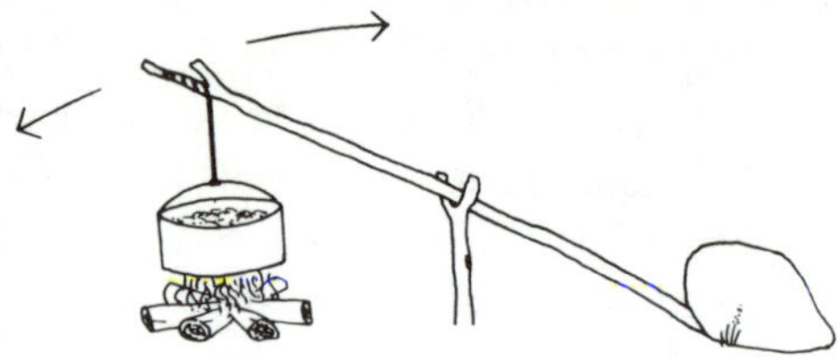

Perche pouvant pivoter à gauche ou à droite

• Le feu à réflecteur permet d'utiliser au mieux la chaleur du foyer, que ce soit pour cuire (établir le feu contre le rocher) ou pour se chauffer (se placer entre le feu et le rocher).

• Le feu de trappeur ne s'emploie que si l'on ne dispose d'aucune pierre. Il consiste à utiliser de gros rondins pour contenir la braise et poser les gamelles. Mais ils finissent par brûler.

• Au lieu de poser les gamelles sur des pierres, ce qui peut être délicat, certains préfèrent les suspendre à un trépied ou à une perche. Cette dernière permet de retirer facilement le récipient du feu en la faisant pivoter sur son support. Mais les gamelles doivent être munies d'une anse (qui peut se bricoler si elles n'en ont pas), et l'équilibre de ces systèmes n'est pas toujours très stable...

• Le four souterrain a été décrit p. 159.

Tenir le feu

Une fois le feu allumé, il faut constamment s'en occuper pour qu'il remplisse ses fonctions sans provoquer de dégâts.
On construit généralement le feu en pyramide, du moins jusqu'à ce que le tapis de braise soit assez épais, mais on peut aussi entrecroiser les branches comme pour un bûcher. L'essentiel est qu'il passe le plus d'air possible pour que le feu brûle au mieux. Puis on peut simplement poser les branches en long sur les braises. La méthode de la « squaw paresseuse » consiste à poser dans le feu l'extrémité des bûches trop grosses pour être cassées, puis à les pousser vers l'intérieur du foyer à mesure qu'elles brûlent.
C'est généralement la braise qu'il faut rechercher pour cuire et se chauffer. Quand elle est indispensable, comme pour faire les chapatis (voir p. 151), allumez le feu environ une demi-heure à l'avance. Pour fournir régulièrement la braise nécessaire, alimentez régulièrement les flammes dans un coin du foyer, puis étalez les braises produites et recommencez plus loin.

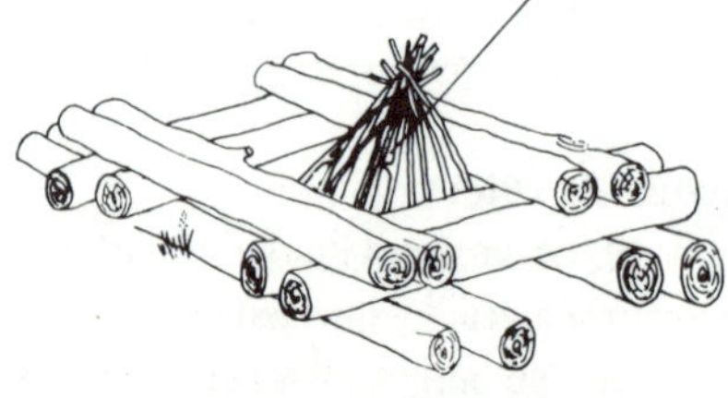

Bûcher

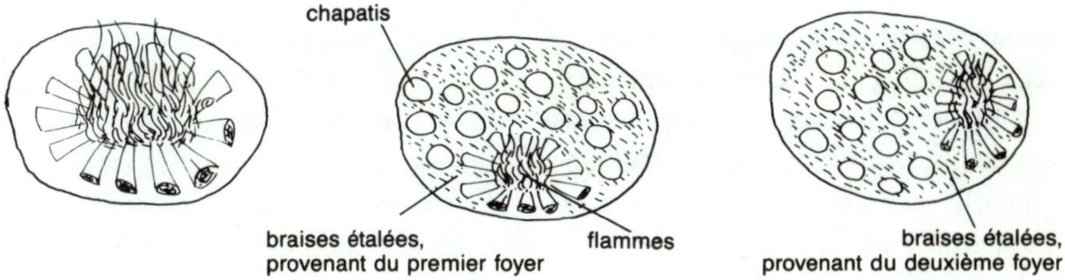

1. Premier foyer, sur toute la surface.

2. Deuxième foyer, dans un coin.

3. Troisième foyer, décalé par rapport au deuxième.

Les flammes sont utiles pour cuire à feu vif un plat, pour saisir un aliment, pour chauffer alentour et pour éclairer.

Contrôlez toujours la flamme pour éviter les incendies, mais aussi le gaspillage de bois : ne mettez jamais plus de bois qu'il n'est strictement nécessaire. Faites toujours le plus petit feu possible.

Lorsque vous cuisez à l'huile, il vous faut des flammes vives pour la chauffer rapidement. Faites très attention à ce qu'elles ne soient pas trop hautes, car elles risqueraient de communiquer le feu à l'huile de la poêle.

Pour éclairer, ou pour raviver le feu s'il brûle mal, soufflez délicatement sur la base des flammes et rajoutez, s'il le faut, du petit bois, qui brûlera vite, mais illuminera les alentours pendant quelques minutes.

Si le bois est humide, faites-le sécher auprès du feu, mais veillez à ce qu'il ne prenne pas feu avant que vous ne l'ayiez décidé !

Méfiez-vous des bois qui pétillent : leurs étincelles sont dangereuses.

Ne cherchez pas à transporter le feu : il est généralement plus facile et surtout moins dangereux d'en rallumer un.

Éteindre et nettoyer

Il faut toujours éteindre complètement le feu en le noyant (il faut verser beaucoup d'eau) jusqu'à ce que toute braise ait totalement disparu et que les cendres soient froides — les pierres aussi si possible, malgré la chaleur qu'elles ont accumulée. Un foyer mal éteint est cause possible d'incendie. Si le vent se lève, la moindre braise peut enflammer une forêt. Ne le risquez pas..., même si vous n'êtes plus là.

Éparpillez les pierres du foyer, dispersez le bois, le charbon et les cendres. Redonnez au lieu son aspect primitif en disposant des feuilles, du sable, etc., sur l'emplacement du feu.

Ce n'est pas nécessaire si le foyer était déjà là et semble régulièrement utilisé. Dans ce cas, laissez la provision de bois que vous n'avez pas utilisée.

Réchauds

Dans certains cas, il est interdit de faire du feu. Dans d'autres, ce n'est pas possible — en montagne au-dessus de la limite de la végétation, par exemple. Un réchaud portatif sera alors le bienvenu. Il en existe plusieurs types :

- à combustible solide, de type « meta »,

présenté en tablettes. Ils sont petits, légers (environ 100 g), mais ne permettent que de chauffer un peu de soupe ou quelques tasses de thé. Le combustible est pratique à emporter, mais il est coûteux et toxique et ne se trouve pas partout ;
- à pâte gélifiée. Très pratique d'emploi, pour de petits en-cas ;
- à alcool ;
- à essence minérale ou « essence blanche » (« Primus », « Radius », « Coleman ») ;
- à pétrole (« Petromax »). Ils sont économiques et chauffent bien. Mais il est impératif d'emporter leur combustible dans des récipients absolument étanches, car les fuites dans le sac à dos sont pour le moins à éviter... Il existe des modèles à plusieurs feux pour groupe ;
- multicombustibles. Ils fonctionnent indifféremment — suivant les modèles — à l'essence, au pétrole, au gas-oil ou à l'alcool ;
- à gaz. Ils sont très légers (environ 400 g) et leurs cartouches durent plusieurs heures (il en existe différentes tailles), permettant de faire cuire quelques vrais repas. Rapportez toujours les bouteilles vides (cela va de soi), et ne les laissez jamais exposées au soleil. Les recharges sont très faciles à se procurer.

Il y a deux types de réchauds à gaz : ceux au butane cessent de fonctionner au-dessous de 0 ° C (le gaz ne se vaporise plus) ; ceux au propane peuvent descendre jusqu'à – 42 ° C. En fait, dans les réchauds les plus utilisés (« camping gaz », « jet gaz »), un peu de propane est mélangé au butane pour un meilleur fonctionnement par temps froid (on peut ainsi descendre au-dessous de 0 ° C). Ces réchauds sont les plus économiques et très pratiques. Ils sont parfaits pour une personne ou un petit groupe. Pour un groupe plus important, prévoyez-en plusieurs.

Se déplacer/s'orienter

Sitôt trouvé un bel endroit, nous pourrions y rester, à vivre béatement des bienfaits de la nature, mais il est probable que, tôt ou tard, l'envie de bouger nous prendra : désir d'explorer, de découvrir ce qui nous attend de l'autre côté de la colline, recherche de notre nourriture, d'une plus grande variété de plantes, simple plaisir de marcher... D'ailleurs, la marche est sans doute le meilleur exercice qui soit : elle met en mouvement la plupart de nos muscles et les raffermit, elle oxygène nos cellules et constitue une sorte de méditation qui nous repose l'esprit. Et puis, il faut encore y arriver à notre bel endroit. Alors, allons-y !

Comment se déplacer ?

A pied, bien sûr... Mais ce n'est pas exactement de la randonnée que nous faisons, aussi prendrons-nous soin de choisir de petits chemins éloignés de tout et d'éviter les sentiers de Grande Randonnée (G.R.), généralement trop bien balisés et trop fréquentés (ce qui ne remet pas en cause leur intérêt pour d'autres).

Nous cherchons avant tout le contact avec la nature, sa beauté subtile et sa tranquillité... et puis aussi un peu d'aventure. C'est en quittant les chemins que nos désirs seront comblés — ou plutôt dans un savant équilibre entre sentiers et tout terrain, car il ne faut pas sous-estimer les difficultés possibles du parcours. S'il est bon de prendre un peu de risques, il est indispensable de bien les doser !

Les difficultés

Faire l'inventaire de toutes les difficultés que vous pourrez rencontrer nous mènerait trop loin, mais en voici quelques échantillons. N'oubliez pas qu'un sac à dos chargé peut rendre périlleuses des situations habituellement sans problème.

• En montagne, méfiez-vous des pentes herbeuses et raides : elles sont souvent glissantes, surtout après la pluie, et particulièrement traîtres du fait de leur aspect de beau tapis vert, car elles peuvent mener à une falaise abrupte...

• Attention, bien sûr, aux éboulis et aux chutes de pierres. N'en provoquez jamais.

• Les rochers sont toujours dangereux, mais bien plus encore s'ils sont mouillés ou s'ils sont constitués de « roche pourrie » — schisteuse ou calcaire —, qui s'effrite sous les pas.

• Attention aux passages en corniche.

• Les torrents creusent souvent des ravins ou des gorges inaccessibles qu'il faudrait contourner en escaladant les parois. Suivez plutôt les lignes de crête où la végétation est plus basse et la vue plus dégagée.

• Un vent violent peut vous déséquilibrer au cours d'un passage sur une crête ou une pente délicate.
• Pour traverser un cours d'eau à gué, gardez vos chaussures (enlevez vos chaussettes pour les remettre sèches) et utilisez un bâton pour garder votre équilibre. Attention au courant, surtout si vous enfoncez plus que jusqu'aux jambes : vous n'aurez que peu de prise.
• Lors de la fonte des neiges, traversez les torrents tôt le matin, avant qu'ils ne gonflent lorsque la température s'élève.
• La neige profonde rend la marche difficile et dangereuse en recouvrant les irrégularités du terrain. On s'y perd facilement. Attention aux trous, aux ponts de neige, etc.
• En montagne, la neige persiste même en été sous forme de névés souvent dangereusement pentus et glissants.
• Ne vous aventurez jamais sur un glacier sans être équipé et encordé.
• Attention aussi au brouillard, qui tombe parfois très rapidement et peut rendre la progression impossible. Il est particulièrement gênant dans les zones à faible relief, mais peut être très dangereux en montagne.

Une corde vous sera utile en cas de passage difficile. Apprenez à vous encorder (voir page 201) et à descendre en rappel.
Un bâton pourra vous aider sur les pentes raides, à travers les torrents, sur les névés, etc.
Des jumelles vous permettront d'observer le terrain pour y détecter les passages difficiles, et aussi d'observer les oiseaux ou... les plantes.

Le rythme

• Démarrez de bonne heure le matin, surtout en été ou si vous devez monter. Marcher dans la fraîcheur est plus agréable et moins fatigant. Souvenez-vous qu'il faut toujours plus longtemps que prévu pour que tout le monde soit prêt !
• La soirée, voire la nuit sont également de bons moments. Essayez au moins une marche de nuit, par pleine lune : le monde est tout différent...
• Le temps est parfois rythmique : beau le matin, orageux dans l'après-midi. Tenez-en compte. Lors du dégel, les avalanches se produisent à partir de la fin de la matinée.
• Démarrez lentement et échauffez-vous progressivement. Partir à fond de train ne sert qu'à s'écrouler quelques heures plus tard, victime du « coup de pompe ». Votre rythme doit être lent et régulier, en respirant par le nez : si vous devez respirer par la bouche, c'est que vous allez trop vite.
• Tout le monde n'a pas le même rythme. Plutôt que de forcer les uns à ralentir et les autres à accélérer, il vaut mieux que les premiers attendent les plus lents à intervalles réguliers. Ne cherchez pas la compétition !
• Prévoyez des pauses de 5 à 10 mn (ou plus) toutes les heures. Indispensables à la plupart, elles pourront casser le rythme de certains, mais il faut bien trouver un compromis. Profitez d'arrêts plus longs pour aérer pieds et duvets.
• Mangez copieusement le matin avant de partir, grignotez ce que vous rencontrez le long du chemin et faites un bon repas le soir à l'étape, où vous arriverez de bonne

heure. Aux heures chaudes, prévoyez une longue pause où manger une salade sauvage et quelques chapatis confectionnés la veille.

• Vous pouvez aussi choisir d'établir un camp de base et de rayonner au cours de la journée. L'un des gros avantages est que vous pourrez marcher sans être chargés, d'où plus de rapidité, et de souplesse dans les horaires, moins de fatigue et de dangers.

Les pieds

N'oublions pas qu'ils sont indispensables à notre découverte de la nature. Nous les protégerons par deux paires de confortables chaussettes, entourées de chaussures de cuir adaptées à leur forme et maintenant bien la cheville.

• Il faut avant tout éviter les ampoules, provoquées par le frottement. Mettez en pratique les conseils donnés page 209.

• Taillez soigneusement les ongles de vos orteils qui risqueraient de vous blesser... et de percer vos chaussettes.

• Ne marchez jamais avec les pieds humides. A la pause, aérez vos pieds et faites sécher vos chaussettes, ou changez-en.

• Pour délasser vos pieds à l'étape, trempez-les dans l'eau froide, puis séchez-les bien. Marchez pieds nus autant que vous le pouvez.

La carte

Il serait difficile de s'en passer. Elle nous donne une idée précise du terrain, nous permet de repérer les lieux de bivouac et la meilleure façon d'y arriver, de calculer les distances, d'éviter les obstacles... et de ne pas nous perdre. Grâce à elle, vous n'aurez pas à suivre les balises des G.R. ! Choisissez les cartes au 1/25 000, les plus détaillées : 1 cm y représente 250 m sur le terrain. Les autres échelles courantes (1/50 000, 1/100 000 et 1/200 000) sont moins recommandables pour notre expédition. Elles peuvent cependant être utiles pour choisir en gros l'endroit que vous souhaitez explorer.

Préparez avec soin votre itinéraire sur la carte détaillée. Apprenez bien sûr à lire une carte avant de partir. Avec l'habitude, vous vous promènerez déjà sur le terrain rien qu'en lisant la carte. Étudiez avec soin le relief — s'il le faut, établissez le profil vertical du parcours sur papier millimétré. Cela vous permettra d'évaluer avec plus de précision la durée du trajet, que l'on a toujours tendance à sous-évaluer. En plus du temps mis pour parcourir la distance en plat, comptez environ 1 heure pour 300 m de dénivelée. La durée de la descente est d'environ les deux tiers de celle de la montée. Utilisez un curvimètre pour calculer les distances, ou la simple méthode des épingles et du fil.

N'oubliez pas que des modifications ont pu avoir lieu sur le terrain depuis la dernière mise à jour de la carte : c'est ainsi que certains chemins se sont progressivement effacés par manque d'entretien, alors que des pistes forestières ont pu être récemment tracées. Repérez les obstacles naturels pour les éviter, mais sachez que vous ne pouvez pas voir sur la carte toutes les difficultés du terrain. Vous aurez peut-être des surprises...

Pour consulter facilement votre carte sans trop l'abîmer en la sortant et en la geant toutes les cinq minutes, glissez-la, soigneusement pliée, dans un porte-carte transparent.

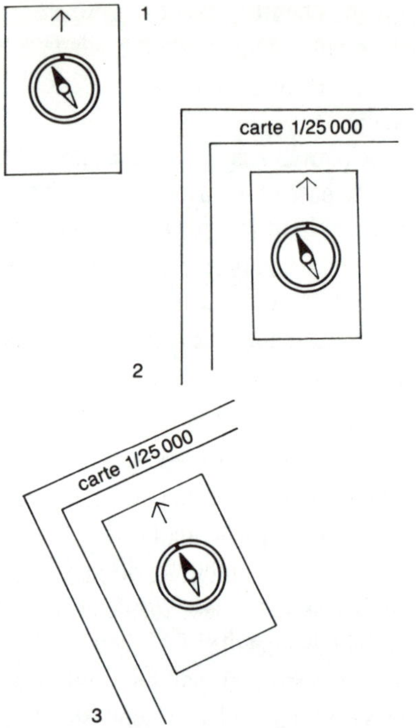

Orienter une carte

S'orienter

C'est avant tout la boussole qui va nous le permettre. Choisissez la plus simple et la moins chère, à condition que son aiguille se stabilise rapidement. Un excellent modèle est proposé par la marque *Silva*, avec une plaquette de Plexiglas munie d'une flèche directrice. Elle permet de lire la carte par transparence, de l'orienter facilement et d'effectuer des visées. Pour celles-ci, un miroir de visée n'est pas indispensable.

Pour orienter la carte, (1) commencez par superposer le « N » de la couronne mobile de la boussole avec le repère fixe ; (2) posez la boussole sur la carte, l'arête N.-S. de sa plaquette parallèle au bord vertical de la carte ; puis (3) tournez l'ensemble jusqu'à ce que le repère fixe de la boussole coïncide avec l'extrémité phosphorescente (ou colorée) de l'aiguille aimantée.

En fait, le bord de la carte indique le nord géographique, alors que la boussole indique le nord magnétique. L'angle entre ces deux nords s'appelle la « déclinaison ». Celle-ci varie dans le temps, car le nord magnétique se déplace. Depuis la France, il est actuellement situé légèrement au nord-ouest du nord géographique : la déclinaison est d'environ 3° dans les Alpes, de 8° en Bretagne... Dans la pratique, on pourra ne pas trop se préoccuper de la différence. Si vous teniez à déterminer la déclinaison, vous pourriez, de nuit, prendre la direction de l'étoile Polaire (nord géographique), puis celle qu'indique la boussole (nord magnétique) et mesurer l'angle qu'elles font.

Une fois la carte orientée, vous pouvez lire le paysage avec assurance. Cherchez-y des repères et situez-les sur la carte.

Pour aller dans une direction déterminée, placez le centre de la boussole là où vous êtes, sur la carte orientée ; dirigez la flèche de la boussole, sur la carte, vers le point à atteindre, puis faites tourner la couronne mobile jusqu'à ce que son nord (N) coïncide avec celui de l'aiguille. Il ne nous reste plus qu'à viser dans la direction qu'indique la flèche et à prendre un repère dans le paysage.

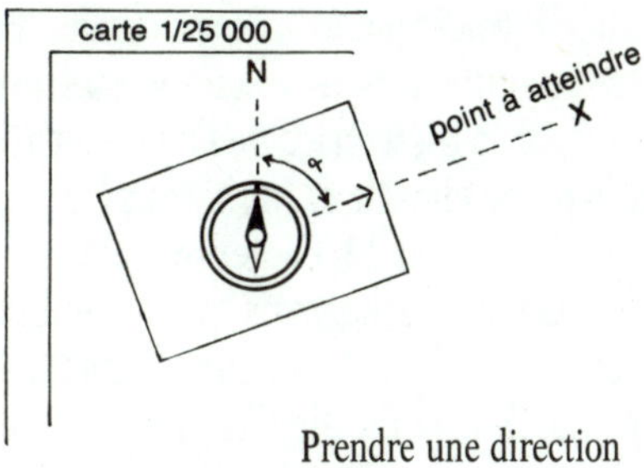

Prendre une direction

Pour atteindre votre but, il vous faudra sûrement faire plusieurs crochets, car il est rare de pouvoir suivre longtemps une ligne droite. Si vous pouvez garder en vue le repère au cours du crochet, pas de problème. Sinon, du moins en terrain plat, procédez comme indiqué sur la figure, en comptant les pas à chaque départ de la direction de base. Sur de grandes distances, totalisez-les par centaines, que vous symboliserez par des cailloux mis dans votre poche pour ne pas en oublier le nombre. Une fois le repère atteint, il faut effectuer une nouvelle visée, et ainsi de suite jusqu'au bout.
Dans une forêt touffue ou dans le brouillard, on peut procéder à deux, l'un servant de repère mobile et l'autre visant. Mais il est bien sûr plus facile de rallier directement par des chemins le point que vous voulez atteindre. Aussi cette méthode est-elle généralement plus anecdotique – et didactique – qu'autre chose. Elle vous rendra en revanche bien service pour déterminer avec précision où vous vous trouvez sur la carte : visez successivement deux repères dont vous avez situé l'emplacement sur la carte. Lisez sur la boussole l'angle α, puis l'angle β : en les reportant sur la carte (voir fig. p. 188), vous voyez immédiatement où vous êtes. C'est souvent bon à savoir !
Et en cas de brouillard dense, la boussole peut s'avérer indispensable.

S'orienter sans boussole

Il importe avant tout de posséder ce fameux « sens de l'orientation » qu'en fait presque chacun peut acquérir avec l'habitude et l'entraînement. La carte est l'essentiel, et l'on peut fort bien l'utiliser sans boussole en y repérant des éléments caractéristiques du paysage (c'est presque toujours ainsi que je procède). Si, en

AB = CD (compter les pas)

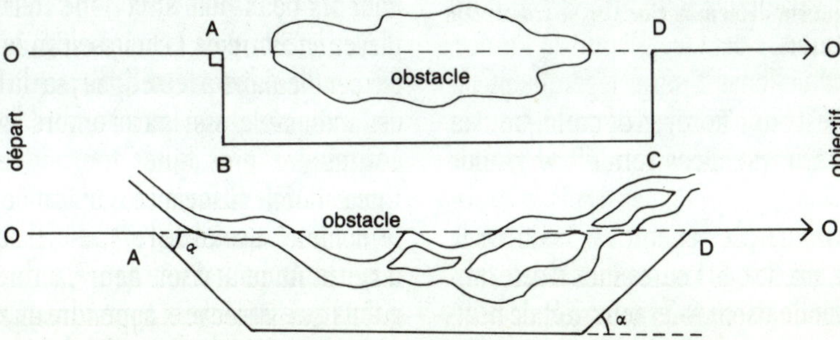

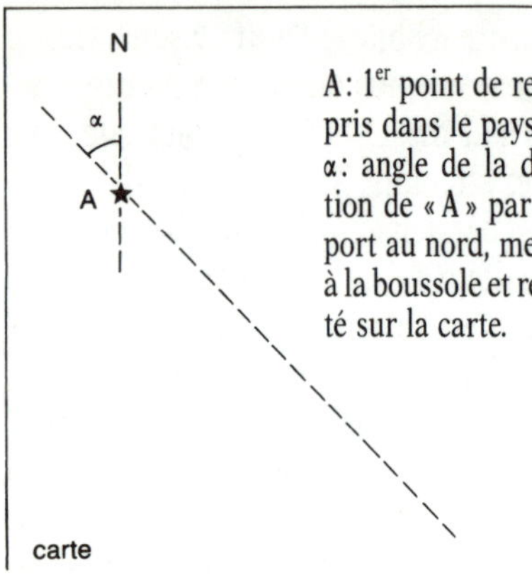

A : 1er point de repère pris dans le paysage.
α : angle de la direction de « A » par rapport au nord, mesuré à la boussole et reporté sur la carte.

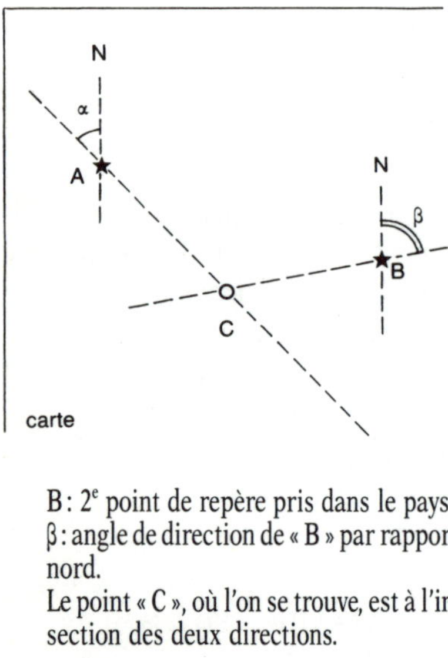

B : 2e point de repère pris dans le paysage.
β : angle de direction de « B » par rapport au nord.
Le point « C », où l'on se trouve, est à l'intersection des deux directions.

Comment déterminer où l'on se trouve sur une carte.

revanche, vous n'avez pas de carte, trouver le nord avec précision sera d'une grande aide.

Le « truc » le plus connu est celui de la **montre,** mais vous l'aurez sans doute laissée avant de partir — et puis, c'était peut-être une montre « digitale »...

Enfin, le voici quand même : dirigez la petite aiguille vers le soleil ; le sud est donné par la bissectrice de l'angle formé par la petite aiguille et 1 h, si vous êtes en heure d'hiver, ou 2 h en heure d'été.

Si le soleil est caché, mais qu'une ombre est encore visible, placez une allumette à la pointe de la petite aiguille et tournez la montre jusqu'à ce que l'ombre de l'allumette coïncide avec la petite aiguille.

Dans le même cas, vous trouverez facilement la direction du soleil en faisant pivoter sur votre ongle un couteau jusqu'à ce que l'ombre de sa lame soit la plus petite possible.

Si vous avez l'heure, sachez d'ailleurs qu'à 6 h (heure solaire bien sûr...) le soleil est toujours exactement à l'est, etc. Utilisez le même principe, mais à l'envers, pour trouver l'heure avec une boussole.

Avec la technique suivante, vous n'aurez pas besoin de montre,... mais de beaucoup de temps : placez un **bâton** dans le sol et, dans la matinée, notez sur le sol le sommet de l'ombre qu'il projette ; tracez un cercle ayant pour centre le bâton et pour rayon la longueur de son ombre ; dans l'après-midi, notez le point où le sommet de l'ombre du bâton recoupe le cercle ; joignez les deux points, la ligne indique la direction est-ouest. Le nord est situé sur la perpendiculaire à cette ligne ; sa direction est indiquée aussi par l'ombre la plus courte.

Une solution plus rapide consiste à noter le sommet de l'ombre tous les quarts d'heure. Au bout d'une heure, on a quatre points qui se trouvent approximativement situés sur une ligne est-ouest (voir fig.

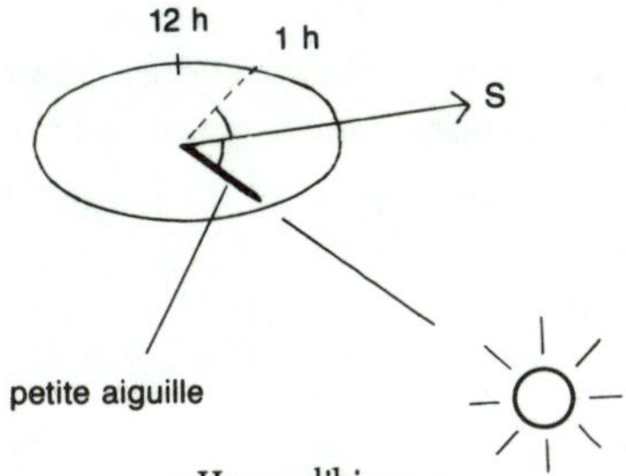

Heure d'hiver

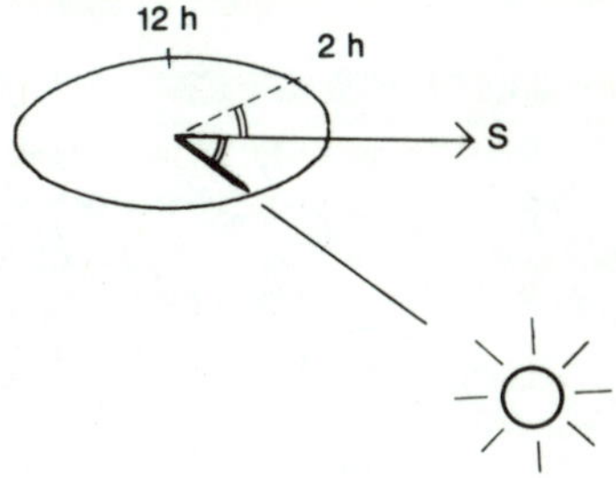

Heure d'été

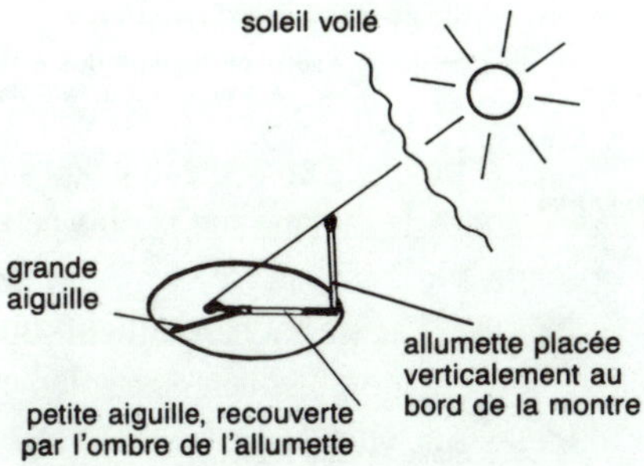

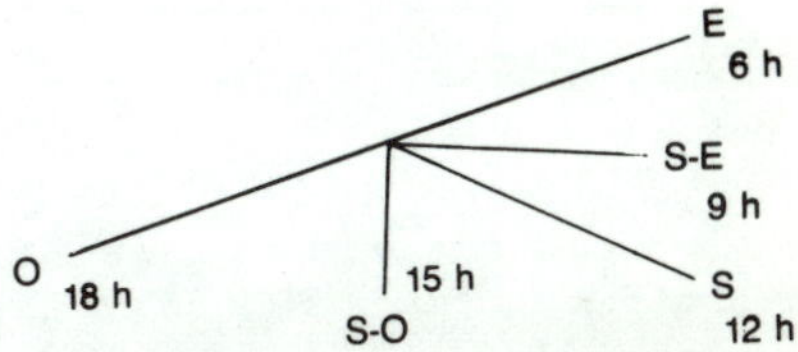

Heure solaire (ajoutez 1 h pour l'heure d'hiver, 2 h pour l'heure d'été)

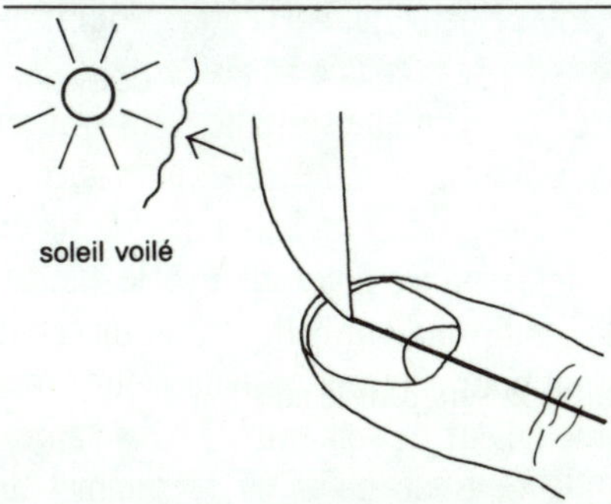

p. 190). Mais cette méthode est un peu moins précise que la précédente.

De nuit, le nord est indiqué de façon exacte par l'**étoile Polaire,** que l'on trouve facilement grâce à la Grande Ourse. Si cette dernière est trop basse ou cachée par la végétation, ayez recours à Cassiopée (en forme de W) ; voir fig. p. 190.

La **lune** peut aussi être utile : lors du premier quartier (phase croissante), les cornes du croissant indiquent l'est ; lors du

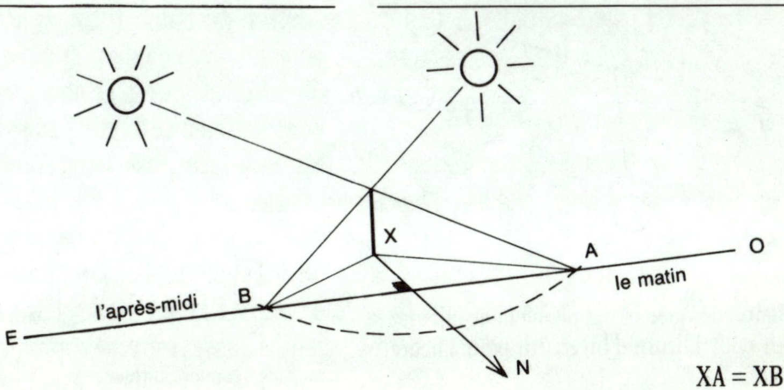

XA = XB

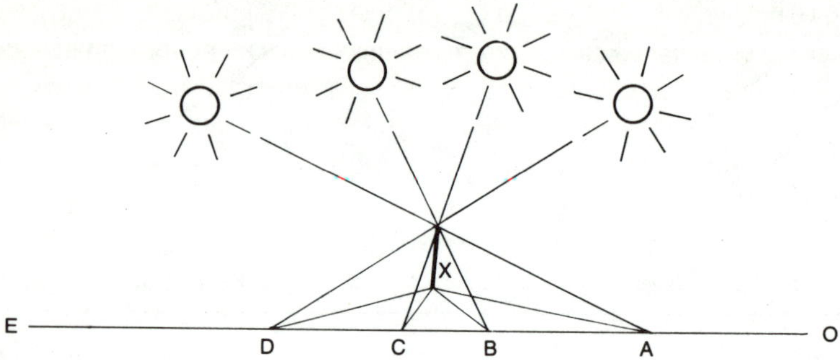

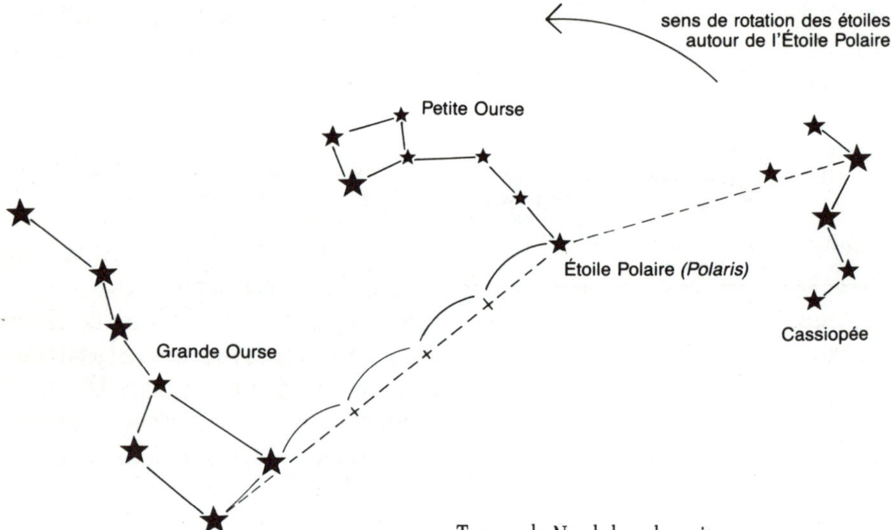

Trouver le Nord dans la nuit

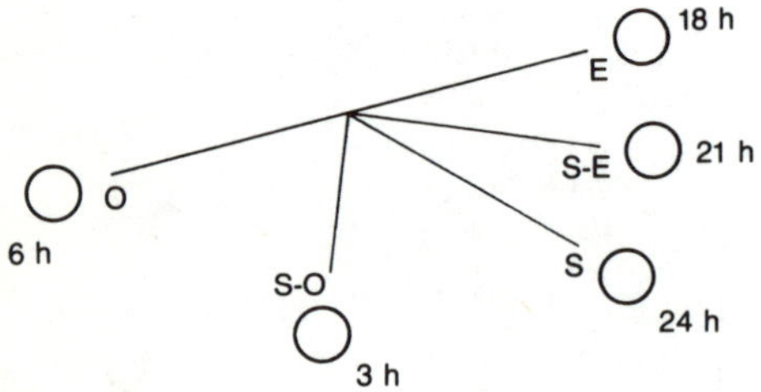

Heure indiquée par la pleine Lune (ajoutez 1 h pour l'heure d'hiver, 2 h pour l'heure d'été)

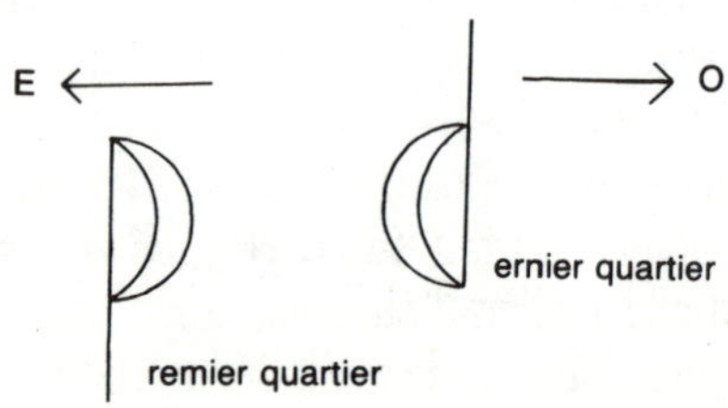

dernier quartier (phase décroissante), elles indiquent l'ouest. La pleine lune est à l'est à 18 h (heure solaire), au sud à minuit et à l'ouest à 6 h, à l'opposé du soleil. Les étoiles sont alors peu visibles.
Ne vous fiez pas à la tradition qui veut que la mousse pousse de préférence sur la partie du tronc des arbres exposée au nord ; c'est loin d'être toujours vrai.
Observez toujours le paysage autour de vous et prenez des **repères.** Pensez à regarder de temps en temps derrière vous : si vous vous perdiez, il vous serait plus facile de rebrousser chemin. Pour plus de sûreté, n'hésitez pas à jalonner votre itinéraire de tas de pierre (cairns), d'assemblages de branches, de traces de charbon de bois sur les pierres, etc. –, mais ne gravez pas de signes sur les arbres au couteau et ne cassez pas de branches vives. Tâchez toujours de noter (approximativement) votre temps de marche pour faciliter un éventuel retour.
Avant de quitter un camp de base pour en explorer les environs ou pour vous retrouver seul dans la nature, cherchez autour du camp le plus grand nombre possible de repères visibles de loin, et reconnaissez-en les environs immédiats. Et si, malgré tout, vous êtes perdu, pas de panique !

Perdu en pleine nature !

Cherchez à atteindre un point élevé pour avoir une vue d'ensemble, puis cheminez de préférence sur les crêtes. Il est d'ailleurs souvent plus facile de se situer en montagne, du fait du relief,... mais plus difficile d'aller d'un point à un autre. Essayez bien sûr de rejoindre un chemin.
Si vous n'avez pas de carte, dressez-en une sommaire du haut de votre promontoire : elle vous sera utile (vous pouvez vous y entraîner auparavant : c'est un excellent exercice).
En forêt, en plaine, suivez une ligne droite à la boussole ou descendez le fil d'un cours d'eau : vous finirez par atteindre une rivière longée par un chemin.
Signalez-vous : siffler porte plus loin que crier et essouffle beaucoup moins. Si vous ne savez pas siffler fort (en retournant la langue avec les doigts), emportez un sifflet. Vous pouvez en confectionner un avec un fruit sec de Silène, une tige creuse, etc.

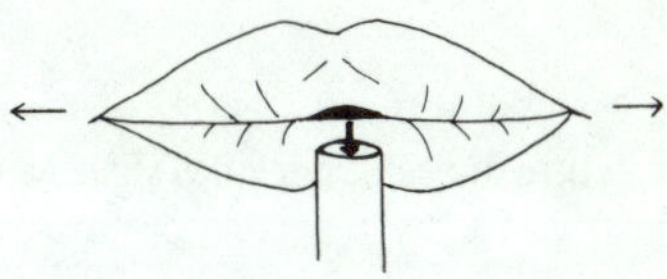

Position de la bouche pour siffler à l'aide d'une tige creuse fermée à une extrémité, ou d'un fruit de Silène. Plus la tige est courte, plus le son sera aigu et portera loin.
Étirez la bouche dans la position des flèches et dirigez un mince filet d'air sur le bord du tuyau marqué d'une flèche double.

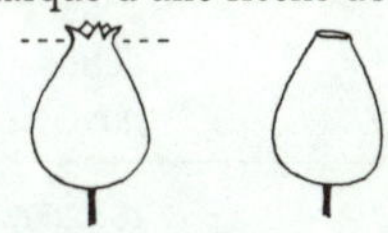

Débarrassez le fruit de Silène de ses cinq dents pour en faire un sifflet.

Il serait bien utile que vous et les membres de votre groupe partis à votre recherche ayiez des notions de morse, ce qui vous permettrait de communiquer.
De jour, vous pourrez aussi signaler votre position avec de la fumée (herbes humides

sur le feu) ou une glace de visée (avec un trou au centre du miroir pour pouvoir viser, le rayon solaire réfléchi peut se voir à 15 km !). De nuit, outre le sifflet, allumez un feu ou faites des signaux à l'aide d'une lampe électrique.
Et n'oubliez pas que se perdre apprend à se connaître. C'est une expérience inestimable !

Prévoir le temps

La météo a une importance cruciale dans le déroulement d'une randonnée : le même parcours, si agréable par beau temps, peut devenir un calvaire sous la pluie, voire dangereux dans le brouillard. Et le moral s'en ressent. Si l'on ne peut modifier le temps, on peut en tout cas le prévoir — dans une certaine mesure — et agir en conséquence.
Les bulletins météorologiques ne donnent que des indications à court terme — et pas toujours justes —, mais il est bon d'en tenir compte avant le départ. D'ailleurs, en montagne le temps change souvent avec une rapidité impressionnante : dans certains massifs, il peut s'écouler moins de 2 heures (parfois à peine plus d'une heure et demie dans le Canigou) entre le ciel bleu et le fort de l'orage !

Voici, à titre indicatif, quelques signes à observer :

	Beau temps	Risque de pluie
Rosée	présence	absence
Brouillard	nuit et matin	après-midi
Nuages	blancs, plus ou moins isolés (cumulus) - fin d'un front en filaments, très hauts dans le ciel (cirrus) - début d'un front : pluie possible par la suite	gris, denses, en couches (stratus), en bourrelets (nimbostratus) ou en masses élevées (cumulonimbus) - orage
Ciel	rougeoyant le soir	rougeoyant le matin
Pression	haute pression	basse pression
Fumée	s'élève tout droit	a tendance à stagner
Son	habituel	porte plus loin
Vue	habituelle	les objets éloignés se rapprochent
Odeurs	habituelles	exaltées
Insectes	abeilles actives	insectes divers très actifs, comme excités

Le changement de temps est indiqué par une modification de la pression atmosphérique : mauvais temps, baisse (une baisse brutale indique un orage) ; beau temps, hausse. Vous n'emporterez sûrement pas de baromètre en tant que tel, mais peut-être un altimètre : les deux appareils fonctionnent sur le même principe et un altimètre vous indiquera aussi les baisses de pression. Il est donc doublement utile en montagne (connaître son altitude exacte est bien pratique), mais son prix est prohibitif... et vous incitera à vous en passer.
La direction du vent donne également des indications : venant du nord, il est généralement sec ; de l'ouest, il apporte la pluie, etc. Il est bon d'étudier les vents locaux avant de partir en randonnée. Dans l'observation de ces différents facteurs, soyez avant tout sensible à leurs changements. Et si l'averse vous surprend, courage, ce n'est qu'un mauvais moment à passer — et cela fait parfois du bien... après coup !

Trouver l'heure

Lorsqu'on vit en pleine nature, connaître l'heure exacte est rarement indispensable, mais en avoir une idée approximative est souvent utile. C'est ce qui permettra par exemple d'arriver à l'étape pour pouvoir monter le bivouac et préparer le repas avant l'obscurité.
Si vous avez une **boussole,** il vous sera plus facile de repérer l'heure d'après la position du soleil ou de la pleine lune en utilisant à l'envers les méthodes indiquées plus haut.

Un **bâton** fiché en terre projettera l'ombre la plus courte à midi, heure solaire.
Il existe des **montres solaires** en métal, fonctionnant sur le principe du cadran du même nom (avec possibilité d'ajustement suivant le mois de l'année). Elles sont jolies, légères et suffisamment précises pour être intéressantes.
Souvenez-vous que vous obtenez ainsi l'heure solaire. Pour obtenir l'heure légale à laquelle nous sommes habitués, il faut y ajouter 1 h en hiver, 2 h en été, et tenir compte de la longitude du lieu où l'on se trouve : l'heure légale est rapportée au méridien de Greenwich, qui passe par une ligne Le Mans-Angoulême (où aucune correction n'est nécessaire) ; à titre d'exemple, il faudra retrancher 31 mn de l'heure solaire (après avoir ajouté 1 ou 2 h suivant la saison) à Strasbourg, alors qu'à Brest il faudra en ajouter 18.
Pour calculer le temps qui vous reste avant que le soleil ne disparaisse à l'horizon, comptez le nombre de mains (à l'horizontale) entre l'astre et la ligne d'horizon : une distance d'une main correspond à peu près à une heure de la course du soleil. En montagne, il faudra grimper sur une crête ou un sommet.

Une main = une heure

S'arrêter/s'abriter

Après avoir marché toute une journée, il faut songer à s'arrêter. C'est parfois tout simple : nous voici dans le lieu idéal, nous avons tout notre temps et il fait beau ! Un bon repas (sauvage) et hop, dans les duvets. Mais le scénario peut être tout autre : une pente sans le moindre replat, la nuit qui tombe, la pluie, le vent, le froid qui semblent s'être donné le mot... Qu'allez-vous faire ?

Choix de l'emplacement

Autant que possible, il faut le prévoir : repérez sur la carte les endroits plats, non marécageux — avec un peu d'habitude, vous trouverez à coup (presque) sûr l'endroit qu'il vous faut. Et calculez le temps nécessaire pour y arriver assez tôt, bien avant la nuit : songez qu'il vous faudra préparer le feu et la nourriture, peut-être monter des abris — ou parfois aller plus loin... Tâchez d'être à votre lieu de bivouac en milieu d'après-midi. Le camp doit être une détente et non pas une cause de mauvaise humeur.

Pour bien faire, l'emplacement de votre camp devra être :

- plat, avec un sol aussi égal que possible, pas trop caillouteux ;
- bien sec et à l'abri d'éventuels ruissellements, crues ou inondations. Évitez le bord des cours d'eau, souvent humide, voire brumeux, parfois dangereux (surtout s'il y a un barrage en amont) ;
- abrité du vent et de la pluie (par un repli de terrain, un bosquet, etc.) ;
- éloigné du pied des falaises ou d'éboulis possibles ;
- éloigné de grands arbres isolés en cas d'orage ;
- proche d'arbres quand même s'il faut monter des abris ;
- proche d'un point d'eau (mais il est interdit de camper à moins de 200 m d'une source captée pour la consommation) ;
- tranquille, loin d'une route ou d'habitations, intime ;
- joli, bien sûr.

Soyez toujours très discret pour vous installer et, chaque fois que c'est possible, demandez en l'autorisation, à la fois par politesse et par précaution.

Dormir sans abri

Peut-on prétendre avoir vécu dans la nature si l'on n'a jamais dormi à la belle étoile ? C'est sans conteste la façon la plus agréable de passer la nuit... du moins quand il fait beau.

Pour bien dormir, un bon duvet est généralement indispensable. Un matelas isolant en mousse à cellules fermées évite l'humidité et assure le confort, même sur les cailloux.

Si vous n'avez pas de duvet

• enroulez-vous dans une couverture de laine, une couverture de survie ou un poncho (inconfortables du fait de la transpiration);

• ramassez en abondance feuilles mortes, fougères, bruyère, etc., et formez avec deux murs que vous rabattrez sur vous pour la nuit;

• recherchez au maximum les abris naturels pour vous protéger du vent et du froid: taillis, hautes fougères, haie, arbre abattu, talus, etc.;

• s'il fait vraiment froid, creusez légèrement le sol pour préparer un feu de la taille d'un homme allongé. Formez un épais matelas de braises, puis recouvrez d'une couche de terre tassée de 5 à 10 cm. Si vous n'avez pas de feuilles pour vous recouvrir, placez-vous entre un feu et un réflecteur — par exemple un rocher (voir p. 180 et fig. p. 179);

• lorsque la lune s'y prête, vous pourrez vous réchauffer en marchant de nuit, puis vous reposer le jour.

Si vous n'avez pas de matelas

• isolez-vous de l'humidité du sol par un poncho ou une couverture de survie;

• assurez votre confort en éliminant cailloux, pommes de pin, bogues de châtaignes, etc. Attention aux chardons, aux tiges de fougère coupées en biseau, etc. Choisissez soigneusement votre emplacement (sous les bouleaux, le sol est souvent sableux, moelleux sous les résineux, etc.). Étalez vos vêtements (y compris les rechanges) pour dormir dessus, ou fabriquez un matelas d'herbes, de feuilles, de fougères ou de brindilles de pin. Mais évitez toujours d'abîmer la végétation, et ne ramassez ces matériaux que si c'est absolument nécessaire et s'ils sont présents en abondance.

En cas de rosée, ne vous couvrez pas d'un poncho ou d'un plastique imperméable: votre duvet serait encore plus mouillé. Poncho, toile de plastique ou double-toit posé sur le duvet sont en revanche d'efficaces coupe-vent, fort utiles si l'on n'a pu trouver d'endroit abrité.

Types d'abris

Si la pluie menace, pas d'hésitation, construisez un abri avant que les premières gouttes ne tombent. Le reste de votre aventure risque d'en dépendre.

Toile de plastique

C'est l'abri le plus simple. Tendez-la sur une cordelette fixée à deux arbres ou à des branches. Suivant le lieu, servez-vous de

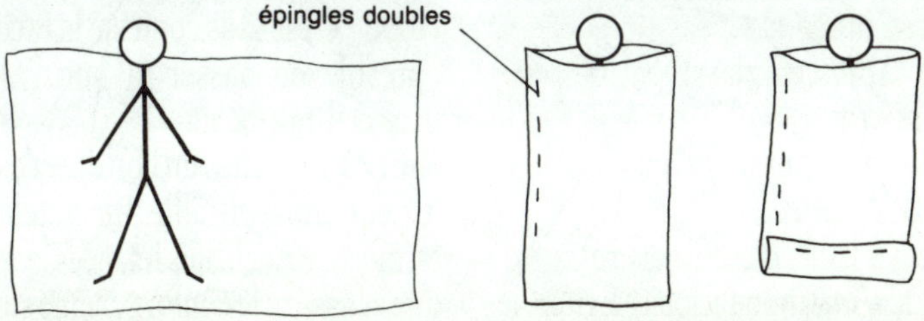

Sac de couchage improvisé avec une couverture

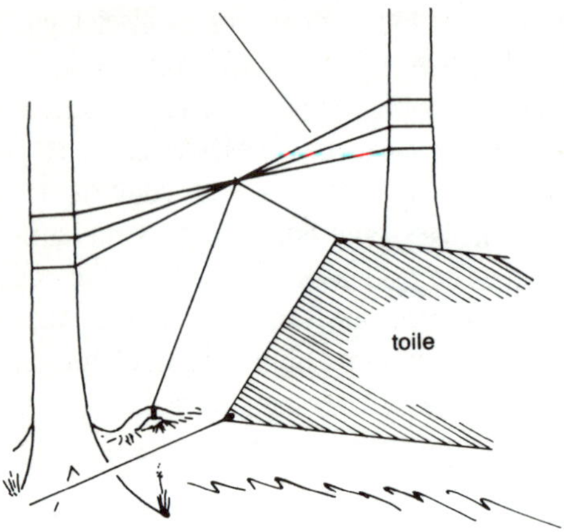

cordes tendues formant haubans, de pierres, de la végétation basse, de piquets taillés dans une branche morte, fabriquez un trépied, etc. Ne coupez pas de bois vif.
La forme suivante, en tunnel, vous y obligerait sans doute. Dommage, elle est jolie.
Pour un abri individuel, un arbre abattu peut servir de base.
Plusieurs toiles peuvent être combinées pour faire un abri collectif de forme variable : utilisez votre imagination et les possibilités du site.

Double-toit de tente
Il se monte comme la toile de plastique, en glissant une cordelette dans les deux

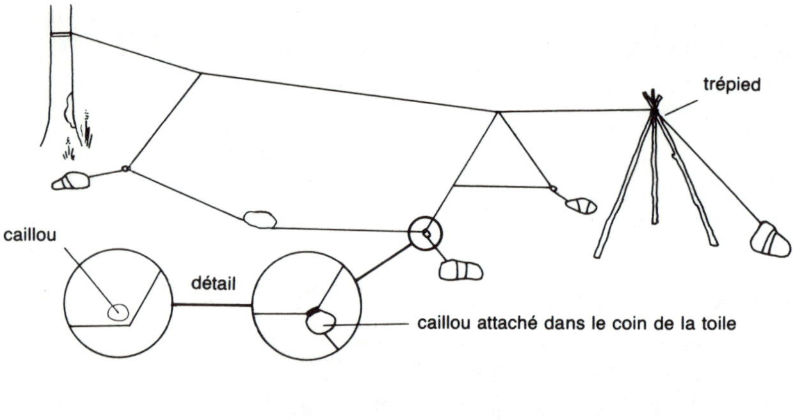

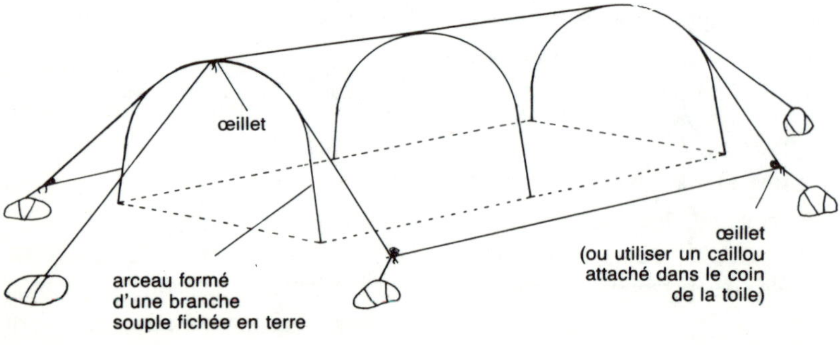

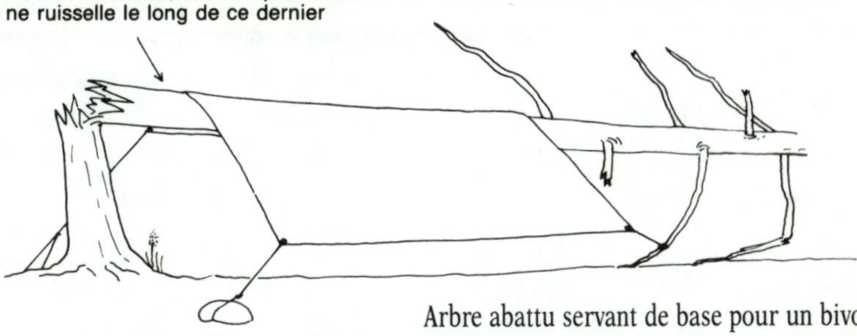

Arbre abattu servant de base pour un bivouac

trous du sommet ou en utilisant deux branches comme mâts. Il présente sur une tente l'avantage d'être beaucoup plus léger (surtout si vous n'emportez ni piquets de mâts, ni sardines) et de ne pas couper d'avec la nature – on étouffe toujours un peu sous une tente.

Un double-toit protège parfaitement de la pluie, même d'un violent orage, et coupe le vent – attention à bien le fixer. Mais si vos pas vous mènent en haute montagne, au-dessus de la limite des arbres, emportez de préférence une tente, plus stable et plus chaude.

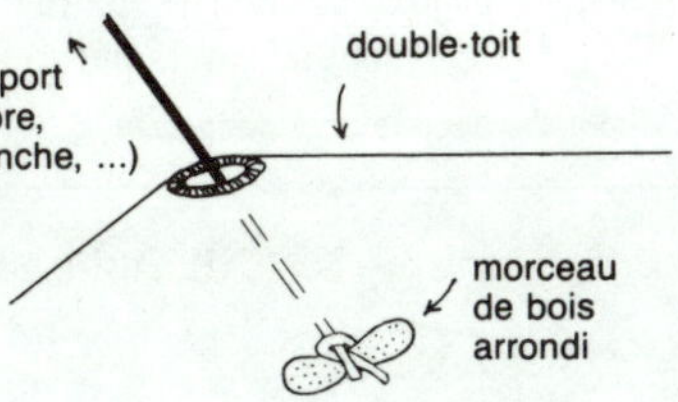

Fixation d'un double-toit

Par sa forme, le double-toit se combine mal à d'autres pour former un abri collectif. Généralement en nylon, il est en revanche plus léger et moins volumineux qu'une toile de plastique de mêmes dimensions.

L'idéal pour tout concilier est en fait un simple rectangle de nylon enduit muni d'œillets. Il est facile d'en fabriquer pour une personne avec du nylon pour double-toit de 160 cm de large et d'œillets en plastique que l'on fixe en les frappant à l'aide d'un maillet. En disposant les œillets comme sur la figure (voir p. 198), on pourra juxtaposer efficacement deux ou plus de ces abris légers et bon marché.

D'une façon générale, n'oubliez pas

- d'orienter votre abri et de faire descendre la toile assez bas pour éviter que la pluie n'y pénètre avec le vent. Pensez aussi à y abriter votre sac à dos et vos chaussures ;
- de prévoir la possibilité de régler en hauteur votre abri, par un simple jeu de cordes ; cela vous sera d'une grande utilité si, au cours de la nuit, le vent se met à souffler avec violence (voir fig. p. 198) ;
- de creuser des rigoles si la pluie risque de ruisseler sous votre abri (improvisez un outil avec une pierre ou un bâton) ;
- d'établir votre feu assez loin de la toile de plastique ou de nylon... ;
- de laisser en partant le terrain comme vous l'avez trouvé, sans trace (ou le moins possible...) de votre passage.

Fabrication d'un abri individuel : en toile de nylon

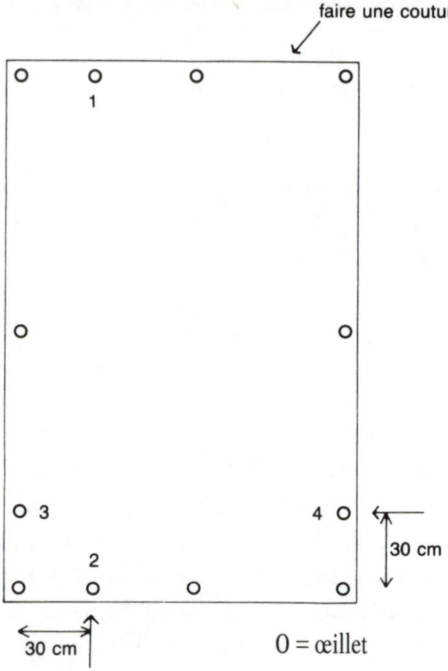

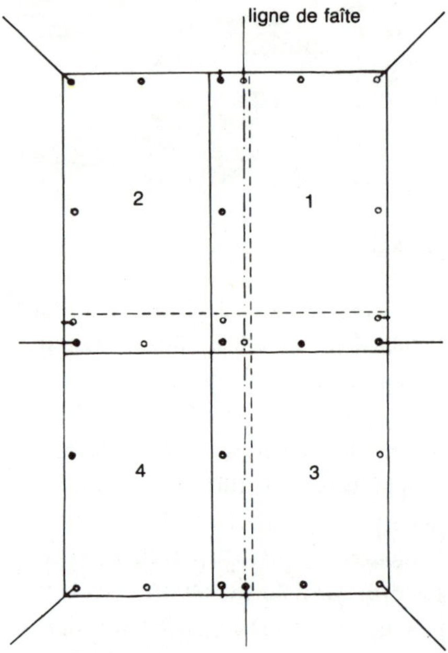

Dimension : 160 × 250 cm (ou × 300 cm pour plus de protection)
1 et 2 : Anneaux pour juxtaposition d'une autre toile dans la longueur
3 et 4 : Anneaux pour juxtaposition d'une autre toile dans la largeur

On peut ainsi juxtaposer jusqu'à quatre toiles avec un recouvrement deux à deux de 30 cm, soit un abri de 290 × 470 cm.
Schéma de juxtaposition de quatre toiles 1, 2, 3, 4 (2 et 3 sont à l'envers par rapport à 1 et 4).

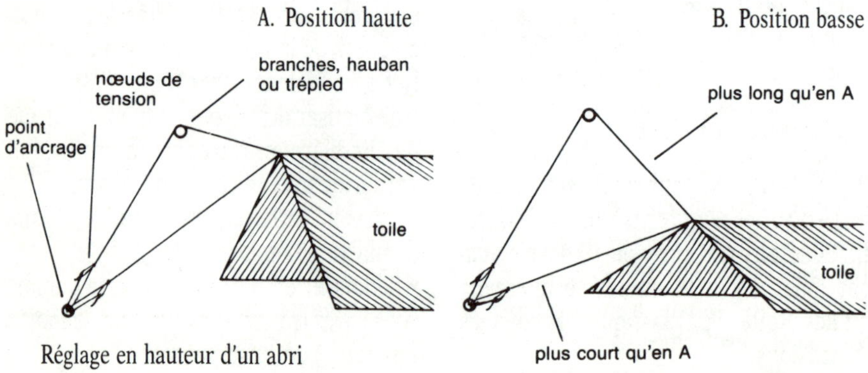

Réglage en hauteur d'un abri

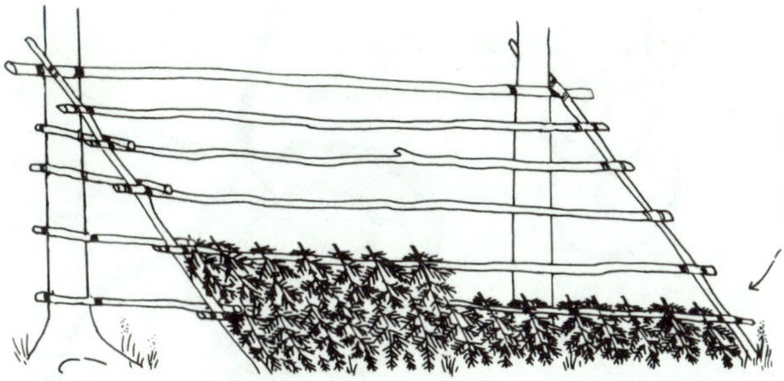

Abri de branchages

Abris de branchages

On ne peut les construire que si l'on rencontre une quantité importante de bois fraîchement abattu, dans une coupe forestière récente par exemple, car il est hors de question de mutiler la végétation. Un tel abri est avant tout folklorique, car, pour qu'il résiste à autre chose qu'un crachin, il faut énormément de temps et de soins pour le construire. Mais on se sent une âme de trappeur...

La forme la plus simple est l'appentis ou *lean-to.*

Une pente à 45 °C représente le meilleur compromis entre l'espace intérieur et l'écoulement de l'eau. Utilisez si possible du sapin (du vrai, pas de l'épicéa), dont les feuilles, denses, sont toutes dans un même plan. Pour rendre votre abri parfaitement étanche, il faudrait le recouvrir de terre ou, mieux, d'argile... ou bien d'une toile imperméable. S'il fait froid, construisez un feu devant l'abri, qui servira de réflecteur.

Peut-être pourrez-vous dormir dans une grotte pas trop humide et régresser de quelques milliers d'années — ou profiter d'un abri déjà construit (cabane, chalet d'alpage, etc. —, mais n'en forcez pas la porte si elle est fermée...).

Dans la neige

Dormir dans la neige, ce n'est plus de la « survie douce », à moins d'être très bien équipé — mais en ce cas vous aurez une tente.

La solution qui fait rêver, c'est bien sûr l'igloo..., mais il faut une neige adéquate (profonde et compacte — ce qui n'est pas toujours le cas), de quoi la découper (couteau-scie) et une technique précise.

Si vous vous trouvez obligé de passer la nuit dans la neige, souvenez-vous qu'elle offre une excellente isolation contre le froid. Cherchez refuge sous les branches d'un épicéa, au pied du tronc ou « enneigez-vous ». Vous serez mouillé, mais vous éviterez de mourir de froid.

Technique

Voici quelques nœuds simples qui vous serviront à monter plus efficacement votre bivouac, et vous seront utiles dans bien d'autres cas (fig. pp. 200-201).

— Pour attacher une corde à un arbre sans que le nœud glisse : le nœud de chaise (ou de cabestan).

— Plus rapide, mais moins durable : le nœud d'amarre.

— Pour tendre une corde fixée à ses deux extrémités : le nœud de tension.

Nœud de cabestan ou de chaise

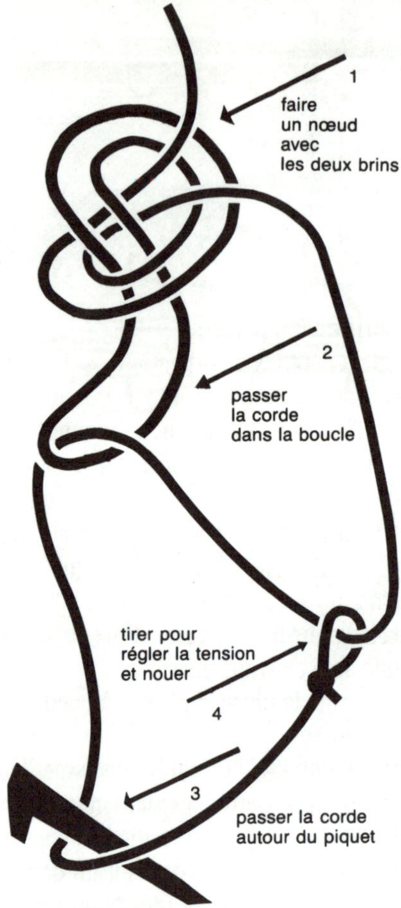

Nœud de tension

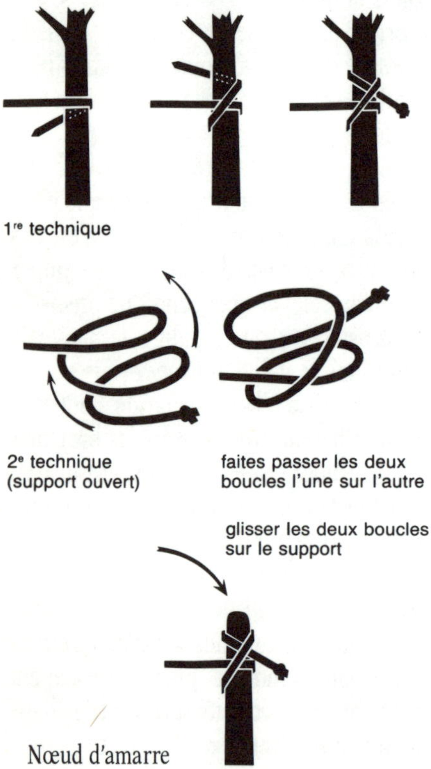

Nœud d'amarre

Nœud de pêcheur

Nœud de tisserand

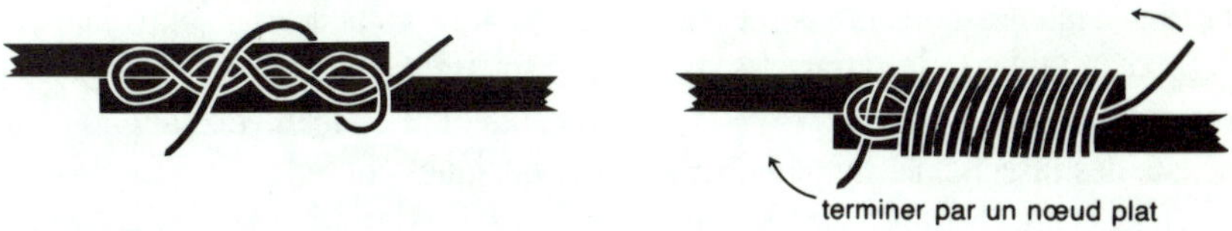

Brélage long

Nœud de charpentier

Boucle maintenue par une branchette (adapter comme boucle terminale à un nœud de chaise, de tension ou à un brélage)

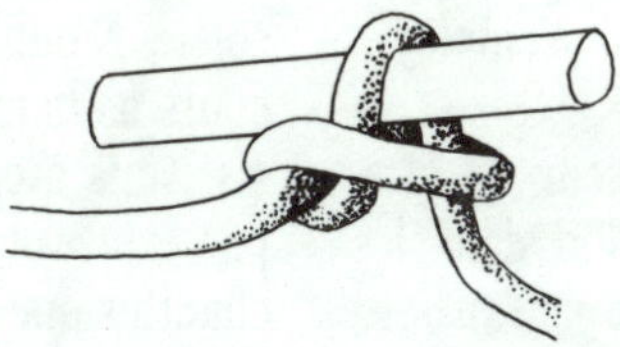

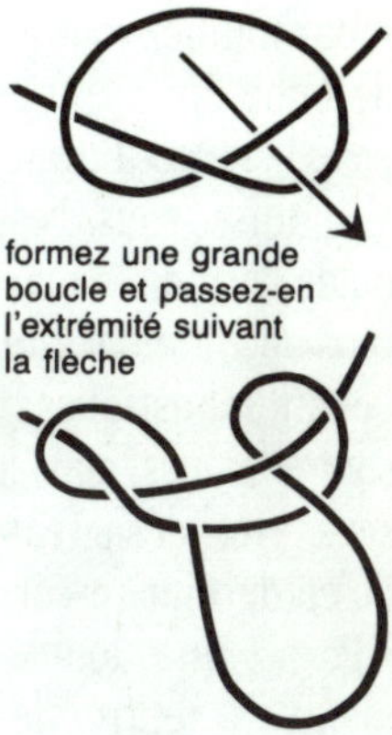

Nœud de harnais

– Pour nouer deux cordes bout à bout : le nœud de pêcheur ; même mouillé, il est facile à défaire.
– Pour nouer des cordes de grosseurs différentes : le nœud de tisserand. Le petit brin entoure toujours la boucle faite avec le gros.
– Pour fixer deux bâtons bout à bout : le brélage long.
– Pour fixer deux bâtons en croix : le brélage carré.
– Pour faire un trépied : le brélage diagonal.
– Pour lier des fagots de bois : le nœud de charpentier.
– Pour s'encorder lors d'un passage dangereux : le nœud de harnais.

Pour démonter facilement votre abri, pensez à terminer vos nœuds de chaise ou de tension par une boucle, maintenue par une branchette (voir figure). Il suffit de retirer cette dernière et de tirer sur l'extrémité de la corde pour défaire le nœud même avec les doigts gelés (vous n'auriez alors d'autre alternative que de couper vos cordes...). Cela s'applique aussi aux brélages des trépieds.

Éloigner les insectes

Dans nos régions, les insectes sont pratiquement les seuls animaux « menaçants ». Il s'agit avant tout des moustiques.

• Campez loin des eaux dormantes et des broussailles.

• Une fumée intense (bois vert, herbe fraîche, écorce mouillée...) décourage les visiteurs... mais aussi les hôtes !
• Il existe des insecticides au pyrèthre, à faire brûler, et dont la fumée tue les moustiques, mais ils fonctionnent mal en plein air.
• Barbouillez-vous le visage, les bras, etc., de boue épaisse (c'est excellent pour la peau !), surtout avant de dormir...
• Enduisez-vous d'essence de citronnelle ou de lavande — mais vous risquez d'être plus incommodés que les moustiques... Les antimoustiques synthétiques en bâton sont efficaces, mais leur odeur est, à mes sens, très désagréable — à n'employer qu'en dernier ressort.
• Portez une double épaisseur de vêtements et rentrez le pantalon dans les chaussettes. Fixez un voile de gaze au bord d'un chapeau pour protéger votre visage. Mettez des gants. Les vêtements clairs sont supposés moins attirer les moustiques que les habits sombres.
• Dormez sous une moustiquaire (facile à confectionner vous-même avec cinq pièces de gaze souple très fine cousues ensemble).

Dormir

Bivouaquer doit permettre de se reposer, de dormir. Un bon sommeil est primordial : il vous permettra de vivre pleinement votre aventure et de supporter avec plus de sérénité les difficultés que vous ne manquerez pas de rencontrer. Inversement, une nuit blanche peut transformer la plus belle journée en un long calvaire. Avec toutes les précautions que vous venez de prendre, vous devriez jouir d'un confort suffisant pour que votre sommeil soit réparateur à souhait. Écoutez toutefois ces quelques conseils :
• évitez de dormir avec vos vêtements, chaussettes et linge de corps compris. A moins que votre duvet ne puisse résister au froid nocturne (c'est vers le lever du jour qu'il est le plus intense), il sera beaucoup plus agréable de dormir nu(e) dans la douceur d'un « sac à viande » en coton extensible ;
• les sujets nerveux sont souvent affectés par la pleine lune : abritez-vous en soigneusement comme vous le feriez du soleil. N'oubliez pas qu'elle tourne au cours de la nuit ;
• si vous avez du mal à vous endormir parce que vous avez froid aux pieds, faites chauffer une pierre de bonne taille dans le feu (pas trop !), puis enveloppez-la d'un vêtement pour glisser cette bouillotte au fond de votre duvet. Une gourde bien hermétique remplie d'eau chaude peut jouer le même rôle agréable. C'est encore plus efficace que des chaussons thermophiles ;
• si vous n'avez pu fermer l'œil de la nuit à cause du froid ou de toute autre raison, récupérez en faisant une grande sieste dans la journée. Tout ira mieux après ;
• en cas d'insomnie, voir page 210.

Si vous avez du mal à trouver le sommeil, tâchez de vous relaxer au maximum en cherchant la position la plus confortable, en orientant votre pensée sur des sujets agréables, et surtout en respirant profondément (de l'abdomen), lentement et régulièrement. Le contrôle de la respiration apaise et calme l'esprit.

Se soigner

Nous n'avons plus l'habitude de vivre en pleine nature, aussi faut-il s'attendre à être parfois confronté à des situations difficiles provenant de changements par rapport au quotidien ou d'éléments potentiellement dangereux de l'environnement. Mieux vaut prévenir que guérir. Il ne tient qu'à nous d'appliquer cette sage parole en prenant toutes les précautions nécessaires pour éviter d'avoir à nous soigner. Ne vous laissez pas dépasser, car c'est alors que le danger survient.

Tout commence par la préparation et par l'équipement. Reportez-vous aux pages 225 à 242, où vous sont donnés les conseils nécessaires. Ce n'est pas seulement d'une préparation physique qu'il s'agit, c'est aussi d'une prise de conscience.

Soyez conscient des changements qui vont se produire dans votre alimentation, votre rythme de vie, votre confort, dans tout votre être (vie de groupe, manque de stimulations intellectuelles ou d'excitants – café, thé, cigarettes –, etc.).

Soyez conscient des éléments potentiellement dangereux de la vie dans la nature – froid, humidité, soleil, chaleur, sécheresse, marche... – et des problèmes divers qu'ils peuvent poser – hypothermie, insolation, déshydratation, fatigue, ampoules...

Soyez conscient de vos limites. Ne forcez pas, dans aucun domaine. Dès que vous sentez que vous arrivez au bout de ce que vous pouvez faire, parlez-en aux autres : ils vous aideront. N'attendez pas de craquer, ce qui poserait à tout le monde de plus gros problèmes !

Apprenez avant le départ à soigner les troubles qui peuvent se présenter. Dans la plupart des cas, il existe des techniques simples dont il suffit de connaître l'existence pour les maîtriser. La confiance en soi que procure la certitude de savoir faire face aux problèmes éventuels est par elle-même un facteur de sécurité. Ajoutez-y une trousse à pharmacie bien constituée, et vous voici prêt pour l'aventure.

Un dernier mot pour vous rassurer : en dix ans de pratique, nous avons rarement eu à nous servir des conseils prodigués dans les pages qui suivent.

Troubles éventuels

Il s'agit le plus souvent de petits incidents pour lesquels il n'y a pas lieu de s'inquiéter. Dans de nombreux cas, ce sont des problèmes d'ajustement à des conditions différentes, et tout rentre dans l'ordre au bout de quelques jours ou au retour. Il n'est pas toujours nécessaire de traiter, mais ne négligez pas l'effet psychologique rassurant de soins même très simples chez une personne souffrante*.

PROBLÈMES DIGESTIFS

Maux de ventre

Cause : mauvaise digestion.

Remèdes : infusion de fenouil, d'angélique, de menthe, de mélisse, de thym, de lavande, de germandrée ou d'autres plantes aromatiques. Le charbon de bois (de même que les chapatis brûlés...) combat les fermentations intestinales.

Prévention : mâchez bien... !

Constipation

Causes : changement de régime alimentaire et d'habitudes (en particulier, manque de toilettes conventionnelles !).

Remèdes : buvez beaucoup, en particulier soupes et infusions de mauve, de violette, de feuilles de tilleul et d'autres plantes mucilagineuses, ainsi que de stimulants biliaires : pissenlit, chicorée, etc. Les suppositoires à la glycérine sont efficaces.

Prévention : évitez de consommer sans préparation des plantes astringentes, riches en tanin (rumex, rosacées — benoîte, alchémille, pimprenelle, etc.).
Il n'est pas dramatique de rester constipé quelques jours, voire une semaine.

Diarrhée

Causes : changement de régime, mauvaise mastication, élimination, etc.

Remèdes : décoction ou consommation sans préparation de plantes astringentes (rumex, feuilles de ronce, de fraisier, potentille, alchémille, géranium, érodium, etc.). Buvez beaucoup pour remplacer le liquide perdu.
Il est possible que la diarrhée provienne d'une contamination par l'eau (amibes). Dans ce cas, un traitement médical s'impose.

Prévention : n'oubliez pas de bien mâcher votre nourriture : les plantes sauvages sont souvent plus consistantes ou plus fibreuses que celles dont vous avez l'habitude. Il est normal que leur mauvaise mastication entraîne des problèmes digestifs.

Nausées, vomissements

Causes : plante toxique ou trop forte pour l'organisme, insolation, troubles nerveux.

Soins : tant que l'estomac n'est pas vide, n'empêchez pas les vomissements. Gardez la personne allongée, au repos et au chaud. Frottez de la lavande (plante ou huile essentielle) sur son front. En cas d'insolation, voir page 211.

* La sélection des médicaments homéopathiques cités a été proposée par le Dr Savournin.

Intoxications

Elles se manifestent généralement tout d'abord par des nausées ou des vomissements. Si nécessaire, aidez la personne à vomir afin de vider au plus vite le contenu de son estomac (doigt au fond de la gorge, ingestion de grandes quantités d'eau ou d'eau salée, etc.). Allongez-la et gardez-la au repos, au chaud. Essayez de déterminer la plante responsable.

Si d'autres troubles se déclarent ou si la plante est connue pour être très toxique, recherchez rapidement un traitement médical. La personne peut réagir violemment et se trouver en état de choc, qu'il faudra apprendre à diagnostiquer. Évacuez-la rapidement vers un centre hospitalier. En cas d'empoisonnement par des amanites mortelles (groupe de la phalloïde), les symptômes peuvent n'apparaître que longtemps après l'ingestion des champignons. Lorsqu'ils se déclarent, il est impératif de faire hospitaliser immédiatement la personne au centre antipoison le plus proche.

PROBLÈMES CUTANÉS

Piqûres

Orties : écrasez entre les doigts une feuille de plantain et frottez-la sur la piqûre. La douleur disparaît instantanément, mais une démangeaison persiste quelque temps. Les rumex et d'autres plantes peuvent également être efficaces.

Insectes : procédez de même, avec plantain (il détruit le venin), lavande ou rumex. Efficace contre piqûres de moustique, d'abeille, de guêpe, etc. La douleur disparaît en moins d'une minute. Vous pouvez aussi appliquer de la boue ou de l'argile humide. En cas de piqûre d'abeille, n'oubliez pas de retirer le dard, qui risquerait de provoquer une infection.

Si la personne piquée est allergique, vous pouvez éviter la réaction en chauffant le point de piqûre à environ 60 ° C — donc sans brûler — avec un tison ou un « moxa » (cône de feuilles d'armoise séchées et pulvérisées, que les allergiques feront bien d'emporter dans un tube d'aspirine en plus de leur médicament habituel).

Pour vérifier s'il y a choc, prenez le pouls de la personne toutes les 5 minutes. Il y a danger quand il dépasse 150 (avec transpiration et pâleur). Donnez immédiatement de la cortisone ou en homéopathie :

Urtica urens	5 CH
Apis mellifica	5 CH

Trois granules de chaque tous les quarts d'heure.

En cas de choc anaphylactique, l'aide d'un médecin sera nécessaire. Soyez sûr de savoir avant de partir si vous souffrez d'une allergie.

Attention aux **tiques :** elles sont suffisamment petites pour passer inaperçues avant de s'être fixées sous la peau avec la tête et d'avoir commencé à se gonfler de sang. Lorsque vous marchez dans les hautes herbes, les fougères ou les broussailles, vérifiez de temps en temps si vous en avez récolté : ne laissez pas la douleur vous l'apprendre. Si une tique s'est fixée, détachez-la en approchant un tison de son corps jusqu'à ce qu'elle retire sa tête.

L'alcool, l'eau très chaude ou une fumée dense peuvent aussi convenir. Si, en tentant de l'arracher, la tête reste, ce n'est pas bien grave : l'abcès qui risque de se produire vous débarrassera du manchon qu'a sécrété la tique dans votre peau pour se nourrir et qui, sinon, y resterait. Les tiques peuvent transmettre certaines maladies : fièvre boutonneuse (région méditerranéenne), encéphalomyélite (Europe centrale), etc.

Piqûres venimeuses : voir page 214.

Coupures, blessures

Bénignes : mâchez une feuille de plantain et appliquez-la sur la coupure ou la blessure, en la maintenant à l'aide d'un sparadrap. Le plantain contient un antiseptique naturel, la salive aussi. Vous pouvez employer de même l'achillée millefeuille, les rumex ou la lavande.
Si vous marchez pieds nus et que vous vous blessez au pied, appliquez de la résine sur la blessure : elle évitera, provisoirement, toute infection.

Profondes : en cas d'hémorragie, trempez la blessure dans de l'eau froide, appliquez un point de pression sur l'artère avant la blessure et/ou gardez le membre élevé. La bourse-à-pasteur (plante fraîche écrasée puis appliquée sur la blessure) ou l'intérieur des vesses-de-loup séchées forme un bon hémostatique.
Nettoyez soigneusement la blessure à l'eau, puis désinfectez à l'aide de Borostyrol ou d'une teinture alcoolique (voir page 220). Plantain, ail sauvage, alliaire, crucifères piquantes, etc., peuvent servir de désinfectant. Appliquez ensuite une plante astringente (rumex, achillée millefeuille, alchémille... ou bien sûr du plantain) bien mastiquée. Maintenez à l'aide d'un pansement, et changez le tout une ou deux fois par jour. Laissez cicatriser à l'air dès que la blessure a bonne allure.
Les plaies importantes, ou contenant des corps étrangers, doivent être montrées à un médecin aussi rapidement que possible. N'oubliez pas non plus les risques de tétanos.

En cas d'infection : nettoyer à fond la plaie avec du Borostyrol ou de la teinture de souci diluée dans de l'eau bouillie tiède. Empêchez que la plaie ne se referme (au besoin, rouvrez-la) et drainez-la avec un morceau de gaze, voire de chemise (évitez le coton). Nettoyez régulièrement la plaie. En cas de fièvre, de développement des ganglions ou d'infection au visage, consultez rapidement un médecin.

Brûlures

Soins : calmez la douleur avec de l'eau froide. Lorsque la chaleur a diminué, appliquez de l'huile de millepertuis (voir page 219). Si vous en avez, du miel ou du vinaigre sont efficaces aussi. Ne percez jamais les cloques afin d'éviter une éventuelle infection.

Coups de soleil

Il s'agit de brûlures dues à l'exposition prolongée d'une peau insuffisamment pigmentée.

Cueillette des myrtilles

Préparation d'un repas sauvage

Montage du bivouac (Ph. © Jacques Kessedjian)

Traversée d'un torrent (Ph. © Bruno Clergue)

Soins : appliquez de l'huile de millepertuis (voir page 219) sur les parties atteintes. Des coups de soleil graves ou étendus peuvent provoquer fièvre, insomnies, fatigue et maux de tête. Le repos s'impose.

Prévention : il faut faire très attention lorsqu'on s'expose au soleil, car la sensation de brûlure n'apparaît qu'après l'exposition. Une bonne préparation exige une accoutumance progressive aux rayons du soleil qui crée un bronzage protecteur. Si vous avez la peau sensible, étendez de l'argile diluée en une pâte semi-liquide. Laissez sécher, puis enlevez le plus gros à la main pour ne laisser qu'une très fine couche poudreuse. Une crème solaire filtrante pourra aussi être utile aux peaux blanches. Pendant la marche, gardez une chemise légère, ou au moins un T-shirt. Méfiez-vous particulièrement des premiers soleils de l'année (manque d'habitude) et de la montagne (l'air est frais et l'on ne sent pas toujours la puissance des rayons solaires).

Ampoules

Elles sont créées par la friction du pied contre la chaussette. La douleur qu'elles provoquent vient de leur liquide qui transmet aux nerfs les effets de la pression.

Soins : lavez ou désinfectez la zone entourant l'ampoule. Flambez une aiguille et trempez un court morceau de fil dans du Borostyrol (désinfectant). Percez l'ampoule et glissez-y le fil qui servira de drain, afin d'éviter que l'ampoule ne se reforme. Épongez le liquide à l'aide d'un mouchoir propre et placez un pansement adhésif pour éviter l'infection et les frottements.

Prévention : ne portez que des chaussures adaptées à votre pied, « cassées » de longue date, dans lesquelles vous vous sentez comme dans des pantoufles. Mettez de bonnes chaussettes (voir p. 231). Certains préconisent de placer des morceaux de toile adhésive sur la peau du pied, là où se produiront les frottements. Il existe contre ceux-ci des « plaques dermiques » à couper à la forme désirée. Pour d'autres, il est essentiel de ne pas laver ses chaussettes tant que dure la marche...
N'oubliez pas qu'une seule ampoule peut pratiquement vous empêcher de marcher !

Dermites

Certaines plantes provoquent par contact des irritations de la peau chez les personnes sensibles (euphorbes, rue, berce du caucase, etc.). Le panais urticant *(Pastinaca sativa* ssp. *urens)* peut même causer des brûlures au second degré, parfois justifiables de l'hospitalisation des victimes.

Soins : dans les cas bénins, appliquez de l'argile ou de l'huile de millepertuis ; dans les cas graves, voir « brûlures » page 206.

LIGAMENTS

Entorse

Il s'agit de l'élongation ou de la rupture d'un ou plusieurs ligaments suite à un faux mouvement. La douleur est vive sur le coup, puis s'estompe. L'articulation gonfle.

Soins : badigeonnez de teinture d'arnica (voir page 220) diluée dans un peu d'eau (pure, elle risquerait de brûler la peau). Entourez d'un bandage bien serré et laissez la personne au repos jusqu'à ce qu'elle puisse de nouveau marcher sans douleur. Si cette dernière persiste, considérez qu'il peut y avoir fracture.
Homéopathie :
Arnica montana 5 CH
Trois granules toutes les deux heures.

TROUBLES GÉNÉRAUX

Insomnies

Causes : environnement différent, manque de confort, nervosité, etc.

Remèdes : infusions de valériane (partie souterraine), lavande, thym, mélisse, houblon (cônes), etc. Enveloppez des cônes de houblon dans un morceau de tissu et endormez-vous sur cet oreiller odorant qui a la vertu d'aider à trouver le sommeil.
Homéopathie :
Coffea cruda 9 CH
Trois granules au coucher, à répéter en cas de réveil nocturne.

Prévention : il importe avant tout d'avoir le confort essentiel et de se sentir en sécurité là où l'on dort.

Hypoglycémie

La tête tourne, en particulier lorsqu'on se lève (ce peut être aussi l'un des symptômes d'une insolation).

Cause : mauvaise assimilation des glucides due au changement alimentaire.

Remèdes : allongez la personne et donnez-lui des fruits secs ou du miel (d'assimilation rapide), sinon des galettes, de la bouillie, des racines, des fruits frais ou tout autre aliment riche en glucides. Gardez-la au repos pendant quelque temps.

Maux de tête (céphalées)

Causes : exposition excessive au soleil, manque d'habitude du port du sac à dos, mauvaises digestion ou élimination, altitude.

Soins : allongez la personne et frictionnez-lui doucement le front et les tempes d'essence de lavande, ou avec la plante fraîche. Appliquez sur son front et sa nuque, en alternance, des compresses froides ou d'épais cataplasmes froids d'argile. Couvrez-lui les yeux. Vous pouvez masser délicatement la tête, la nuque et le visage. Une connaissance du « Do-in » ou du « shiatsu » (massages réflexes) s'avérerait utile. Des infusions de reine des prés, de camomille ou de plantes calmantes (voir « insomnies ») seront utiles.
Homéopathie : le Cephyl comprend une faible dose d'aspirine associée à un complexe homéopathique. Il est généralement bien toléré.

Maux d'yeux (ophtalmies)

Causes : soleil trop violent, ou filtré à travers les nuages, réflexion sur la neige, etc.

Soins : mettez la personne à l'ombre et appliquez sur ses yeux une compresse tiède imbibée d'une infusion de plantain, de camomille ou d'euphraise. Il faut éviter de se frotter les yeux.

Prévention: dans les cas énoncés ci-dessus, prenez toujours soin de mettre des lunettes de soleil à verres filtrants: attention en particulier au soleil voilé et à la neige. Si vous n'avez pas de lunettes de soleil, un morceau de carton percé de deux fentes, voire quelques brins d'herbe devant les yeux peuvent éviter de douloureux problèmes.

SOLEIL, CHALEUR

Insolation

Cause: exposition prolongée au soleil, entraînant maux de tête, fatigue, nausées, vomissements, etc.

Soins: allongez la personne et appliquez sur sa nuque et son front des compresses froides additionnées si possible d'essence de lavande vraie (ou frictionnez avec la plante fraîche). Vous pouvez également y étendre des cataplasmes froids d'argile.

Homéopathie (insolation avec rougeur, soif, fièvre, agitation):

Belladona 5 CH

Trois granules toutes les cinq minutes.

Prévention: ne vous exposez pas au soleil sans vous couvrir la tête et la nuque, voir « coup de soleil » page 206.

Attention: la pleine lune peut provoquer des « coups de lune » dont les symptômes sont les mêmes que les insolations, mais sans dégagement de chaleur. Procédez de même.

FROID

Il n'y a pas que la température (mesurée par un thermomètre à l'abri) qui joue un rôle dans le refroidissement du corps: le vent participe aussi de façon importante à la déperdition de calories, comme le montre le tableau suivant:

Facteur vent/température en °C

Vitesse du vent en km/h	Indices observables	Températures en °C				
0	rien ne bouge	10	5	0	– 5	– 10
15	brise sentie sur la peau	5	– 2	– 8	– 14	– 20
23	brise modérée	2	– 6	– 10	– 18	– 25
30	les petites branches remuent	0	– 8	– 13	– 20	– 27
40	forte brise	– 1	– 9	– 15	– 24	– 32
50	les grosses branches remuent	– 2	– 10	– 17	– 26	– 35
65	bourrasque	– 4	– 12	– 19	– 28	– 39

Il est donc essentiel de toujours bien se protéger du vent, en particulier aux basses températures. L'humidité est également un facteur impressionnant de refroidissement, qu'il s'agisse d'un vêtement mouillé ou simplement d'un taux d'hygrométrie élevé. Comme chacun a pu en faire l'expérience en élevant un doigt mouillé pour chercher d'où vient le vent, la combinaison de ce dernier et de l'humidité est redoutable. Pour avoir moins froid la nuit, faites de l'exercice et prenez une boisson chaude avant d'aller dormir.

La chaleur se perd :
— par convection : courant d'air au contact de la peau — d'où vêtements, coupe-vent, couche grasse sur l'épiderme (on recommande de ne pas se laver par grand froid) — ;
— par conduction : par le toucher — d'où isolation — ;
— par rayonnement : écart entre la température du corps et celle de l'air ambiant. Ce facteur représente environ la moitié de la perte de chaleur du corps, en grande partie par la tête, d'où l'intérêt de la protéger par un bonnet de laine (« si vous avez froid aux pieds, mettez un chapeau » !) ;
— par évaporation : par transpiration, même insensible (au minimum, perte d'environ trois quarts de litre par jour).
Outre les couvertures de survie, qui réfléchissent la chaleur du corps et évitent les pertes de chaleur par rayonnement et convection, il existe des « carrés chauffants », légers, bon marché et réutilisables, qui atteignent 40 à 50 °C en quelques minutes. Il suffit de les sortir de leur housse et de les agiter quelques instants. A noter aussi : un petit « réchauffeur » à combustion qui se glisse dans la poche ou sous les vêtements.

Onglée

Il s'agit d'une forte vasoconstriction des capillaires sous les ongles.

Soins : trempez les mains dans de l'eau froide, plutôt que de rechercher une source de chaleur.

Gerçures

Elles atteignent particulièrement les lèvres. En dehors du froid, un vent desséchant, courant en montagne, peut les provoquer. Les engelures atteignent surtout les doigts (« crevasses ») ou les oreilles.

Soins : passez une pommade grasse cicatrisante (voir page 220).

Prévention : enduisez de cette pommade les parties exposées avant le départ.

MONTAGNES

La montagne est l'un des environnements les plus « naturels » qui nous restent. Si l'on ne veut pas s'y trouver confronté trop brutalement, il est indispensable d'être bien préparé, équipé, et de faire preuve d'une certaine humilité, qui ne vient peut-être qu'avec l'expérience. Divers dangers déjà évoqués se combinent en montagne, en toute saison suivant l'altitude (insolation, ophtalmies dues à la neige, gelures, hypoglycémie, etc.). S'y ajoutent des **risques spécifiques** à l'altitude et au relief.

• Au-dessus de 2 500-3 000 m, le « moteur humain » fonctionne moins bien. Certaines personnes ont plus de mal à respirer.
• Il y a de grosses différences de température entre le jour et la nuit. D'autre part, la température moyenne baisse de 0,5 °C quand on monte de 100 m.
• Plus on monte, plus la nourriture et le combustible se raréfient.
• Le temps peut changer très rapidement : il est facile de se laisser prendre dans un orage ou dans du brouillard. Redescendez ou cherchez un abri dès que vous vous apercevez que le temps va changer. La foudre est particulièrement dangereuse en haute montagne.
• Les rochers et les glaciers présentent des dangers évidents... et encore davantage. Évitez-les de façon absolue.
• Lorsque vous cheminez le long d'une pente, soyez toujours conscient de ce qui pourrait arriver si vous glissiez...
• Attention à la neige, qui masque des trous éventuels (ponts de neige, corniches, etc.), est glissante (névés pentus) et entrave la marche (fatigue, froid, etc.).
• Attention aux avalanches : elles sont particulièrement à redouter vers la fin de l'hiver et à partir de la fin de la matinée.
• Attention aux baignades dans les torrents ou les lacs glacés, l'hydrocution est possible. Entrez lentement dans l'eau et n'insistez pas si elle est trop froide.
• Attention au vertige, surtout en cas de passage difficile ou dangereux. Asseyez la personne et calmez-la.

Homéopathie :

Coca 9 CH

Trois granules à la demande.

PARASITOSES

La consommation sans précautions de plantes sauvages peut, dans certaines conditions, occasionner l'ingestion de vers parasites capables de provoquer de graves troubles chez l'homme.

Le plus connu est la **douve du foie** *(Fasciola hepatica)*. Hôte habituel des ruminants (pas seulement des moutons), elle a un cycle de vie complexe passant par un escargot d'eau douce, la limnée, d'où sort une forme enkystée invisible à l'œil nu (métacercaire), qui se fixe sur les végétaux aquatiques. Toutes les plantes poussant dans l'eau ou en des lieux inondés (pas seulement le cresson !) peuvent être infestées si des ruminants paissent ou sont passés à proximité. Chez l'homme, l'infestation peut provoquer une altération des canaux biliaires et une atteinte du foie, parfois mortelle. Mais il arrive que des personnes hébergent toute leur vie des vers sans inconvénient.

L'**échinococcose** est provoquée par des parasites habituels du chien et du renard, les échinocoques. L'homme s'infeste en consommant des végétaux souillés par l'urine ou les excréments de ces canidés. Il existe deux types d'atteinte : *Echinococcus granulosus* produit un kyste hydatique, volumineux (jusqu'à 20 cm de diamètre), siégeant le plus souvent sur le foie ; *Echinococcus multilocularis* provoque également des kystes dans d'autres organes. La mort peut survenir par suite du développement des kystes, ou lorsqu'ils se rompent.

L'évolution de la parasitose est d'abord

très lente : plusieurs mois s'écoulent avant que les premiers symptômes puissent être reconnus. Le traitement est généralement chirurgical. En revanche, le kyste hydatique peut s'atrophier spontanément, et il existe des organismes résistants à l'infestation.

Prévention : n'exagérez pas le problème des parasitoses, qui sont rares et pas toujours graves. Évitez de consommer crus les végétaux poussant dans les cours d'eaux et les prairies humides que fréquentent vaches et moutons. En forêt, méfiez-vous des plantes poussant près du sol (y compris myrtilles et fraises...) que des renards auraient pu contaminer, et renseignez-vous sur le développement éventuel dans la région de l'échinococcose, maladie jusqu'ici très localisée. Un trempage prolongé des végétaux dans de l'eau vinaigrée est censé en détacher les formes infestantes, tant pour la douve que pour les échinocoques. En fait, s'il y a le moindre doute de contamination, la prudence exige de faire cuire les plantes suspectes, ce qui éliminera tout danger.

MORSURES ET PIQÛRES VENIMEUSES

Serpents

Dans nos régions, il s'agit exclusivement des **vipères**, surtout de l'aspic *(Vipera aspis)* et de la péliade *(V. berus)*. Deux autres espèces sont extrêmement localisées : la vipère d'Orsini *(V. ursinii)*, une petite espèce peu venimeuse, dans le Vaucluse et les Alpes de Haute-Provence, et la vipère des Pyrénées *(V. seoanei)* dans les Pyrénées-Atlantiques (voir carte p. 217).
Les vipères fréquentent généralement les endroits broussailleux en lisière de bois, les haies, les éboulis rocheux parsemés de buissons, en plaine et en montagne (jusqu'à 3 000 m). La péliade affectionne souvent des lieux plus humides que l'aspic (prairies incultes, tourbières, landes, forêts claires), bien que cette dernière se rencontre parfois au bord de l'eau. La vipère d'Orsini est inféodée aux prairies subalpines (1 400-2 400 m) à genévrier nain.
Dans la plupart des régions, les vipères sont en régression du fait de la réduction de leur habitat, de leur destruction par les promeneurs et de leur capture pour la production de sérum. Mais ce sont des animaux utiles (ils consomment une grande quantité de rongeurs), protégés par la loi (24 avril 1979). Il est donc interdit de les tuer.
Les serpents que vous rencontrerez seront bien souvent des couleuvres. Bien qu'elles puissent vous mordre si vous les manipulez, elles sont absolument inoffensives. Il n'est pas toujours facile de les distinguer des vipères, surtout lorsqu'elles se faufilent rapidement dans la végétation.
Et bien sûr, les vipères possèdent deux crochets venimeux vers l'avant de la mâchoire supérieure. En outre, si la tête de l'aspic est nettement triangulaire, celle de la péliade est plus ovale que chez certaines couleuvres. Quant au « V » en arrière de la tête des vipères, il manque bien souvent. La coloration des unes et des autres est également très voisine.

Vipère	Couleuvre
corps trapu, queue courte	corps fin, queue longue
longueur inférieure au mètre	longueur souvent supérieure au mètre (mais pas toujours...)
... et si vous pouvez regarder le serpent de très près :	
plusieurs rangs d'écailles entre la bouche et l'œil	un seul rang d'écailles entre la bouche et l'œil
plusieurs rangs d'écailles entre les yeux	trois rangs d'écailles entre les yeux
pupille allongée verticalement	pupille ronde

Précautions à prendre : les vipères ne sont pas agressives. Menacées, elles s'enfuient ou se camouflent et n'attaquent que lorsqu'elles sont surprises. Dans les lieux qu'elles fréquentent (éboulis, buissons, hautes herbes, etc.), n'hésitez pas à faire du bruit pour prévenir de votre approche, voire à battre le sol ou les plantes d'un bâton. Regardez toujours où vous mettez les pieds ou les mains, en particulier lorsque vous retournez ou enjambez un tronc ou une pierre. En début de saison, ou de matinée, les vipères, engourdies, sont moins rapides à fuir, donc plus dangereuses. Portez de préférence des chaussures de cuir et de grosses chaussettes de laine retournées sur le bas du mollet, voire des guêtres. Si vous rencontrez un serpent, n'ayez pas peur, vous ne risquez rien en restant calme.

Il faut savoir que la morsure de nos vipères n'est pas mortelle en elle-même (sauf chez les jeunes enfants) : les cas mortels signalés semblent toujours pouvoir être imputés à la peur et à l'affolement, ou à

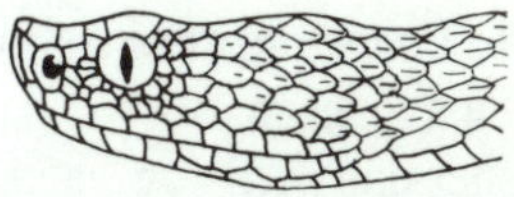

Aspic

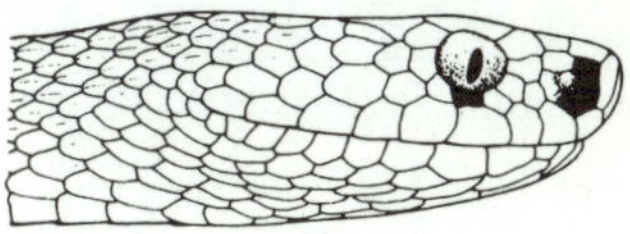

Péliade

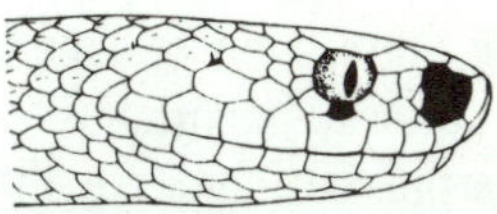

Vipère d'Orsini

des efforts physiques, qui font parvenir rapidement le venin au cœur, ou bien à une réaction au sérum antivenimeux.

Symptômes d'une morsure de vipère :

— sensation douloureuse à la morsure, diminuant ensuite ;

— trace des crochets : deux trous distants de 6 à 8 mm ;

– œdème, peau rouge marbrée de blanc ;
– tendance à la syncope, vertiges ;
– divers : nausée, douleurs, angoisses, difficultés respiratoires, pouls ralenti.

Soins

• Évitez d'accélérer le rythme circulatoire et la diffusion du venin : couchez la personne en mettant la partie mordue le plus bas possible par rapport au reste du corps ; il faut éviter qu'elle marche ou fasse des efforts. Rassurez-la, calmez-la : c'est primordial ! Sachez d'ailleurs que les venins de serpent créent un sentiment d'anxiété. Donnez-lui à boire si elle a soif, mais rien à manger.

• Éliminez une partie du venin, en agissant rapidement : nettoyez la morsure et pratiquez quelques incisions en quadrillage juste sous la peau (1 à 2 mm au plus), avec une lame stérilisée (ou système « Venomex » ; voir plus loin). Il ne s'agit pas d'aller en profondeur, mais d'atteindre le système lymphatique, superficiel, où circule une grande partie du venin. Attention à ne sectionner ni nerfs, ni tendons, ni vaisseau important.

Aspirez le plus de liquide possible grâce à une seringue aspirante (« aspi-venin », vendu en pharmacie), dont il est bon d'être toujours muni ; on peut retirer ainsi un pourcentage important du venin ! N'aspirez jamais avec la bouche, car il est probable que vous y avez de petites coupures par où le venin pénètrerait rapidement dans votre organisme. La formation d'un œdème permet l'élimination spontanée par les coupures de lymphe contenant du venin. La seringue aspirante y aide.

• Puis éventuellement, surtout si cela peut rassurer la personne : frottez sur la blessure une plante détruisant le venin (genêt, lavande ou marrube), et laissez-en une application en place ; si vous n'en avez pas, placez une compresse froide.

Homéopathie :

Ledum palustre	7 CH
Cedron	7 CH
Arnica montana	9 CH

(contre l'anxiété).

Trois granules toutes les cinq minutes.

N'utilisez pas de garrot – on a toujours tendance à trop le serrer, ce qui est plus dangereux que la morsure elle-même – ni de sérum antivenimeux. Un nombre important d'accidents sont dus à ce dernier (choc anaphylactique en particulier) : entre des mains inexpertes, il peut être mortel ! D'autre part, il ne reste efficace que si on le conserve à 4 °C, ce qui est bien difficile à réaliser en pleine nature.

Le sérum est d'ailleurs de moins en moins utilisé. Il y a déjà plusieurs années que les centres de réanimation en France ne l'emploient plus. On lui préfère le système d'élimination du venin par aspiration. En France, l'« aspi-venin » est vendu en pharmacie. Une firme suisse* commercialise un ensemble (« Venomex ») comprenant un scarificateur réglable suivant l'épaisseur de la peau et une pompe à venin, plus un calmant, un antiallergique (cortisone) et du calcium comme reconstituant.

Si l'on est démuni de seringue aspirante, on peut scarifier la peau et tenter de presser à l'extérieur le plus de liquide possi-

* J. Garzoni - vivarium de Lausanne.

ble. Ici encore plus qu'ailleurs, il convient avant tout de rester calme !
Si la scarification impressionne la personne, n'insistez pas ; laissez-la tranquille. Faites-la transporter allongée au centre hospitalier le plus proche.

Péliade *(Vipera berus)*
Aspic *(V. aspis)*
Vipère des Pyrénées *(V. seoanei)*
Vipère d'Orsini *(V. ursinii)*
Vipère de Lataste *(V. latastei)*

Répartition des vipères
en France, Suisse et Belgique

Scorpions

Il existe dans nos régions six espèces de scorpions, principalement dans le Midi.
Le **scorpion jaune** *(Buthus occitanus)* est le plus grand de tous (de 6 à 8 cm) ; il se rencontre des Pyrénées-Orientales au Vaucluse et aux Bouches-du-Rhône, sous les pierres plates des garrigues, mais il se raréfie. Sa piqûre est très douloureuse et provoque souvent un œdème, parfois de la fièvre. Le meilleur traitement consiste à appliquer des compresses froides pour calmer la douleur. Au bout d'un ou deux jours, tout rentre spontanément dans l'ordre. Ce scorpion est potentiellement dangereux pour les enfants.
Si vous campez dans la garrigue, secouez avant de vous y glisser vos vêtements, vos chaussures et votre sac de couchage pour vous assurer qu'aucun scorpion n'est venu y élire domicile.
Le **scorpion noir** *(Euscorpius flavicaudis)* est de petite taille (environ 3 cm) ; il se rencontre dans l'ouest de la Provence et en Languedoc, à l'intérieur des maisons (éviers, etc.), dans les décombres, sous les pierres des jardins, etc. Sa piqûre peut être douloureuse, mais elle est inoffensive, comme l'est celle des espèces suivantes.
Euscorpius carpathicus remplace le précédent plus à l'est (Alpes de Haute-Provence, Hautes-Alpes, Var, Alpes-Maritimes...) et en altitude (jusqu'à 2 000 m) ; il est plus campagnard et vit rarement dans les maisons.
Euscorpius italicus ne se rencontre en France qu'aux environs de Nice et de Monaco.
Euscorpius germanicus vit en Suisse.
Belisarius xambeui est un scorpion aveugle des Pyrénées-Orientales et de Catalogne, vivant dans le sol ou les grottes.

Araignées

La morsure d'une de nos nombreuses espèces d'araignées peut être très dangereuse. Il s'agit de la **malmignatte** *(Latrodectus mactans tredecimguttatus),* une proche parente de la fameuse « veuve noire » d'Amérique. On la rencontre en Corse surtout, en Provence, en Languedoc et en Roussillon. On l'a également signalée le long du littoral atlantique, en particulier dans le Morbihan. Elle fréquente les lieux secs cultivés — vignes, bordures des champs (à la base des plantes, sous les pierres), ainsi que les hangars et les granges. Son abdomen sphérique noir porte treize taches rouge vif bien visibles.

Malgré la petite taille (de 12 à 16 mm) de cette araignée, sa morsure peut entraîner de vives douleurs abdominales, musculaires (jambes et plante des pieds), une rigidité créant une gêne respiratoire, des sueurs, de l'angoisse, etc. Elle est même parfois mortelle (dans environ 3 % des cas estime-t-on, bien que la mortalité soit actuellement nulle en Europe) et, de toute façon, le malade met longtemps à se rétablir. Il faut rechercher les soins d'un médecin qui traitera les symptômes et injectera du calcium par voie intraveineuse. Dans certaines régions (en Corse chez nous), les accidents ne sont pas rares. La morsure présente deux trous et n'enfle pas. La douleur n'est pas immédiate.

La morsure de quelques autres araignées, de plus grande taille que la malmignatte, peut provoquer douleurs, œdèmes, rougeurs et démangeaisons. Il s'agit principalement de la **lycose de Narbonne** *(Lycosa tarentula)* — lieux secs en région méditerranéenne, au sol —, du *Chiracanthium punctorium* — prairies humides au sud de la Loire, au sommet des graminées — et de la **ségestrie florentine** *(Segestria florentina)* — presque toute la France, vieux murs.

Guêpes, frelons, abeilles

Lorsqu'elles sont nombreuses (plus d'une quarantaine) ou mal situées (dans la bouche ou la gorge, par exemple), les piqûres d'hyménoptères peuvent s'avérer dangereuses — du fait de leur venin ou de l'œdème qui risque de provoquer l'asphyxie (dans ce dernier cas, gargarisez-vous avec de l'eau fortement salée). Un choc anaphylactique (pâleur, œdèmes, affaiblissement du pouls, syncope...) peut résulter d'une allergie (voir p. 205).

AUTRES DANGERS

Ce sont d'abord les **chiens** : munissez-vous d'un solide bâton ou de pierres, s'ils vous menacent, mais évitez toute attitude agressive ; dans la plupart des cas, ils se contentent d'aboyer et de vous flairer. Le problème de la rage existe dans une grande partie de la France, en Suisse et en Belgique, mais il n'y a en fait que peu de danger de la part des chiens ou des renards ; il est trop souvent exagéré. Dans une région où la rage est virulente, si vous êtes mordu et qu'il y a une plaie, recherchez le propriétaire de l'animal et consultez un médecin.

Ce sont ensuite **leurs maîtres armés d'un fusil** : renseignez-vous sur les dates d'ouverture de la chasse ; en période de chasse, portez des vêtements de couleur vive et faites-vous entendre de loin ; dans la mesure du possible, éloignez-vous des groupes de chasseurs, surtout lors de battues.

Premiers soins, quelques conseils

Gardez toujours ceci présent à l'esprit
Les pages précédentes ne prétendent pas se substituer à un manuel de secourisme, qu'il sera indispensable de consulter pour les premiers soins à donner en cas de brûlures graves, de luxation, de fracture, de coup de chaleur, de gelures, d'hypothermie, etc. Initiez-vous au secourisme avant le départ (il existe des cours de formation). Dans tous les cas, restez calme, rassurez la personne concernée et son entourage. Utilisez votre bon sens. Si la situation dépasse votre compétence, prévenez d'urgence les services de secours.

La pharmacie

Emportez avec vous une petite trousse à pharmacie qui vous permettra d'agir efficacement lorsqu'il le faudra. Vous pourrez d'ailleurs fabriquer vous-même un grand nombre de ses éléments. Et n'oubliez pas que la nature vous offre un choix presqu'infini de plantes médicinales, et de l'argile à profusion.

A se procurer sur place, dans la nature

Plantes médicinales

Plusieurs ont été indiquées dans les pages précédentes, pour soigner les affections signalées.

L'argile

Ramassez-en au bord des rivières et des torrents, en particulier après leurs crues. Choisissez-la aussi pure que possible, exempte de sable ou de graviers. Elle peut être juste de la bonne consistance pour faire des cataplasmes (crémeuse...), ou plus sèche : délayez-la alors avec un peu d'eau (tiède si possible, c'est plus agréable) avant de l'utiliser. Quelques emplois sont donnés dans les pages précédentes.

A préparer

Certains composants de votre trousse à pharmacie – et non des moins importants – peuvent être préparés par vous-même avant le départ.

Huile de millepertuis

Préparation : ramassez en juin-juillet suffisamment de sommités fleuries de millepertuis *(Hypericum perforatum)* pour remplir un bocal en verre transparent. Couvrez totalement les fleurs d'huile d'olive et exposez-les au soleil pendant une semaine ou plus, jusqu'à ce que le liquide soit devenu rouge sombre. Passez-les à travers un linge et exprimez fortement. Conservez l'huile bien à l'abri de la lumière et, pour vos randonnées, remplissez-en de petites bouteilles <u>à fermeture hermétique</u> (certains flacons de médicaments en verre sont idéaux).
Attention : seul le millepertuis perforé peut produire cette huile. Il existe d'autres espèces, d'aspect voisin, qui ne transmettront aucune couleur à l'huile. Pour éviter tout déboire, pressez entre vos doigts une des belles fleurs jaunes de la plante que vous désirez ramasser : si une goutte d'un rouge vineux se forme et que vos doigts

sont tachés de pourpre, vous êtes en présence de l'espèce recherchée. Dans le cas contraire, il est inutile de cueillir ces fleurs.

Propriétés : cicatrisante, antidouleurs.

Utilisations : coups de soleil, brûlures, douleurs, massages, etc.

Huile composée

Aux fleurs de millepertuis, ajoutez des capitules de camomille (d'une des diverses espèces) et de millefeuille, des fleurs de souci et de lavande, des sommités fleuries ou des feuilles de thym et de romarin. Cette huile parfumée se prépare et s'emploie comme l'huile de millepertuis.

Teinture de souci (ou de « Calendula »)

Préparation : ramassez des capitules de souci *(Calendula officinalis)* et détachez-en les fleurs orange que vous disposerez dans un bocal en verre sans les tasser. Recouvrez les fleurs d'alcool à 90° non dénaturé et laissez macérer pendant 15 jours en secouant environ une fois par jour. Passez-les et exprimez. Conservez et transportez en randonnée comme l'huile de millepertuis (voir p. 219).

Propriétés : désinfectant, cicatrisant.

Utilisations : coupures, blessures.

Teinture de lis

Remplacez les fleurs de souci par des pétales de lis blanc *(Lilium candidum)*. Mêmes préparation, propriétés et utilisations.

Teinture d'arnica

Ramassez quelques capitules d'arnica — pas trop, car la plante s'est raréfiée du fait de ramassages trop abondants. Préparez comme la teinture de souci.

Propriétés : antiecchymotique.

Utilisations : entorses, contusions — sans plaie.

Baume à lèvres

Préparation : Faites fondre au bain-marie dans une casserole de la cire d'abeille purifiée. Ajoutez peu à peu, en mélangeant bien, de l'huile d'olive jusqu'à obtention de la consistance désirée : assez fondante, mais pas trop grasse. Pour vérifier, prenez un peu du mélange dans une cuillère, laissez refroidir (tremper dans de l'eau froide) et testez. Retirez le mélange du bain-marie et ajoutez quelques gouttes d'huile essentielle de romarin (ou de lavande), remuez bien puis versez dans de petits pots de verre ou de plastique.

Propriétés : cicatrisant.

Utilisations : sécheresse des lèvres, gerçures.

Vinaigre d'ail

Préparation : écrasez plusieurs gousses d'ail et recouvrez-les de bon vinaigre. Laissez macérer une semaine, puis filtrez et conservez en flacons hermétiques.

Propriétés : antiparasitaire, désinfectant.

Utilisations : parasites intestinaux (à titre préventif et curatif).

La trousse à pharmacie

Voici une liste des principaux objets qui vous permettront de faire face à d'éventuels incidents. Liquides et pommades pourront être emportés dans des flacons étanches en verre (médicaments); d'autres objets trouveront leur place dans des boîtes de films en plastique noir ou transparent. Placez le tout dans une boîte en plastique rigide de taille adéquate (genre « Tupperware » par exemple). Une telle trousse est à la fois légère et efficace.

- Sparadrap en rouleau;
- pansements tout préparés, genre « Tricostéril »;
-coton hydrophile;
-gaze stérile;
-bande élastique (entorses);
-« Borostyrol » (liquide ou pommade) ou teinture de souci ou de lis (désinfectant/cicatrisant; p. 220);
-huile de millepertuis ou composée (brûlures, coups de soleil, etc.; p. 219);
-pommade ou teinture d'arnica (entorses; p. 220);
-baume à lèvres (gerçures; p. 220);
-pompe à venin (Venomex ou aspi-venin; p. 216);
-lames de rasoir;
-épingles de sûreté;
-aiguille et fil (ampoules);
-pince à épiler.

Complément éventuel:
-petits ciseaux pliants;
-« Stéristrip » (en cas de coupure ou de plaie importante, remplace les points de suture);
-boules « Quiès » ou (mieux) « E.A.R. » (lavables);
-huile essentielle de lavande (blessures, maux de tête, etc.);
-antimoustique ou huile essentielle de citronnelle;
-suppositoires à la glycérine (constipation);
-plantes médicinales (voir dans le texte, pp. 204 à 211);
-feuilles séchées d'armoise (pour « moxas »; p. 205);
-cortisone (allergies);
-médicaments homéopathiques (voir dans le texte, pp. 204 à 216).

Il ne vous sera certainement pas possible d'emporter tous les remèdes homéopathiques cités dans les pages précédentes. Un minimum pourrait être constitué des quatre suivants:

Arnica montana
5 CH (traumatismes physiques)
Arnica montana
9 CH (traumatismes psychiques)
Apis mellifica
5 CH (inflammations, réactions allergiques)
Belladona
5 CH (congestions).

A compléter éventuellement par:

Phosphorus
5 CH (état de choc)
China
5 CH (état de choc)
Ledum palustre
7 CH (morsure de vipère)
Cedron
7 CH (morsure de vipère)

En espérant que vous n'aurez pas à sortir cette trousse de votre sac à dos...

L'hygiène

Une bonne hygiène est à la base de tout mode de vie sain et équilibré. Elle est possible journellement, même en pleine nature !

Se laver

Vous aurez moins besoin de vous laver qu'en ville, mais n'hésitez pas à vous tremper dans l'eau chaque fois que vous le pouvez. En plus d'éliminer la transpiration, c'est agréable, défatigant, revitalisant, en particulier, l'eau blanche des torrents, chargée en ions négatifs.

Le savon est généralement inutile, mais, s'il vous en faut, choisissez du savon de Marseille de préférence aux savonnettes parfumées. Faites très attention à ne pas polluer l'eau : ne vous savonnez jamais dans le cours d'eau, mais à côté, et rincez-vous avec l'eau d'une grande gamelle, voire d'une gourde, suffisamment loin pour que l'eau savonneuse ne s'écoule pas dans le torrent, le lac ou la rivière ; il en va bien sûr de même si vous employez du shampooing. On aurait d'ailleurs trop tendance à se savonner à l'heure actuelle ; n'oublions pas que la peau sécrète une mince couche de graisse protectrice qui contient des substances de défense de l'organisme (immunoglobulines).

Sweat lodge

C'est le bain de vapeur traditionnel des Indiens d'Amérique du Nord. Il vous faudra être en place quelque temps pour le réaliser, et être dans une zone, et en une saison, où le feu est autorisé.

• Choisissez un lieu près d'un cours d'eau pour pouvoir vous baigner en sortant de la « hutte à sudation » !

• Au centre d'un cercle d'environ 2 m de diamètre, creusez un trou de 40 à 50 cm de diamètre sur 50 à 60 cm de profondeur.

• Sur le pourtour du cercle, plantez en terre douze perches flexibles et liez-les au sommet, à une hauteur d'environ 1,20 m du sol.

• Recouvrez hermétiquement la demi-sphère de toiles et de couvertures (voire de duvets et d'habits, mais ils risquent d'être trempés...), ou bien de branchages tressés et recouverts de terre. N'oubliez pas de ménager pour l'entrée une ouverture que l'on pourra clore.

• Construisez un grand feu (prenez toutes les précautions nécessaires : p. 168) où des pierres chaufferont au rouge. N'employez jamais de pierres de bord de rivière, car elles risquent d'exploser ; les meilleures sont les pierres volcaniques.

• Quand les pierres sont à point, transportez-les à l'aide de bâtons (une fourche serait l'idéal) dans le trou central. Faites très attention à ne pas vous en faire tomber une sur le pied !

- Entrez un par un et disposez-vous en cercle autour du trou. A l'aide d'une branchette feuillue, aspergez d'eau les pierres brûlantes et commencez à mijoter...
- Ne restez pas trop longtemps : les mêmes précautions sont à prendre que dans un sauna, avec le danger supplémentaire des pierres brûlantes et du noir absolu. Attention !
- Au sortir de la fournaise, plongez-vous — avec délice — dans l'eau glacée. Bien-être suprême !
- Le *sweat lodge* est un lieu très fort, où se rejoignent les quatre éléments. Il ne nettoie pas que le corps, à condition de le vivre avec respect.

Se laver les dents

Si vous n'avez pas de brosse à dents, frottez-vous les gencives avec le doigt et rincez-vous la bouche à l'eau salée. Vous pouvez fabriquer une brosse à dents en écrasant l'extrémité d'une branchette — comme il est courant en Afrique ou en Asie. Le noyer est particulièrement prisé en Afrique du Nord.

Un bon dentifrice : délayez à la consistance désirée de l'argile très pure avec un peu d'eau ; ajoutez-y du sel et quelques gouttes d'essence de menthe, de thym, de romarin, etc. Préparez-le avant le départ et emportez ce qu'il vous faut dans un tube de médicaments en plastique... ou dans un tube de dentifrice déjà utilisé, que vous remplirez par le fond.

Se soulager

Le manque d'intimité, le changement d'habitudes, l'absence de confort peuvent être gênants et provoquer la constipation. Efforcez-vous d'aller régulièrement à la selle et reportez-vous le cas échéant à la page 204. Effectuez l'opération loin de toute source ou cours d'eau, et loin du campement bien sûr. Creusez un trou dans la mesure du possible ou, en tout cas, couvrez avec des pierres.

Si vous n'avez pas de papier, employez les

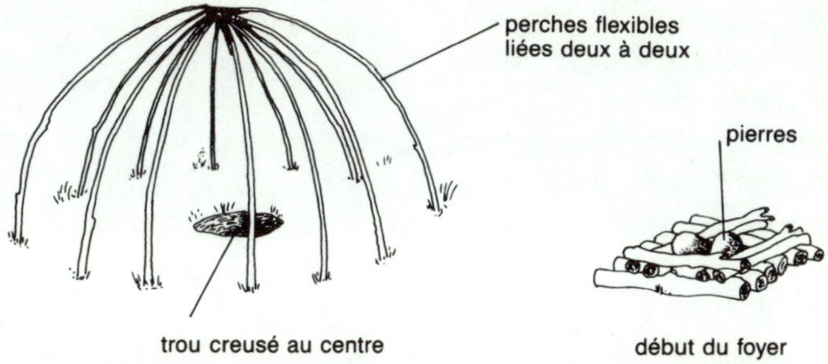

Construction d'un « sweat lodge »

grandes feuilles douces de la bardane, du bouillon blanc, de la digitale (pas de danger...), ou d'autres plantes (noisetier, tilleul, érable, pétasite, tussilage, etc., conviennent aussi très bien). Attention seulement aux feuilles râpeuses. Des galets arrondis peuvent également faire l'affaire, mais la meilleure solution est sans conteste l'eau : c'est en fait la seule solution pour se nettoyer correctement, d'ailleurs presqu'universellement adoptée : il est curieux de constater qu'il n'y a qu'en Occident que l'on préfère le papier à l'eau. Il est pourtant bien peu efficace dans ce domaine... et pas très décoratif ! Emportez plutôt une gourde avec vous.

La trousse de toilette

Les objets suivants vous rendront service : brosse à dents et dentifrice (voir page 223) ; morceau de savon de Marseille ; serviette (mais on peut se laisser sécher au soleil...) ; peigne ; tampons hygiéniques ou éponge de mer, pour les femmes.
Sont inutiles : rasoir (laissez donc pousser votre barbe !) ; déodorants, nécessaire de maquillage, etc. (ce n'est pas inutile de le dire : j'ai déjà vu quelqu'un venir en « survie » avec un fer à friser à gaz !).

Laver son linge

Vous n'avez pas forcément besoin de savon : utilisez plutôt de la cendre. C'est ainsi que procédaient nos aïeux. La terre et l'eau pure nettoient bien aussi. Si vous employez du savon, faites attention à ne pas polluer le cours d'eau (voir p. 222). Le savon de Marseille est de loin préférable aux détergents en poudre, fortement polluants. Votre lessive pourra sécher sur votre sac à dos, pendant la marche, ce qui est à la fois pratique et... décoratif.

L'équipement

Bien s'équiper est à la fois primordial et délicat : être sous-équipé peut transformer votre séjour dans la nature en un cauchemar parfois dangereux ; être suréquipé implique un sac à dos trop lourd pour être agréable et tend à empêcher un bon contact avec ce qui vous entoure. Il faut avant tout **bien dormir, bien marcher, ne pas avoir froid et ne pas être mouillé** : le reste est subsidiaire.

En remplissant votre sac, soupesez chaque objet et posez-vous la question : « En ai-je vraiment besoin ? »... Pour vous en assurer, tentez cette expérience : en revenant de votre randonnée, disposez tout votre matériel en trois tas suivant que vous vous en êtes servi tous les jours (1), occasionnellement (2), ou pas du tout (3). Quand vous repartirez, vous saurez quoi prendre (le tas 1 et éventuellement le tas 2, plus de toute façon la trousse de pharmacie) et quoi laisser.

Une fois rempli, pesez votre sac à dos : si le rapport de son poids au vôtre est de 1 à 6, il est léger ; de 1 à 5, il convient encore ; de 1 à 4, il est trop lourd. Souvenez-vous qu'on est (presque) toujours trop chargé !

Sac à dos

Choisissez un sac de « randonnée camping » (à poches extérieures) ou de « montagne » (haut et étroit, généralement sans poches), d'une contenance de 50 à 100 l. Les sacs « promenade » sont trop petits ; les sacs « escalade », inutilement spécialisés. Le choix est grand. Appréciez avant tout la forme, le confort, la capacité et les réglages. Votre sac doit être muni d'une armature (en S, épousant mieux le dos qu'une armature rectiligne), interne ou externe.

Les sacs à armature interne, semi-rigide, préférée en Europe, sont compacts et faciles à transporter en auto ou en train. Il faut généralement tasser le duvet à l'intérieur du sac, ce qui prend beaucoup de place. Pour une bonne ventilation dans le dos, la sangle transversale doit être bien tendue. Certains sacs emploient comme armature une plaque de mousse amovible pouvant servir comme matelas de bivouac.

Les sacs à armature externe ou à claie, les plus appréciés en Amérique, permettent de bien répartir une charge plus lourde, portée plus haut : le corps reste droit et se fatigue moins, mais il y a risque de déséquilibre sur terrain irrégulier. Ils sont très logeables et assurent une bonne ventilation dans le dos. Le duvet s'accroche facilement sur l'armature.

Un sac à dos n'est jamais vraiment étanche, même s'il est fabriqué en nylon enduit : les coutures fuient toujours. On peut les imperméabiliser avec un produit

spécial, mais prenez soin d'emballer vos affaires dans des sacs en plastique (non troués...), que vous placerez dans de grands sacs poubelles si la pluie risque d'être votre compagne fidèle.
Pour accéder facilement aux différents objets, votre sac devrait posséder plusieurs compartiments et des poches extérieures (sur les côtés, par devant et au-dessus sur le rabat). Pour le remplir, deux critères : la répartition de la charge (placez les objets lourds le plus près possible du dos, assez haut — sauf en terrain accidenté où il faut abaisser au maximum le centre de gravité — ; équilibrez à gauche et à droite) et la fréquence d'utilisation (placez les vêtements de rechange au fond, ficelle, boussole et allumettes dans une poche, etc.). Enfin, n'oubliez pas de régler les bretelles et d'utiliser la ceinture qui évite que le sac ne brinquebale et transfère une partie du poids des épaules aux hanches. Pour les plus petits objets, il existe des poches qui se fixent à la ceinture ou aux bretelles du sac.

Sac de couchage ou duvet

Bien reposé, vous pourrez tout affronter alors qu'une nuit blanche rend difficile la moindre chose : un bon sac de couchage est indispensable. Choisissez-le en fonction du lieu et de la saison : en montagne ou en hiver, il doit être le plus chaud possible, mais, dans les régions chaudes en été, il faut éviter de transpirer toute la nuit. Il vaut quand même mieux avoir un peu trop chaud plutôt que trop froid !
Un sac léger plus un sac moyen permettent trois combinaisons pratiques : léger et moyen, en les utilisant séparément, ainsi que très chaud lorsqu'on glisse le sac léger dans le moyen.

Garnissage : à poids égal, les meilleures qualités de duvet sont plus chaudes que les fibres synthétiques (polyester, thinsulate, hollofil, etc.). Pour une même capacité d'isolation, un sac de couchage en duvet est donc généralement moins lourd qu'un sac en synthétique. Mais, s'il est mouillé, il perd 80 % de son pouvoir isolant et met très longtemps à sécher. Il ne faut jamais le laver avec un détergent, qui dépouille le duvet de ses huiles, à la base de ses qualités.
Outre son poids, un sac de couchage garni de fibres synthétiques est beaucoup plus encombrant qu'un sac en duvet, ces matériaux étant peu compressibles. Sa capacité d'isolation diminue avec le temps, surtout si on l'expose à la chaleur (soleil, séchoir). Il reste par contre isolant une fois mouillé et sèche rapidement. On peut le laver en machine. Enfin — ce n'est pas le moins important — il est nettement moins cher que le duvet.
Une solution intéressante consiste en un sac garni d'une couche épaisse de duvet sur le dessus et d'une mince couche de fibres synthétiques en dessous : tel quel, il est chaud et confortable (la fibre synthétique, peu compressible, formant matelas, contrairement au duvet qui s'écrase) ; retourné (la couche de synthétique en dessus), il convient pour l'été, et demeure isolant même mouillé.
La chaleur d'un sac de couchage dépend de la couche du garnissage.

pour bien dormir par une température de *	5 °C	0 °C	– 5 °C	– 10 °C
la couche de gonflant doit être de	4-5 cm	4,5-5,5 cm	5-6 cm	6-6,5 cm

* Diminuez de 2 °C si le sac est muni d'une cagoule, 5 °C si vous dormez sous tente.

Le poids du duvet d'un sac est une bonne indication des températures qu'il permet d'affronter.

Confection : pour être réparti équitablement sur toute la surface du sac, le duvet doit être maintenu en place par des coutures ou des cloisons. On emploie les techniques suivantes :

- capitonnage – la déperdition de chaleur au niveau des coutures est importante ;
- semi-cloisonnement – la forme en « V » est préférable ;
- cloisonnement – il s'agit pratiquement de deux sacs capitonnés emboîtés l'un dans l'autre. C'est la formule la plus efficace contre le froid.

Les fibres synthétiques peuvent être fixées par capitonnage (avec déperdition de chaleur aux coutures) ou sous forme de plaques rivées en place.

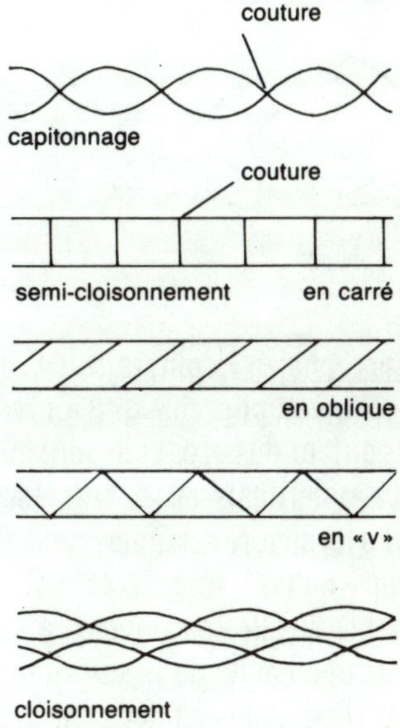

Tissu : le sac peut être fait de coton ou de nylon. Si le premier est plus agréable au toucher, il est de 50 % plus lourd que le nylon et absorbe facilement l'eau. Le nylon résiste mieux à l'eau tout en laissant passer l'air : il ne faudrait pas utiliser de tissu imperméable, sous peine de transformer le sac de couchage en bain de vapeur – même le Gore-Tex est à proscrire, car l'eau se condense à l'intérieur du sac du fait du froid extérieur.

Forme : il existe deux grands types de sacs. Les <u>sacs rectangulaires</u>, ou « couvertures », s'ouvrant sur deux côtés, peuvent être ouverts pour servir de couverture à la maison. Ils ne sont jamais très chauds et sont à réserver pour l'été en plaine. La chaleur du sac peut être réglée par la fermeture éclair s'ouvrant depuis le haut ou le bas du sac.

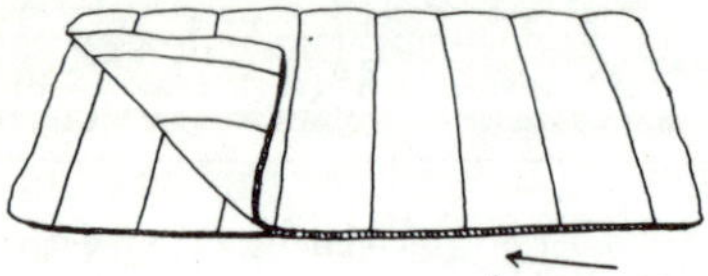

Sac rectangulaire (forme couverture)

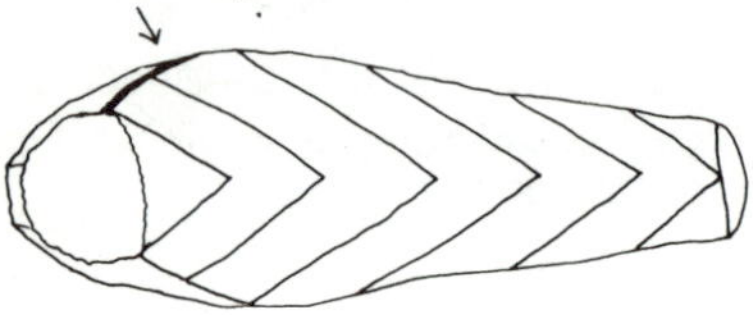

Sac sarcophage

Les « sarcophages », plus ajustés, donc plus légers, sont plus chauds (l'air ne circule pas autour du corps et ils sont munis d'une cagoule) mais aussi plus encombrants. La fermeture éclair ne prend généralement qu'un seul côté. Il est souhaitable qu'elle soit doublée à l'intérieur par une bande de tissu évitant les courants d'air et le contact avec la glissière ; cette dernière sera de préférence en nylon, à spirale (elle ne s'accroche pas et est plus fiable qu'une glissière en métal).
Le sac devrait posséder un emplacement pour les pieds, pour éviter qu'ils ne compriment l'isolant en l'étirant.
Il existe aussi des « pieds d'éléphant », sacs très courts dans lesquels on ne rentre que jusqu'à la taille, le haut du corps étant protégé par une veste de duvet.
Les duvets rectangulaires et certains sarcophages peuvent être transformés en biplaces par jumelage de deux sacs dont les glissières correspondent.

Utilisation et entretien : sortez le sac de son enveloppe quelques heures avant de vous coucher pour qu'il ait repris tout son gonflant. Isolez-le du sol par une feuille de plastique, un poncho ou un matelas en mousse (p. 229). Enveloppez-le dans de grands sacs poubelles pendant la marche pour l'isoler d'une pluie éventuelle.
Le matin, il est humide à cause de la transpiration et parfois de la rosée, aérez-le et ne le roulez qu'au dernier moment. Lors des pauses, exposez-le au soleil s'il n'est pas parfaitement sec. Chez vous, sortez-le de son enveloppe et suspendez-le : il s'abîme à force d'être comprimé.
Un sac de duvet peut se laver à l'eau tiède, de préférence sans savon. Ne l'essorez pas et laissez-le sécher plusieurs jours. Un sac en fibres synthétiques peut se laver en machine à l'eau tiède. Ne faites jamais nettoyer à sec votre sac de couchage, à moins de le confier à un spécialiste.
On peut éventuellement utiliser un sac de couchage formé de deux couvertures de survie en nylon aluminisé doublé de tissu absorbant (bleu). Ces sacs ont l'avantage d'être ultralégers et de ne pas prendre de place, mais ils condensent désagréablement. Pour mieux laisser passer l'air, on peut y percer des trous. Ce type de sac n'offre qu'une solution provisoire.

Sac à viande

C'est un drap en forme de sac que l'on glisse à l'intérieur du duvet pour le protéger et augmenter chaleur et confort. Choisissez-le en coton extensible (très doux et agréable) ou en soie (léger, peu encombrant, très chaud... et cher). On peut facilement le fabriquer soi-même, mais pensez à y adapter une cagoule. Il prolongera la vie de votre sac de couchage car vous n'aurez plus à nettoyer que très rarement ce dernier.

Matelas

Si vous n'avez rien d'autre, vous pouvez étaler vos vêtements sur le sol, y compris vos rechanges. C'est la formule la plus légère, et elle peut être suffisante. Nous proscrivons l'autre extrême : les matelas pneumatiques, dont les plus légers dépassent les deux kilos. L'équilibre est réalisé par les matelas en mousse (polyéthylène, polyvinyle) à cellules fermées, dont le poids est tout à fait acceptable.

Les pieds n'ont pas besoin de reposer sur le matelas, ce qui diminue d'autant son encombrement et son poids, qui devrait se situer aux alentours de 400 g. Ils isolent efficacement du froid du sol (même de la neige), de l'humidité, des cailloux et brindilles. Le polyvinyle est plus lourd, plus durable et plus facile à rouler. Le polyéthylène est plus léger, plus fragile et moins cher.

Il existe aussi de petits matelas en mousse à cellules ouvertes, plus épais (environ 3 cm), creusés en dessous en forme de compartiment à œufs. Ils ne sont guère plus lourds que les précédents (pour une taille plus courte) et offrent davantage de confort. On trouve encore de mini-matelas autogonflants très confortables, mais assez lourds et chers.

Chose importante : un matelas protège le sac de couchage contre la poussière, l'humidité et l'abrasion. Comme du sac à viande, il devient difficile de s'en passer. Transportez-le roulé, serré à l'extérieur de votre sac, ou roulez-le très large à l'intérieur, le long des parois et entassez vos affaires dans ce tube. L'armature souple de certains sacs à dos peut servir de matelas.

Oreiller

Le plus simple est d'en fabriquer un en plaçant soigneusement quelques habits de rechange dans un T-shirt en coton.

Tente

S'il fait beau, nous dormons à la belle étoile ; s'il pleut, nous nous protégeons d'une toile de plastique ou de nylon ou d'un double-toit de tente, plus léger et moins étouffant qu'une tente fermée (voir pp. 195 à 197). Mais, si vous comptez partir en haute montagne au-dessus de la limite des arbres, où même en plein mois d'août il gèle parfois et où de violents orages sont à craindre, une tente peut s'imposer. Il en existe de trop nombreux modèles pour pouvoir en discuter ici. Consultez un catalogue spécialisé.

Si vous partez seul, une tente-tube en nylon peut rendre service, mais elle condense horriblement, ne tient guère dans les grosses pluies et se mouille à l'intérieur lorsqu'on la replie sans avoir pu la faire sécher. Et il faut pouvoir l'accrocher à deux supports. Une tente individuelle en Gore-Tex est nettement supérieure (elle n'est pas censée condenser et se monte partout), mais son prix l'est aussi. Une autre solution : le sac-bivouac en Gore-Tex enveloppant le sac de couchage pour le protéger de la pluie, sans condensation intérieure. Il n'est pas donné, et il faut imperméabiliser les coutures (avant usage, puis au moins une fois par an) – ce qui est d'ailleurs à conseiller aussi pour les tentes.

Moustiquaire

Il n'y a pas toujours besoin d'aller sous les Tropiques pour passer une nuit blanche à cause de ces suceurs de sang. Et une moustiquaire est suffisamment légère et facile à fabriquer pour pouvoir regretter de ne pas en avoir emporté !

Confection d'une moustiquaire
Cousez ensemble les trois lais suivant les flèches ; cousez un lien à chacun des quatre sommets.

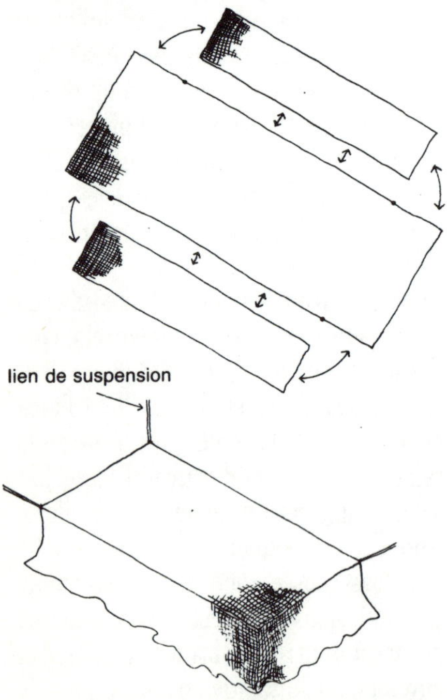

Procédez comme sur la figure, avec une toile à moustique, à mailles très fines. Choisissez des dimensions assez importantes – peut-être accueillerez-vous quelqu'un sous votre moustiquaire –, le poids n'en souffrira guère. Souvenez-vous que le bas doit traîner au sol pour qu'aucun insecte volant ne puisse y pénétrer. Suspendez la moustiquaire aux quatre coins, en la manipulant avec précaution pour ne pas la déchirer (attention aux brindilles et aux ronces), et bonne nuit !

Chaussures

Ce sont l'un des éléments essentiels de l'équipement. Pour marcher longtemps et sûrement, les chaussures doivent tenir le pied, la cheville en particulier, et y être parfaitement adaptées, sans être trop lourdes. Il faut aussi qu'elles soient imperméables... tout en laissant passer l'air, sous peine d'offrir à l'utilisateur un bain de pieds perpétuel.
Choisissez des chaussures en cuir de bonne qualité – la « fleur », partie extérieure de la peau, est plus résistante et plus étanche que la « croûte », partie intérieure, de moindre valeur, qui a tendance à se déformer et s'imperméabilise difficilement (dans un « cuir sur chair », la fleur est à l'intérieur pour résister à l'abrasion ; ne confondez pas avec une « croûte », même si l'aspect extérieur est semblable).
La tige doit monter au-dessus des malléoles, pour maintenir la cheville dans les descentes ou les éboulis et éviter les entorses. Elle se terminera au sommet par un col à coussinet, rembourré, pour ne pas

blesser la cheville et empêcher de petits cailloux d'entrer. La semelle, en caoutchouc, de type « Vibram », doit être semi-rigide (proscrivez pour la marche les chaussures d'escalade à semelle armée rigide), durable et posséder un relief bien marqué, les rendant antidérapantes. Elle peut être cousue à la partie supérieure (empeigne) de cuir ou moulée et collée, ce qui élimine les problèmes d'étanchéité au niveau des coutures, mais empêche le ressemelage — d'ailleurs, les coutures peuvent être étanchéifiées avec un produit spécial. Une nouvelle technique : la chaussure sans couture avec chausson amovible matelassé antitranspirant — parfaitement étanche, mais lourd et cher.

Choisissez vos chaussures parmi les modèles « marche randonnée » ou « grande randonnée ». Les chaussures « montagne, glace, escalade » sont trop rigides. Pour une randonnée tous terrains, évitez les bottines de toile ou de nylon, très légères mais trop souples et trempées à la moindre averse. En Gore-Tex, elles sont imperméables, mais ne tiennent pas non plus la cheville. Évitez aussi les « rangers », à tige très haute : ils tiennent remarquablement la cheville, mais sont gênants en terrain accidenté. A réserver pour le sentier en plaine.

En ce qui concerne le prix, mieux vaut payer deux fois plus cher des chaussures qui dureront 5-6 ans qu'une autre paire qui n'en durera que deux. Les chaussures bon marché sont rarement de bonnes affaires. Quant au poids, comptez environ deux kilos.

Pour plus de confort, pensez à mettre une semelle intérieure en mousse et, pour choisir la taille, n'oubliez pas que vous utiliserez de grosses chaussettes de laine. Pensez à emporter une paire de lacets de rechange.

Entretien : les chaussures demandent à être régulièrement enduites d'une graisse adéquate qui nourrit le cuir et l'imperméabilise. Mais des graissages trop fréquents amollissent le cuir, de même que l'utilisation d'huile (des chaussures trop souples tiennent mal le pied). Ne saturez pas le cuir et essuyez l'excès. Graissez les coutures avec une brosse à dents (ou étanchéifiez-les avec un produit spécial). Lorsque les chaussures sont sales, nettoyez-les avec un chiffon humide (voire en les brossant sous le robinet si elles sont terreuses) et faites-les sécher lentement, loin de toute source de chaleur directe. S'il risque de pleuvoir fréquemment, ou si la rosée est forte, emportez une boîte de graisse, un chiffon et une brosse à dents (les chaussures doivent être graissées de frais pour résister à une matinée de marche dans de l'herbe mouillée). En cas de transpiration excessive des pieds ou si vous avez les chaussures mouillées, bourrez-les d'herbes sèches (ou de papier journal) quand vous les retirez. S'il gèle fort, mettez vos chaussures dans votre duvet pendant la nuit pour éviter qu'elles ne vous blessent les pieds le lendemain.

Chaussettes

Elles doivent assurer le confort du pied en l'isolant de la chaussure, en lui tenant chaud lorsqu'il fait froid et en absorbant sa transpiration. Une paire ou deux ? Cela dépend surtout de votre préférence. Avec deux paires, une partie des frottements — générateurs d'ampoules — est éliminée, le confort est accru et la chaleur aussi (c'est un avantage en hiver, et pas forcément désagréable en été, tant que la transpiration est convenablement absorbée).

Mais il est indispensable que la chaussure soit assez large afin d'éviter que le pied ne se trouve comprimé. La chaussette intérieure, fine (socquette), sera en laine mélangée (30 % de synthétique : la laine seule rétrécit au lavage). Pour l'hiver, la soie est très chaude et peu épaisse (on en fait de fines socquettes), mais chère ; pour l'été, l'oléfine, une fibre synthétique, transfère la condensation à la chaussette extérieure. Pour celle-ci, pas d'hésitation : une grosse laine (non désuintée si possible), mélangée de synthétique pour éviter qu'elle ne rétrécisse. Si vous optez pour une seule paire de chaussettes, il existe un mélange laine + soie extrêmement confortable et chaud, mais qui s'use rapidement au frottement.

A proscrire : les chaussettes en nylon ou à dessin fantaisie pouvant irriter le pied. S'il y a des coutures à l'intérieur, retournez les chaussettes à l'envers.

Choisissez des mi-bas (25-35 cm), bien ajustés à votre pied (trop petites, les chaussettes compriment le pied ; trop grandes, elles font des replis qui peuvent blesser). Repliez-les sur les chaussures par beau temps, dépliez-les s'il fait froid ou s'il pleut.

Lors d'arrêts prolongés, faites sécher vos chaussettes au soleil. Lavez-les fréquemment, puis séchez-les soigneusement, pour éviter irritations et ampoules. Ne portez jamais de chaussettes mouillées. Ayez toujours un nombre suffisant de rechanges.

Vêtements

Le corps nu est à l'aise entre 22 et 37 ° C. Au-dessus, il doit éliminer de la chaleur, par la transpiration ; au-dessous, les vêtements sont nécessaires pour le réchauffer. Portez de préférence plusieurs épaisseurs minces qui permettront facilement de trouver la tenue adaptée aux conditions du moment, tout en créant entre chacune une couche d'air isolante. Parmi les tissus, le coton est idéal par temps chaud car il est agréablement rafraîchissant, mais il faut l'éviter par temps froid, ou si le vêtement risque d'être mouillé, à moins de pouvoir en changer rapidement. La laine est chaude et isolante (mais elle laisse passer le vent), même lorsqu'elle est mouillée. Elle absorbe rapidement, puis dissipe, l'humidité et la transpiration. Elle doit être mélangée avec une fibre synthétique sous peine de rétrécir au lavage. La laine peignée est plus dense et plus fine. La soie est excellente (fine, absorbante, isolante, chaude, etc.), mais elle est chère et peu durable.

Les vêtements en synthétique sont à proscrire : ils sont généralement désagréables, voire irritants s'il s'agit de sous-vêtements. En revanche, ils sèchent rapidement, sont durables et légers. Mélangées aux fibres naturelles, les fibres synthétiques (nylon, polyester, rayonne, acrylique, oléfine, etc.) leur confèrent un peu de ces qualités. Choisissez si possible des couleurs s'accordant avec votre environnement (évitez le vert acide ou le rouge fluorescent...).

Suivant le temps, vous porterez
- un T-shirt (coton), éventuellement à mailles s'il fait chaud. Faites-le sécher au soleil pendant les pauses si vous avez transpiré au cours de la marche ;
- une chemise (coton, flanelle, laine) ou une chemisette à manches courtes (attention aux coups de soleil) ; une chemise légère, à manches longues, portée seule et ouverte peut être idéale par temps chaud ;
- un chandail léger (laine) s'il fait frais. Attachez autour de votre taille chemise et chandail pendant la marche si vous avez trop chaud ;
- un slip (coton). Pour plus d'aisance, choisissez slips et T-shirts légèrement trop grands et lavez-les de préférence au savon de Marseille qui ne risque pas d'irriter ;
- un chapeau léger en coton, genre « bob », ou un foulard noué sur la tête vous serviront à atténuer l'ardeur du soleil ;
- dans les poches, vous aurez mouchoir, allumettes et canif ;
- un pantalon ou short (coton), suivant la température et le terrain traversé. Vous fabriquerez un short à peu de frais dans un vieux pantalon, ou bien utilisez un flottant d'athlétisme.

Évitez les jeans, trop serrés, trop raides et horriblement désagréables lorsqu'ils sont mouillés. Les pantalons en velours côtelé sont plus souples et généralement solides, mais ils sèchent lentement. Les tissus extensibles sont confortables et sèchent rapidement. Choisissez vos pantalons larges : ici, le confort prime sur l'élégance. Les knickers peuvent être pratiques, mais ils ne doivent être ni trop courts, ni trop longs pour ne pas gêner aux genoux et jamais trop serrés (gare aux varices). S'il fait chaud, les chaussettes rabattues sur les chaussures laissent les jambes nues.

A emporter, rangés dans des sacs en plastique (non troués...), au cas où il pleuvrait :
- rechange d'un T-shirt, une chemise, deux slips, un pantalon ou un short, deux paires de chaussettes, deux mouchoirs, un ou deux chandails de laine (un fin et un épais). Un maillot de bain n'est pas nécessaire, car, en pleine nature, le naturisme est généralement spontané ;
- éventuellement, une paire de chaussures très légères pour reposer vos pieds pendant le bivouac du soir — « Tongs » en plastique, espadrilles ou mocassins, ces derniers étant pratiques et faciles à faire soi-même.

Par temps très froid, portez ou emportez :
- des sous-vêtements de laine (+ synthétique). S'il vous irritent, mettez du coton contre la peau et par-dessus un T-shirt à manches longues en laine et un collant (laine + soie). Mais attention à la transpiration au cours d'un effort prolongé : n'attendez pas pour retirer des couches ! ;
- une chemise de laine, et plusieurs chandails pas trop gros. N'oubliez pas : plusieurs couches minces sont plus chaudes qu'une seule épaisse. Il existe des vêtements en « fibre polaire », aussi chaude et deux fois plus légère que la laine, qui sont

agréables au toucher (on peut les porter à même la peau). Ils ont l'avantage d'éliminer la transpiration vers l'extérieur et de sécher rapidement. Portés seuls, ils protègent jusqu'à 0 ° C ;
- un pantalon de laine, plus ou moins épais suivant le froid, ou des knickers de laine ;
- de grosses chaussettes de laine (attention à ne pas comprimer vos pieds : vous obtiendriez le contraire de l'effet désiré !) et, si possible, des socquettes de soie à l'intérieur (ou des chaussettes laine + soie). Vous pouvez glisser dans vos chaussures une semelle isolante en feutre ;
- une veste de duvet (« doudoune ») ou de fibres synthétiques (hollofil, thinsulate). Ces dernières sont beaucoup moins fragiles et surtout ne craignent pas l'humidité. La veste de duvet est lourde, chère et encombrante, mais si agréable... ;
- éventuellement, un foulard de soie ;
- un bonnet de laine ou une cagoule (ou le capuchon de la veste de duvet) ;
- des gants de laine (avec peut-être des sous-gants en soie, très fins, à l'intérieur) ou des moufles — les doigts s'y réchauffent les uns les autres, ce qui n'est pas le cas avec les gants.

Ainsi équipés, vous pourriez (presque) affronter l'hiver dans l'Himalaya ! Comme ce ne sera sûrement pas le cas, prenez soin de ne pas trop vous couvrir, du moins pendant la marche : vous risquez d'être vite en sueur et de désirer vous découvrir à la première halte, une excellente solution pour vous enrhumer ! Gardez donc les vêtements les plus chauds pour l'arrêt, en particulier pour le bivouac du soir. Rappelez-vous qu'en montagne tous les types de temps peuvent se rencontrer au cours de la même journée : même en plein été, il est judicieux d'emporter des vêtements d'hiver.

S'il vous arrive d'être pris par un froid intense sans avoir d'équipement adéquat, intercalez plusieurs épaisseurs de papier journal entre chemise et chandail. C'est un excellent isolant... mais encore faut-il emporter un journal.

En cas de pluie

• Abritez-vous sous un <u>parapluie</u> ! Ce digne instrument soulève en général l'hilarité... jusqu'à ce qu'il pleuve et qu'en marchant les modernes porteurs de capes ou autres cirés aient suffisamment transpiré à l'intérieur de leurs vêtements étanches (à l'air autant qu'à l'eau...) pour être aussi trempés que s'ils n'avaient rien mis !
Le parapluie présente l'immense avantage de laisser respirer tout le corps, un point sur lequel on n'insistera jamais assez. Pendant la marche, il est possible de le caler sur le sac à dos pour avoir les mains libres. Pour traverser des broussailles, il vaut mieux le refermer..., ce qui est tout de même plus facile à faire que de retirer ses vêtements de pluie pour éviter de les déchirer. S'il pleut vraiment trop, on peut s'asseoir sous son parapluie et attendre que la pluie cesse... Je vous l'affirme : l'essayer, c'est l'adopter.
Choisissez le parapluie à la fois le plus léger et le plus large possible. Les parapluies pliants sont généralement trop lourds. Seuls inconvénients du parapluie : les rafales violentes de vent qui risquent

de le retourner — mais les capes donnent aussi prise au vent —, et son encombrement... S'il est en coton, pensez à l'imperméabiliser de temps en temps.

• Protégez-vous avec une cape ou un poncho. Légère, facile à transporter, étanche (mais attention aux coutures), la cape de pluie connaît un succès justifié, en particulier les modèles permettant de couvrir le sac à dos. Mais, si elle est trop courte, l'eau s'écoule sur le pantalon, qu'elle trempe rapidement; trop longue, elle gêne la marche..., et l'on passe de l'un à l'autre sans transition vraiment acceptable. Choisissez une cape munie d'une ceinture pour minimiser l'action du vent. Attention à la végétation dense. Il existe de petites capes permettant juste de recouvrir le sac à dos. Cette formule peut être intéressante avec un parapluie.

• Vous pouvez aussi porter une veste en Gore-Tex. Le Gore-Tex est un tissu à pores d'environ 0,2 micron, laissant passer l'air mais non l'eau. Parfaitement étanches tout en permettant d'évacuer la transpiration, ces vestes semblent proches de l'idéal. Mais elles sont fragiles et vraiment très chères. Il existe également des pantalons en Gore-Tex possédant les mêmes avantages.

Évitez

- les K-way, qui ne résistent guère qu'à une pluie fine de brève durée; le moindre orage les transperce; il ne faut les employer que comme coupe-vent;
- les cirés, beaucoup trop lourds et dans lesquels on transpire excessivement dès qu'on marche;
- les anoraks, qui s'imprègnent d'eau;
- les vestes militaires, qui ne protègent ni de la pluie, ni du froid; leur seul intérêt est d'être solides et d'avoir de grandes poches...

Les vêtements antifroid ne sont pas étanches, sauf s'ils sont en Gore-Tex. Ne mouillez jamais une veste en duvet. Un en-cas léger et bon marché consiste en une feuille de polyéthylène soudée, munie d'une capuche et de larges manches.

Pour protéger le bas de vos pantalons, remontez vos grosses chaussettes de laine — non désuintée si possible — pardessus: la laine absorbe moins l'eau que le coton du pantalon dont le bas devient vite une éponge! Des guêtres en nylon se montreront fort utiles: elles protègent aussi la chaussure et permettent même de marcher quelque temps dans de la neige fondante. Si vous préférez plus léger, utilisez des « stop-tout », petits manchons en nylon ou en coton d'environ 10 cm de hauteur, enserrant jambes et chaussures par des élastiques (attention à la circulation). Mais la protection qu'ils offrent est bien moindre. Ils évitent en tout cas que cailloux, pluie ou neige ne pénètrent dans la chaussure.

Qu'emporter d'autre ?

Un couteau. Choisissez un canif simple et léger, à lame robuste de forme classique — pas en inox, qui s'aiguise difficilement. L'idéal est sans doute encore le bon vieil opinel à virole (celle-ci est utile pour ne pas se faire pincer les doigts...). Les multilames type « armée suisse » sont lourds, encombrants et pas forcément très utiles, à part les ciseaux, la pince à épiler et la loupe, que vous pouvez emporter séparément. Les couteaux norvégiens sans garde, dont la poignée rentre dans le fourreau, peuvent être intéressants : portés à la ceinture, ils sont faciles à retrouver. Mais évitez les couteaux de trappeur, trop gros pour ce que nous aurons à faire avec. Il existe aussi des couteaux de survie*.

Une lampe de poche. Prenez une lampe ordinaire à pile plate. Les boîtiers en plastique sont un peu plus légers que ceux en métal. Les lampes frontales sont très pratiques, car elles permettent de se servir des deux mains. Il en existe des modèles légers. Évitez les lampes torches, car elles sont très lourdes et leur long faisceau ne vous est pas indispensable. En revanche, les minuscules crayons-torche peuvent être utiles, vu leur poids et leur encombrement dérisoire. Utilisez toujours des piles alcalines ou au lithium, plus chères mais plus durables. Il existe des lampes-dynamo, où la pression sur la poignée actionne un générateur électrique. Leur intérêt est indéniable.

Une gourde. En métal d'au moins un litre (1 litre 1/3 ou 1 litre 1/2 est préférable). Évitez le plastique, où l'eau prend vite un mauvais goût. Les gourdes munies d'une enveloppe de feutre gardent l'eau au frais même en pleine chaleur : il suffit de les mouiller et de les suspendre dans un courant d'air.

De la ficelle. En grande quantité, pour monter le bivouac, et pour toutes sortes d'autres usages. Choisissez une cordelette de 2-3 mm de diamètre. Pas de nylon, qui glisse.

Une boussole (voir p. 186).

Les cartes nécessaires (voir p. 185).

Une « trousse de survie » comportant :
- fil et aiguilles,
- lames de rasoir,
- épingles de sûreté,
- morceaux de bougie (éventuellement des bougies de survie, brûlant beaucoup plus lentement),
- élastiques,
- allume-feu (voir p. 175),
- allumettes rendues étanches (voir p. 177) et/ou briquet,
- sifflet (au cas où vous vous perdriez),
- lacets (pour chaussures et autres usages éventuels),
- stylo à bille et carnet.

Rangez soigneusement tout cela dans une boîte en plastique de petite dimension. Les étuis de film 35 mm, parfaitement étanches, sont très pratiques. Deux ou trois seront suffisants pour tout caser (sauf briquet, stylo à bille et carnet...) et vous leur trouverez sûrement d'autres contenus (boules Quiès, pansements adhésifs, sel, aromates...). Il peut être bon d'avoir toujours cette trousse de survie dans vos poches quand vous vous promenez (avec couteau, ficelle, cartes et boussole). On ne sait jamais.

Une couverture de survie. C'est une mince feuille de polyester métallisée sous vide, douée d'un pouvoir réfléchissant exceptionnel et parfaitement imperméable. Comme elle ne pèse que 60 g et qu'elle ne tient pas plus de place qu'un foulard, il

* Coutellerie du Pirou, 13, rue du Bourg, 63300 Thiers.

serait dommage de ne pas en prendre une avec soi, vu les services qu'elle peut rendre en cas de froid intense ou d'accident. Une fois dépliée, il est impossible de la ranger dans le peu d'espace qu'elle tenait, mais on pourra la tasser au fond d'une poche. Attention, elle est fragile et se déchire facilement. Il existe des modèles robustes, collés sur un tissu plus épais, mais le poids et l'encombrement s'en ressentent grandement. Évitez de vous enrouler dans une couverture de survie pour dormir : vous aurez chaud, certes (sauf au contact du sol, dont elle n'isole pas), mais vous serez trempé de sueur. Contentez-vous d'en envelopper vos pieds, particulièrement sensibles au froid.

Une paire de lunettes de soleil de bonne qualité (voir p. 210).

Des sacs en toile ou en plastique pour ramasser les plantes.

De nombreux sacs en plastique de toutes tailles pour envelopper votre équipement.

Éventuellement, emportez aussi :
- des jumelles (voir p. 184),
- une loupe de botaniste (pour vous aider à identifier les plantes et vous émerveiller encore plus devant la beauté de la nature),
- un porte-cartes (voir p. 185),
- des comprimés pour purifier l'eau ou une pompe à main (voir p. 165),
- de la graisse à chaussures,
- une pochette chauffante en cas de froid intense,
- un fil à scier qui vous permettra d'utiliser des rondins trop gros pour être cassés — à n'employer que sur du bois mort !
- un bâton ferré (voir p. 184).

Contenu du sac à dos

sac de couchage	toile plastique
matelas	slips
T-shirt	pantalon
chemise	chandails
short	mouchoirs
chaussettes	parapluie ou/et cape de pluie
foulard ou bob	couteau
K-way	gourde
lampe de poche	boussole
ficelle	trousse à pharmacie
cartes	couverture de survie
« trousse de survie »	sacs en plastique
lunettes de soleil	
sac à viande	

Liste complémentaire

moustiquaire	gants de laine
veste de duvet	mocassins
guêtres	jumelles
loupe de botaniste	corde
graisse à chaussures	porte-cartes
comprimés pour eau ou pompe à main	

Matériel commun

Des gamelles légères en aluminium (voir p. 148) en nombre et taille suffisants pour le groupe. Les gamelles, quarts et couverts individuels ne sont pas indispensables (taillez vous-même baguettes et cuillères), ou peuvent être partagés : à vous de juger ! N'oubliez pas de prendre des poignées adéquates pour retirer les gamelles du feu !

Des toiles plastiques pour monter le bivouac (voir p. 195).

Un peu de nourriture de base (voir p. 145).

Éventuellement, une corde de 20 m en 7 mm.

Évitez d'emporter

Cigarettes, tabac, alcool, excitants... ; produits de beauté, déodorants, parfums... ; savonnettes, dentifrices chimiques... (pour les remplacer, voir p. 223).

Ces différents objets émoussent l'un ou l'autre de vos sens et risquent par là-même de nuire à la qualité de votre expérience avec la nature. Et n'oubliez pas qu'ils gêneront — voire agresseront — certainement les personnes du groupe à l'odorat plus développé (la fréquentation de la nature et l'utilisation des plantes aiguisent tous les sens, en particulier le toucher, le goût et l'odorat).

Pour l'harmonie du groupe, évitez les provisions personnelles, même si vous ne comptez vous en servir qu'en cas extrême... Laissez aussi votre montre : le temps de vivre ne se mesure pas !

Prix et poids moyens du matériel

Les prix sont donnés pour l'année 1987, sous toutes réserves. Ils ne sont qu'indicatifs.

	Prix en FF	Poids en g
Sac à dos	200-1 700	500-2 500
Poches de ceinture	60-125	130
Duvet couverture	160-1 800	1 000-3 000
Duvet sarcophage	400-3 700	1 500-2 000
Drap de duvet (sac à viande)	70-420	130-470
Matelas à cellules fermées	25-160	400-700
Matelas mousse (grande taille)	210-340	1 600-2 800
Mini-matelas autogonflant	250-480	500-1 000
Tente pour une personne (abri de bivouac)	300-1 600	900-2 600
Tente pour deux personnes	400-3 500 et plus	2 100-6 000
Housse de bivouac (sac bivouac)	150-1 000	250-530
Toile imperméable pour bivouac largeur 160 cm	30 F/m	80/m^2
Œillets	1,50-2,20 pièce	
Toile pour moustiquaire		
largeur 75 cm	15 F/m	35/m^2
largeur 120 cm	20 F/m	35/m^2
Moustiquaire	720	1 200
Chaussures	230-980	1 100-2 200

Semelles	12-200	
Guêtres	50-500	50-400
Cire hydrofuge	30-40	
Socquettes	25-90	
Mi-bas	30-130	
Knickers	350-550	
Bob	20-130	
Collants	110-220	
Veste chaude et « doudoune »	700-2 800	700-1 300
Cagoule	60-130	
Moufles et gants	60-300	
Cape et poncho	40-840	250-400
Coupe-vent/pluie fine	150-300	95-250
Veste en Gore-Tex	800-1 200	450-600
En-cas en polyéthylène	20	
Couteau pliant	15-250	30-200
Couteau de survie	125-1 500	250-600
Lampe de poche	15-270	20-160 plus piles
Lampe frontale	50-160	75-150
Lampe-dynamo	40	150
Gourde en métal	50-180	300-500
Boussole	40-700	10-270
Cartes I.G.N. au 1/25 000	35	
Bougies de survie (par 2)	30	80/bougie
Allumettes imperméables (4 boîtes)	12	10/boîte
Allumettes tous temps (2 boîtes)	35	20/boîte
Briquet à amadou	40	40
10 recharges amadou	30	20
Briquet à magnésium	90	50
Briquet solaire	25	15
Sifflet	20	30
Couverture de survie	50-150	60-250
Lunettes de soleil	100-500	30-60
Jumelles légères	320-4 000	60 (monoculaire) – 650
Loupe de botaniste	80-250	20-80
Porte-cartes	15-115	55-230

Curvimètre	60-80	30
Comprimés pour purifier l'eau	30-80	30-80
Filtre à eau par siphonnage		
Esser (0,4 μ) 1,5 l/h	160	280
Katadyn (0,2 μ) 2 l/h	390	550
Filtre à eau à piston		
Esser (0,4 μ) 0,25 l/mn	660	
Katadyn (0,2 μ) 0,75 l/mn	1 300	650
Glace de visée en plastique (miroir de signalisation)	30	35
Altimètre	220-1 650	60-180
Aspi-venin	60	80
Pochette chauffante	7-15	50-60
Chaufferette à combustion	40	120
Ciseaux pliants télescopiques	10-30	20-30
Fil à scier	25	15
Réchauds		
- à combustible solide	25	170
- 20 tablettes	8	80
- à pâte gélifiée	26	100
- recharge de pâte	30	
- à alcool	275	970
- à essence minérale	400-450	550-800
- à pétrole	220-260	1 200
- multicombustibles	800-1 000	300-1 500
- à butane	110-180	280-450
- cartouche	7-10	90-190
- à propane	175	350
- cartouche	20	160

La préparation

Bien équipé, bien préparé, tout est possible. Pour vous sentir à l'aise en pleine nature, pas de mystère : entraînez-vous avant le départ. La préparation dépendra bien entendu de vos capacités physiques et de votre vie quotidienne : un sédentaire d'un certain âge devra se préparer plus longuement (attention, pas plus intensément) qu'un jeune randonneur. Mais n'oubliez pas que la préparation doit également avoir lieu dans la tête. Qui peut se vanter d'être psychologiquement prêt à vivre avec ce qui nous entoure ?

Pensez en tout cas aux points suivants

Marcher. Profitez de vos week-ends pour aller randonner ; cessez de prendre votre voiture ou les transports en commun pour vous déplacer en ville : marchez ou prenez un vélo (vous irez d'ailleurs peut-être plus vite ainsi...) ; faites du jogging sans forcer : c'est la résistance qui compte ; ne prenez plus l'ascenseur ; etc.

Pour s'assouplir, rien de tel que le yoga, école de détente et de relaxation. Mais n'omettez pas la bonne vieille gymnastique sous ses diverses formes.

S'orienter. Pour apprendre à vous orienter en maniant la boussole, pourquoi ne pas vous essayer à quelques courses d'orientation ?

Porter le sac à dos. Chargez-le progressivement et augmentez la distance jusqu'à quelques randonnées « grandeur nature ».

Chaussures. Commencez par les graisser soigneusement pour les assouplir, puis faites-les à votre pied en les portant (chez vous, en ville, en week-end...) une demi-heure, une heure, puis progressivement toute la journée. Vous y serez « comme dans des pantoufles » !

Soleil. Exposez-vous peu à peu, pas plus d'un quart d'heure par jour au départ, sans rester immobile, puis augmentez la durée. Tout dépend bien sûr de votre type de peau.

Froid. Évitez de vivre en hiver dans des locaux surchauffés et de vous couvrir à l'excès lorsque vous sortez.

Pluie. N'ayez pas peur de vous faire mouiller à l'occasion, dans la mesure où vous pourrez assez rapidement vous sécher et changer de vêtements.

Dormir dehors. Commencez par laisser vos fenêtres grandes ouvertes la nuit, quel que soit le temps... ou presque ! Entraînez-vous à dormir dans votre jardin ou dans celui d'un ami, puis à bivouaquer au cours de vos week-ends.

Se nourrir différemment. Un point très important vu tout ce qui est lié à la nourriture (affectif, culturel, psychologique...).

Essayez de réduire progressivement la viande en consommant davantage de légumes, des céréales complètes et des légumineuses, de qualité biologique si possible. Supprimez de temps en temps les produits laitiers et le vin et tâchez d'éliminer les stimulants que vous savez être néfastes : café, tabac, alcool. Ce n'est pas si draconien que cela : vos papilles risquent même de retrouver une deuxième jeunesse... et vous avec.
Diminuer la quantité de nourriture ne vous fera sûrement pas de mal, et pourquoi ne pas faire l'expérience d'un jeûne bien conduit (procédez par paliers). Attention en particulier à la reprise alimentaire. Apprenez à retrouver le vrai goût d'un aliment... et pour cela, il faut avoir vraiment faim !
Être seul. Même si vous partez en groupe, il est bon de faire l'expérience de la solitude, qui seule permet vraiment d'observer ce qui nous entoure et d'être en contact avec soi-même. Vous apprendrez ainsi à voir en face certaines de vos peurs. C'est le premier pas pour vous en affranchir : les réprimer et les juger ne sert à rien ; vivez avec elles, discutez-en avec vos amis et, lorsque vous serez prêt, elles auront disparu...

Vous n'arrivez pas à trouver le temps ? Méditez cette parole : « Qui veut faire quelque chose trouve un moyen, qui ne veut pas trouve un prétexte... ».
Il est facile de se prendre au jeu : ce qui n'était qu'une simple préparation à des vacances un peu différentes peut fort bien devenir une habitude de vie. Pas si désagréable que certains voudraient le faire croire, confondant vie saine et ascèse : *vivere parvo* ne s'est jamais traduit par « vivre triste »... c'est plutôt, l'observation en est facile, tout le contraire.
Si vous aimez vraiment la vie en pleine nature, vous verrez qu'il est possible de retrouver un peu — beaucoup — de cet émerveillement et de ce bien-être dans votre vie quotidienne. Vous avez tous les atouts !

LA « SURVIE DOUCE » RENSEIGNEMENTS PRATIQUES

Pendant une semaine ou deux, voici l'occasion de laisser derrière vous (pour quelque temps...) vos habitudes, d'échapper aux contraintes de la routine citadine, de découvrir une relation profonde avec la nature, de vivre, libre, le moment présent. Cette aventure intense vous permettra de retrouver un peu de vos racines — puissant facteur d'équilibre — et de nouer des liens avec d'autres êtres humains dans un partage quotidien.
Des moments d'harmonie que nous pourrons vivre ensemble, peut-être garderons-nous quelque chose dans notre vie quotidienne. Nous nous serons en tout cas découverts un peu plus.
La survie douce, c'est partir en groupe dans la Nature avec un minimum de nourriture et d'équipement (détaillé plus haut) pour favoriser le contact avec ce qui nous entoure. C'est apprendre à utiliser les plantes sauvages pour se nourrir et se soigner, à se débrouiller pour vivre au mieux avec ce dont on dispose. C'est explorer un territoire inconnu et, le soir, se rassembler autour du feu pour partager le repas, puis enfin dormir à la belle étoile ou sous un bivouac improvisé si le temps menace...
Le vent, la neige, la pluie, le froid, la chaleur, les insectes font percevoir la nature comme hostile, mais on se rend vite compte qu'elle est avant tout notre mère nourricière et une source de joies chaque jour renouvelées. Tout se passe beaucoup mieux si, au lieu de se battre contre elle, on essaie de s'en faire une amie en apprenant à la connaître.

Il ne s'agit pas de « survivalisme », de survies de type commando, fondées sur le goût de l'effort et du risque, voire sur la peur de la catastrophe. L'idée de nous battre, de conquérir ne nous intéresse pas. La chasse non plus — il serait d'ailleurs bien illusoire d'espérer apprendre à chasser en quelques jours. Ce n'est pas non plus une randonnée, où tout est prévu et minuté. Il nous faudra chercher ensemble le chemin à prendre, décider des lieux où bivouaquer, trouver de l'eau... L'aventure sera notre compagne.

La cueillette sera l'une de nos principales occupations au cours de cette aventure, non seulement parce qu'il est nécessaire de se nourrir et que les plantes sont le plus

sûr moyen d'y parvenir, mais aussi pour la découverte de préparations et de saveurs nouvelles.
Mais attention : il ne s'agit pas d'un stage de botanique. Nous voulons avant tout vivre quelque chose de global. Les plantes seront bien sûr nos « interlocuteurs privilégiés », sans que nous puissions toutefois consacrer à leur découverte autant de temps que lors d'un stage d'étude des végétaux sauvages qui est d'ailleurs fait pour cela ! En revanche, vous n'oublierez plus les plantes que vous aurez ramassées, préparées, mijotées, dégustées : ce sont elles qui vous auront permis de vivre !
Suivant les lieux choisis (souvent en montagne), et la saison, il pourra se faire que les plantes soient relativement peu abondantes ou peu variées ; c'est qu'il nous faut des endroits forts et beaux, où la civilisation ne se fasse pas trop sentir. Ici, l'expérience prime sur la connaissance.

Quoi d'autre ? Au cours de ces quelques jours dans la nature, nous pourrons voir comment faire du feu (même avec des allumettes, c'est tout un art que peu possèdent !), comment s'orienter avec carte et boussole, comment choisir un lieu de bivouac et monter un abri, observer les étoiles, découvrir le chant des oiseaux.

La nourriture. Pour compléter notre cueillette, nous emporterons un peu de farine complète, d'huile d'olive et de sel. Cette base nous permettra d'augmenter l'éventail des plats sauvages que nous pourrons préparer.

Le groupe est généralement compris entre 8 et 15 participants, mais il pourra nous arriver d'accepter jusqu'à 20 personnes (vous pourrez nous téléphoner avant le départ pour en connaître le nombre exact). Vous vivrez une expérience de groupe enrichissante, dans la mesure où vous accepterez de vous y intégrer.
Le rythme du groupe sera déterminé par les plus faibles (souvenez-vous, il ne s'agit pas de faire des performances ; et qui sera le plus faible dans ces circonstances tellement différentes ?). Des discussions pourront permettre une certaine harmonisation : si tous sont d'accord, les plus matinaux peuvent par exemple réveiller les autres et permettre de démarrer plus tôt la journée.
Des moments de solitude existeront aussi : mettez-les à profit pour réviser les plantes que vous aurez vues, pour écouter la nature (le matin, avant que les autres ne se lèvent...), pour vous retrouver avec vous-même. Dans la mesure du possible, nous passerons une demi-journée en solitaire pour que chacun, après quelques jours, puisse faire le point de sa relation personnelle avec la nature, avec les autres, avec lui-même.

L'animateur est un professionnel, qui conduit des « survies douces » depuis plusieurs années, mais aussi un amoureux de la nature, qui vous fera partager sa passion. Ce n'est pas un « chef » qui vous dira tout ce qu'il faut faire, ni une « nounou » qui cherchera à vous sécuriser et à vous éviter les embûches du chemin — car ce sont elles qui nous font grandir. C'est avant tout un guide, qui vous aidera à découvrir les richesses de la vie au sein de la nature, en vous faisant partager ses connaissances.

Plutôt que de diriger, il suggérera pour arriver à un accord, à une décision de groupe — même si ce processus peut sembler lourd à certains, qui y verront une perte de temps. La porte est ouverte aux initiatives, mais si elles sont malheureuses (couper du bois mort, construire un énorme foyer, etc.), vous pourrez vous attirer quelques remarques. Essayez de ne pas en prendre ombrage...

Les difficultés. Nous ne les cherchons pas, mais, de par le fait même de l'expérience, elles viennent à nous. Et elles sont multiples.

- La première difficulté vient du changement de nourriture : ce que vous mangerez sera très différent de votre alimentation habituelle, et peut-être votre organisme y réagira-t-il, car les plantes sauvages sont souvent fortes. Vous aurez sans doute faim ! La quantité sera moindre que dans votre vie de tous les jours, mais vous savez bien que vous mangez trop, car l'habitude (« il est midi ») et les compensations affectives viennent se mêler à vos besoins réels. Il est possible que vous ressentiez de la faiblesse, voire une hypoglycémie, ce qui est sans danger pour une personne en bonne santé (rappelez-vous que vous devez l'être pour venir avec nous).

Mais une fois que vous serez habitué à cette nouvelle nourriture, vous vous rendrez compte que de petites quantités suffiront à vous procurer l'énergie nécessaire : les plantes sauvages sont remarquablement nutritives, et l'on ne se nourrit pas que de substances physiques... En plus, vous découvrirez un sentiment de légèreté, ce qui est le seul moyen de s'accorder aux fines vibrations de la nature.

Pour la plupart des personnes, une transition de deux ou trois jours s'avère nécessaire, et qui sera plus ou moins difficile, suivant l'état de leur organisme et leur adaptabilité aux changements. Attendez-vous à perdre du poids.

- Le manque de sommeil se fera peut-être sentir, à cause du confort précaire, du changement d'habitudes, de l'environnement un peu inquiétant, du froid... C'est une question d'équipement et d'habitude.
- Les conditions atmosphériques peuvent être défavorables : le froid et la pluie surtout, en plus de leurs effets physiques désagréables, peuvent saper le moral. Un bon équipement est indispensable et une habitude de ces difficultés s'avère précieuse.

Souvenez-vous que dans notre recherche de lieux beaux et forts, loin de la civilisation, nos pas nous conduiront souvent en montagne, où le climat, même en plein été, peut être rude et changeant.

- L'effort physique pourra être ressenti comme intense : marche, port du sac à dos, etc. Un bon entraînement est nécessaire.
- La vie en groupe et son rythme, ressenti comme trop lent, avec des temps morts, peut être difficile à supporter. Cela fait partie des règles du jeu, alors soyez prêt à y faire face, en exerçant votre patience et votre esprit d'initiative : c'est à chacun d'entre nous de faire avancer les choses,

n'attendez pas qu'on vienne vous chercher, proposez. Rien n'est minuté : prenez le temps de vivre chaque instant !
- L'environnement différent de votre cadre de vie habituel et le manque de connaissances pour y faire face risquent de vous désécuriser : on se sent tout petit devant la nature, on a peur de l'inconnu... Soyez prêt à vivre l'imprévu, car tout ne sera pas programmé, repéré à l'avance. Tâchez de devenir conscient de cet éventuel sentiment d'insécurité et d'en découvrir les causes.
- Le manque de stimulations intellectuelles sera peut-être un problème : dans la vie actuelle, nous sommes habitués à toujours être en train de « faire » quelque chose, dans un monde où tout doit aller vite, où des informations nous assaillent de toute part. Le calme crée un vide. Là aussi, soyons en conscients.
La faiblesse due à la faim, au manque de sommeil, le sentiment d'insécurité et les autres difficultés mentionnées plus haut risquent de provoquer de la mauvaise humeur, voire de l'agressivité. Il ne s'agit pas de réprimer ces sentiments, jugés négatifs : s'ils se manifestent, c'est qu'il y a une raison. Mais il est important de les remettre dans une juste perspective en cherchant à voir d'où ils proviennent et ce qu'ils impliquent.

Souvenez-vous que les difficultés font partie intégrante de l'aventure. N'en rejetons pas systématiquement la faute sur les circonstances, ni sur « l'autre » (le groupe, l'animateur...), car nous y avons également notre propre part de responsabilités. L'admettre, le comprendre, puis dépasser ces difficultés, c'est cela qui nous aide à grandir.
Comment réagissez-vous quand quelque chose ne va pas ? Pour y réfléchir un peu, regardez ce dessin :

Pour vous, la bouteille est-elle à moitié pleine, ou à moitié vide ?
Lorsqu'une difficulté surgit, quelle qu'elle soit, il est très important d'en parler dès qu'elle est perçue à la personne concernée (vous le lui devez !) et à l'animateur, qui est là aussi pour vous aider à la surmonter (pas forcément à l'éviter). Lorsque vous vous sentirez en confiance dans le groupe (dès qu'il sera assez soudé), parlez-en avec les autres : nous sommes là pour vivre ensemble cette aventure !

La « Sur-Vie »
Découvrir notre relation avec la nature, avec les autres, avec nous-même.

Où pratiquer la « survie douce »

Ce livre vous a présenté un certain nombre d'éléments qui vous permettront de vivre en pleine nature d'une façon agréable et enrichissante. Mais ne vous arrêtez pas en si bon chemin : il vous reste encore tant de joies à découvrir par une fréquentation régulière de la nature — et cela, aucun livre ne pourra vous l'apprendre... Essayez d'y aller seul(e) le plus souvent possible, car c'est ainsi que l'expérience sera la plus profonde.

Si vous hésitez à vous lancer seul, vous pouvez participer aux survies douces qu'animent l'auteur et son équipe (Sarah Couplan et Françoise Marmy) à travers la France, la Suisse et la Belgique. Pour tous renseignements, contactez-le à l'adresse suivante :

François Couplan
5, rue Albert-de-Lapparent
75007 PARIS
Tél. (1) 47.83.38.01

ou bien au centre de stages en Haute-Provence :

Haut Ourgeas
04330 BARRÊME
Tél. 92.34.25.29

Faites-lui part de vos suggestions concernant le contenu de ce livre ou de toute information complémentaire à propos de la survie et de la vie en pleine nature. Il en sera tenu compte, dans la mesure du possible, lors des prochaines éditions.

Nous vous signalons également l'existence de l'Institut de recherches sur les propriétés de la flore, association à but non lucratif regroupant les personnes qui s'intéressent aux usages, alimentaires en particulier, des plantes sauvages :

I.R.P.F.
37, rue Charles-Michels
91740 PUSSAY
Tél. (1) 64.95.23.47

Pour approfondir l'étude des plantes sauvages comestibles, nous vous conseillons l'« Encyclopédie des plantes sauvages comestibles de l'Europe » de François Couplan aux éditions Debard :

Volume 1, *le Régal Végétal* (répertoire) ;
Volume 2, *la Cuisine Sauvage* (recettes) ;
Volume 3, *Les Belles Vénéneuses* (plantes toxiques).

Ces volumes sont disponibles chez l'auteur.

Index

Noms français des plantes

Les chiffres en **gras** renvoient aux descriptions et aux dessins des espèces (pages 20 à 144), les chiffres en romain renvoient aux espèces voisines et aux listes complémentaires, les chiffres en *italique* renvoient aux photographies.

D

E

F

G

H

I

J

K

L

M

N

O

P

R

S

Noms latins des plantes

Les chiffres en **gras** renvoient aux descriptions et aux dessins des espèces (pages 20 à 144), les chiffres en romain renvoient aux espèces voisines et aux listes complémentaires, les chiffres en *italique* renvoient aux photographies.

A

B

C